# 失败的胜利

大秦最后的
50年

罗三洋 著

中国出版集团有限公司
研究出版社

图书在版编目（CIP）数据

失败的胜利：大秦最后的50年 / 罗三洋著．

北京：研究出版社，2025.6. -- ISBN 978-7-5199-1868-2

Ⅰ．K233.07

中国国家版本馆 CIP 数据核字第 20256P69H5 号

出 品 人：陈建军
出版统筹：丁　波
责任编辑：张　璐

**失败的胜利：大秦最后的50年**

SHIBAI DE SHENGLI: DAQIN ZUIHOU DE 50 NIAN

罗三洋　著

研究出版社 出版发行

（100006　北京市东城区灯市口大街 100 号华腾商务楼）

三河市嘉科万达彩色印刷有限公司　新华书店经销

2025 年 6 月第 1 版　2025 年 6 月第 1 次印刷

开本：710 毫米 ×1000 毫米　1/16　印张 21

字数：324 千字

ISBN 978-7-5199-1868-2　定价：69.00 元

电话（010）64217619　64217652（发行部）

# 目录

下篇　后秦始皇时代

# 上篇
# 秦始皇时代

第一章

**邯郸质子**

# 一国独大

从春秋到战国，数百年的残酷战争在中华大地上催化出更能适应社会发展的行政制度，一些实力较强的诸侯国逐渐在西周分封制基础上发展出县制、郡制，极大地增强了国力，形成秦、楚、齐、赵诸强并立的局势。

西方，关中地区的秦国推行商鞅变法，国力日渐强盛，一举吞并了南边的巴国和蜀国。等野心勃勃的秦昭襄王上位，秦国的兵锋指向了东方。

南方，长江中下游的楚国推进吴起改革，之后陆续征服了长江下游的越国和淮河流域的各小国，实力大增。

东方，山东半岛上的齐国同样有扩张之心。在"田氏代齐"之后，齐宣王趁北方邻居燕国内乱，出兵统一了环渤海地区。

北方，地处黄土高原东北的赵国不甘落后。赵武灵王推行胡服骑射改革，建立起一支灵活高效的军队，战斗力大大提升，成为黄河以北最强的新势力。此外，赵国还拥有地理优势，相对远离中原纷争的同时，又可以插手东、西两边的局势。

与四大国相比，在战国初期较为强势的韩、魏两国以及刚刚摆脱齐国统治复国的燕国，实力虽明显弱上一截，但仍是战国时期政治舞台上不可或缺的角色，可以影响四大强国竞赛的结果。

随着时势演变，以秦、楚、齐、赵四国为首的政治平衡很快就被打破了。

公元前 301 年，齐宣王联合韩、魏两国攻楚，三次击败楚国。楚怀王被迫向秦求救，秦是楚国的传统盟友，但两国不久前刚刚发生过边界冲突，关系严重恶化，以至于秦昭襄王写了《诅楚文》来诅咒楚怀王。楚国的求助并没有得到应答，甚至楚怀王一到秦国的武关（今陕西省商洛市丹凤县武关镇）就被扣留，之后更是被押送到秦都咸阳。秦昭襄王趁人之危，借机扣押楚怀王，逼楚国割让土地。楚怀王拒绝了秦昭襄王的要求，最终死于软禁。

早在楚怀王被抓时，楚国太子就已继位为新王，如今楚怀王在秦国一死，秦国手里的筹码也没了，到头来是一无所得。

秦、楚相争时，齐国才是最大的受益者。楚怀王死后第二年，著名的齐国相国孟尝君率领齐、韩、魏三国联军进攻函谷关，秦国被迫割让三个城邑求和。

在齐、秦争霸时，一场内乱打破了赵国的发展势头。

赵武灵王通过胡服骑射改革建立起一支强大的轻骑兵部队，相继征服心腹大患中山国和北方各游牧民族，一直打到河套平原，然后便南下攻击秦国的北部边境。

赵国有先进的军事科技，又占据了盛产战马的河北平原、黄土高原和河套平原等地区，赵武灵王决定进一步将国家发展方向聚焦于军事。于是，他在公元前 299 年做出一个大胆的决定：把王位传给太子，让他负责行政、财务等日常工作；同时把北方的一大块土地封给另一个儿子，称为"代国"，自己则改称"主父"，从此只负责赵国和代国的军务。这场改革很快演变成内战，导致赵武灵王最终失去全部权力，被饿死在沙丘宫（今河北省邢台市广宗县），赵国的国势也因此衰减。

楚国和赵国的发展相继受挫，使西方秦国和东方齐国两家坐大，"四大强国"的格局就此变成"二超多强"。

齐、秦两国的国土并不接壤，没法真刀真枪地直接拼杀，于是它们不约而同地采取了扼制对方实力增长的竞争策略。

齐宣王死去，他的儿子齐湣王上位。恰好中原的宋国在宋王偃的领导下迅速扩张，得罪了很多邻国，齐湣王便想借机吞并宋国，把齐国的势力向西推进。秦昭襄王于是和宋国结盟，同时向齐湣王提议，不如把双方的爵号都提升一级，互尊为"帝"。齐湣王接受了，于是秦昭襄王称"西帝"，齐湣王称"东帝"。

齐王称帝，齐国的邻国顿时感到了威胁，尤其是北方的赵国，而这正是秦昭襄王的用意所在——他希望制造齐、赵摩擦，从而使齐国的精力被牵制，放弃吞并宋国的计划，同时刺激齐国的死敌燕国。

齐宣王曾经趁燕国内乱吞并过燕国，虽然如今燕已复国，可齐湣王一称帝，野心彰显，迟早又会卷土重来。燕昭王果然着了急，派出间谍苏秦，让他积极在齐国和三晋（赵、魏、韩）活动，组织攻齐的联军。

这时，齐湣王按自己就近扩张的计划灭掉了宋国，其他诸侯的神经越发受到刺激，于是苏秦的外交大获成功。在苏秦等人的策划下，秦、赵、韩、魏、燕五国联军，讨伐他们眼中妄自尊大且威胁了列国的齐湣王。最终，燕将乐毅攻破齐都临淄，占领了齐国的绝大部分领土，齐湣王在逃亡途中被楚国将领所杀。五年后，也就是公元前279年，齐国军民在田单的领导下赶走了燕国占领军，但是齐国已经元气大伤。

就这样，齐、秦两强东西并立的"二超多强"局面也走向终结，齐国失去了制衡秦国的能力。在公元前270年左右，也就是秦昭襄王中后期，中华大地上呈现出"一超独大"的诸侯新格局：秦国的实力占据绝对优势，其他六国中的任何一个，凭单一力量都不是秦的对手。为了打破这个局面，三晋与楚试图构建联盟，而秦国当即实行"远交近攻"的策略予以破解，三晋与楚的合作落了个空。

对其他各国来讲雪上加霜的是，秦国出了一位战神级别的名将——白起。从公元前293年开始，白起率领秦军多次重创东方各国的军队，后来甚至攻陷了楚国的都城郢都（又称纪南城，今湖北省荆州市荆州区纪南镇南），夺走了楚国的半壁江山。当时赵国本有机会出兵牵制秦国，但赵惠文王在渑池会上与秦讲和，听凭白起南下。到了公元前260年，白起在长平之战中歼灭赵军主力，而在赵国遭受这样重大危机的时候，楚国也没有向它伸出援助之手。

白起取得巨大战果的两场战役，即郢都之战和长平之战，都发生在齐被五国攻击得几乎亡国之后。由此可见，白起之所以能取得史无前例的战绩，不只因为他本人的军事能力强（在此之前他已经带兵多年），更因为齐国衰落后，三晋和楚便失去了齐国这个强国做后盾，只能单独与秦国角力。凭它们的实力，失地丧兵的速度必然加快，结果天下局面迅速发展为秦国"一超独大"，也就不让人意外了。

本书的故事，就在这样的背景下展开了。

# 奇货可居

战国后期，赵国极富进取精神，都城邯郸成为黄河以北最具活力的城市，工商业和娱乐业都十分发达，城中居民拥有丰富多彩的夜生活。

据《史记》记载，邯郸男子经常慷慨悲歌，精通各种艺术和娱乐形式；邯郸女子的美貌名扬天下，而且擅长打扮和歌舞，经常浓妆艳抹，穿着尖头舞鞋，组成各种表演团体赶场演出。所以，关于邯郸女子的绯闻也特别多，她们要么被各国权贵相中，成为他们的姬妾；要么成为名妓或商人，早早实现个人的财富自由。

邯郸浓厚的艺术氛围名传列国，各地有权有钱的人都想把子女送到邯郸，哪怕只在那里待上几天，哪怕只是学习邯郸人的行走姿态。成语"邯郸学步"即由此而来。

可是，随着长平之战赵军惨败的噩耗传来，邯郸这个商人与娱乐业者的天堂立即失去了原有的风采。为了尽可能降低被秦军袭击的风险，邯郸当局立即实行了宵禁，当地居民引以为豪的夜生活随之荡然无存，街上巡查间谍的兵丁也越来越多，整个社会的气氛都严肃了起来。

在秦军压境的情况下，所有邯郸人的目光都聚焦到一个人的身上，他就是这几年在赵国当质子（人质）的秦国王孙赵异人①。

既然秦国在秦赵关系中占据上风，为什么又要把自家王孙送到邯郸来当质子呢？

---

① 先秦时期"姓""氏"有别，男子称氏，女子称姓，而秦国王室是嬴姓赵氏，所以称"赵异人"。

原来在战国时期，各国为了取信于合作方，常常把本国王子或王孙送到对方国家当质子。如果某一方失信，采取了敌对行动，其质子就会遭到严厉的惩罚，甚至可能被处死。在此前几年，秦国任用著名外交家范雎为相国，在外交上采用远交近攻的政策，把主攻矛头指向了中原的韩国。赵国是韩国的北方邻国，两国素来关系友好，为了让赵国不干预秦国攻打韩国的军事行动，秦昭襄王与赵国达成合作，并把自己的孙子赵异人送到了邯郸。

赵异人被送去当质子，是因为他在秦国的地位不高。他的父亲赵柱后来虽成了秦昭襄王的太子，被封为安国君，但毕竟妻妾子女众多，仅儿子就有二十多个。更何况，赵异人的母亲夏氏仅是赵柱后院里一个无足轻重的小妾，赵异人自然也就是秦国一个无足轻重的王孙了。

赵异人抵达邯郸之初，秦、赵两国的关系还比较友好，再加上邯郸经济发达，娱乐项目丰富，所以他最初过得还算不错，并结交了许多邯郸的上层人士。不过，由于本身地位不高，秦国没有给他提供很充足的资金支持，赵异人很快就陷入了经济上的窘境。就在此时，来邯郸做布料生意的卫国商人吕不韦意外遇见了赵异人，发现这人衣服看上去破旧，用的却是上等布料，于是便四处打听，方知此人是秦国公子。

吕不韦有敏锐的商业头脑，立刻意识到赵异人"奇货可居"。吕不韦开始经常请赵异人吃饭喝酒。等混熟了，一次酒席间，他在半醉半醒之际对赵异人说："我能让你的家门变大，让你家阔气发达！"

赵异人听了哈哈大笑："你先让自己的家门变大吧！"

吕不韦眨眨眼，说："你没明白我的意思，我家的门正等着跟你家的门一起变大呢。"

赵异人收起笑容，与吕不韦一番交谈后达成了默契。

得到赵异人的信任后，吕不韦回到家，询问父亲的意见："您觉得，种田能赚几倍利润？"

吕父答他："弄好了，有十倍。"

"贩卖珠玉呢，能赚多少倍？"

"弄好了，能有上百倍。"

"那么，给一个大国立个国君，能赚多少倍？"

吕父大为震惊，结结巴巴地说："立个国君？利润得是，无数倍！"

吕不韦于是说出心中所想："秦国的公子赵异人现在邯郸当质子，我和他相熟。他是个有身份的人，但没有钱开展人际活动。这个是天下奇货啊，值得我们投资！我若帮他当上了秦王，咱们吕家未来不就有享不完的荣华富贵了吗？既然您老也认识到了这一点，那请您给我一笔钱，让我来为赵异人谋划，帮助他成为秦国王位的继承人。"

父子俩辩论半天，吕父终于被儿子说服，筹集了一千斤金子。吕不韦拿到这笔巨款，先分了一半给赵异人，让他用这些钱去结交宾客，提升自己的名望，他自己则带上另一半前往秦国，准备游说华阳夫人。

华阳夫人是秦国太子安国君赵柱的正妻，虽说安国君的子女众多，但是华阳夫人却膝下无子。既然没有嫡子，安国君就没有忙着确定自己的继承人。吕不韦此行的目的，便是说服华阳夫人收赵异人为养子，继而让赵柱立赵异人为继承人。

到了咸阳，吕不韦先找到华阳夫人的弟弟阳泉君，对他说："你已经犯下了死罪，却还不自知吗？你的门客无不官居高位，但是子傒（安国君的长子）的门下却没有显贵；你家里藏着珍珠宝玉、骏马美女，数量也胜过子傒家。这样的情况，子傒能不妒忌你吗？你之所以能这么阔气，是因为你的姐姐是安国君的正妻，很受安国君宠爱，可惜她有个缺陷，就是没有儿子。一旦未来安国君崩逝，子傒继承了王位，你的地位就危如累卵了。到时候，你的寿命还不如朝生暮死的蚍蜉来得长，家门口也必然败弃，直至生出蓬蒿野草！不过，我有个办法可以消除危亡之患，让你富贵长久。为今之计，你要做的是阻止子傒成为安国君的继承人。正好，安国君还有个叫异人的儿子在赵国当质子，此人很有英名，而且很愿意给华阳夫人当儿子。一旦华阳夫人收养了他，他自然就可以成为安国君的继承人，而华阳夫人和你的家族便可以依靠着他永葆富贵了！"

阳泉君觉得吕不韦说得很有道理，便把他介绍给了姐姐。

面对华阳夫人，吕不韦又是另一套说辞："异人一直把夫人您当作上天一样尊重，他在邯郸日夜哭泣思念着您。我听说，以美色侍奉别人的人，一旦有了年纪，失去了美色，也就意味着失去宠爱。如今您连一个儿子都没有，不如趁着现在受宠，赶紧认异人为养子，并劝安国君把他立为接班人。这样一来，等安国君万年之后，您也永不失势。否则真到了色衰爱弛的那一天，再想向安国君提这样的要求，您还有开口的机会吗？"

华阳夫人也被吕不韦的这番话说服了，开始经常在安国君赵柱面前说赵异人的好话，顺带讲子傒的坏话。赵柱的态度渐渐松动了，最终答应立赵异人为继承人。获得了秦国太子的亲口承诺，吕不韦这才满意地返回赵国。

吕不韦在离开邯郸前往秦国游说时，安排赵异人娶了能歌善舞、容貌美丽的"邯郸姬"。等到吕不韦返回邯郸的时候，邯郸姬已经为赵异人生下了一个儿子。因为这孩子生在正月一日，所以被命名为"政"，他就是未来的秦始皇赵政[①]。

赵政出生后一两年，赵异人妻子又生下一个儿子，即赵成蟜。因为兄弟两人的年龄相差不大，历史上还有一种说法，认为赵成蟜是赵异人与另外一位女子生的。

先不管这复杂的父子关系。在赵政和赵成蟜兄弟出生时，他们的父亲赵异人正陷在危险之中。吕不韦返回赵国，正赶上秦、赵两军交战，秦军在长平大胜赵军，即将东进包围邯郸。邯郸众多官民的家人都在长平之战中丧命，自然对秦国恨之入骨，质子赵异人成了他们发泄仇恨的目标。在危急的情况下，吕不韦冒着巨大的风险把赵异人从邯郸城里抢了出来，一起逃到秦军军营里，之后两人便一同返回了秦国。赵柱信守承诺，立赵异人为继承人。

赵异人原来字"子楚"，因为他母亲夏氏是楚国人，偏偏华阳夫人也是楚国人，而且是楚国公主。为了进一步讨好华阳夫人，赵异人干脆把自己的名和字互换，改叫"赵楚"[②]，字"子异"。其实作为秦国王位未来的继承人，他改后的姓名组合多少显得有些怪异，因为赵国和楚国恰恰是秦国统一路上的两个主要障碍。

---

① 按先秦的文化规矩，男子称氏，所以称"赵政"。不过从战国晚期开始，姓、氏逐渐不做区分，所以近现代文献中常把秦始皇叫作"嬴政"，也没有错。
② 为了方便，下文仍称其为"赵异人"。

# 赵国的"白手套"

　　前文对事件的描述来自司马迁在《史记》中的记载，一直以来为人们所津津乐道，虽然戏剧化的情节总是更能打动人，因而更加流行，实际它们和真实的历史往往相去甚远。

　　在综合了各种史料之后，我们可以再挖掘一下这段故事里的细节，大致还原出历史的真相。

　　其实在赵异人去邯郸当人质的时候，秦国的太子还不是他的父亲赵柱，而是赵柱的大哥。这位太子跟秦昭襄王在许多重大问题上的看法不一样，所以就被疏远了，甚至作为人质被送去了魏国。赵异人就是在他到魏国后不久前往赵国为质子的。此时赵柱都还不是秦国的太子，赵异人在赵国的待遇可想而知。

　　话说回来，既然赵柱不是太子，他又为什么能娶到身份高贵的楚国公主呢？

　　命运的转折发生在公元前265年。由于秦昭襄王在位的时间很长，他的太子年纪也不小了。公元前267年，正在魏国当质子的秦太子突然去世，走在了他父王的前面。经过一年多的讨论，秦昭襄王决定立赵柱为新的太子。一直想要巴结秦国的楚顷襄王听说赵柱此时没有正妻（可能是前几年去世了），连忙把公主嫁给了他，这就是华阳夫人。大概是因为结婚时赵柱的年纪已经比较大了，所以这对夫妻虽然感情很好，但是一直没能生育子女。

　　和楚国一样，赵国上下得知质子赵异人的父亲成了秦王太子，对他立即重视起来。不过此事极度敏感，他们不好公然和赵异人接触，于是决定找一个"白手套"，即政治上的代理人。为了隐秘，这个"白手套"不能有赵国的贵族身份，甚至最好不是赵国人。挑来拣去，旅居邯郸的卫国商人吕不韦成了最合适的人选。

试想，如果没有赵国统治者的大力配合，就算吕不韦再有钱，他如何在秦军兵临邯郸城下的时候，把头号人质赵异人带出城去？又要怎么在赵异人逃离邯郸之后，保证他的妻子和年幼的孩子们在极度反秦的政治气氛里，生活 7 年之久而没有生命之危？

那么，决定实施这个计策的赵国统治者是谁？

在赵异人被派到赵国来当质子时，赵国的名将赵奢刚刚大破秦军，秦国暂时把进攻的矛头转向了韩国，赵国有了喘息之机。到了公元前 265 年，也就是赵异人的父亲赵柱成为秦太子的这一年，赵孝成王即位了，他任命叔叔平原君赵胜为相国。这叔侄两人颇有雄心，想要通过手中的这位质子控制秦国内政。

就这样，在赵柱成为秦国太子后不久，吕不韦主动联系上赵异人，开始给他提供金钱、美女和信息，帮助他声名鹊起。

接下来，赵国的任务就是想办法帮赵异人上位，于是吕不韦从赵国统治者手里拿到了巨款。他当然不能承认这是政治献金，所以可能通过一定的手段将其变成了父亲赠予的创业资金，之后便带着这笔钱前往秦国进行游说。

华阳夫人之所以愿意接受赵异人当自己的养子，一来是因为她知道丈夫赵柱年事已高，生育困难，二来是因为赵异人的母亲夏氏同样来自楚国，而且已有年纪，与她这位楚国公主不存在利益冲突，是天然的盟友，可以共同对抗赵柱的长子、赵异人的异母哥哥子傒。就这样，双方一拍即合。

之后赵国君臣的计划就进展得不那么顺利了。他们在策划赵异人成为秦王太子继承人的时候，冒失地接受了已经被秦国军队包围的韩国上党郡，结果引来巨大的军事灾难——赵军主力在长平之战中被秦军名将白起尽数歼灭，秦军兵临赵国国都邯郸。生死存亡之际，赵国不得不打出手里的王牌，即允许赵异人随同吕不韦返回秦国，去争夺王位继承权。

回国后的赵异人顺理成章成了赵柱的继承人，而随着赵异人的身份被确定，秦国对赵国的进攻告一段落了。

尽管赵国统治者放赵异人归国最初是出于解救邯郸的目的，但是实际上，通过这一系列操作，他们已经实现了对秦国领导层的影响，甚至这个影响比一开始的设想推进得更深：赵政年纪尚小，赵成蟜刚刚出生不久，都不适合长途跋涉，所以赵异人的这两个儿子都跟随母亲留在了邯郸。

吕不韦赢了秦国的宫斗，从此开始青云直上，但是他也得罪了包括子傒在内的一些秦国权贵，他们会想尽办法杀掉他。不过，吕不韦作为被赵国王室安排到秦国朝堂上的"白手套"，在未来，当他能够影响秦国国政，给予赵国丰厚回报的时候，赵国也可以给他支持。

第二章

**东周末日**

# 昔日质子，今日太子

公元前 257 年，也就是秦昭襄王四十九年，秦军围攻赵国邯郸，被魏国信陵君魏无忌率领的魏赵韩联军击退。而秦国名将白起也因拒绝赴前线指挥，被秦昭襄王逼迫自杀了。此时，吕不韦正在从邯郸赶往咸阳。

吕不韦在秦国的优势在于，他控制着秦太子赵柱的儿子赵异人，甚至也控制着赵异人的妻子和儿子。

之后的一两年，经吕不韦和华阳夫人姐弟的大力游说，赵柱终于下定决心，将赵异人立为自己的继承人。至此，赵国扶植亲赵势力控制秦国朝廷的计划完成了第一步，效果立竿见影：在接下来的几年内，秦国没有再攻打赵国，赵国也主动联系韩国和魏国，共同向秦昭襄王表示臣服。

赵孝成王和平原君赵胜满心欢喜，认为近年来饱经战乱的赵国终于可以太平几年了，他们没有想到，另一个诸侯国正对赵国磨刀霍霍。

赵国的北边邻国燕国拥立了新君主，正是燕王喜。他登基后野心勃勃，一心想要扩张领土，为此重用了两个人：一个是相国栗腹，另一个是老将乐毅的后代乐乘。

公元前 252 年，燕王喜派栗腹和乐乘分兵两路，向赵国发起进攻。赵孝成王重新起用在长平之战中被革职审查的老将廉颇迎战燕军。廉颇集中有限的兵力，先主动攻击栗腹率领的燕军，将栗腹杀死，又逼迫乐乘率领的燕军向自己投降。赵军士气大振，继续一路北攻，包围了燕下都。燕王喜见大事不妙，被迫求和。赵孝成王这时候端起了架子，开出苛刻的条件，不仅要求燕王喜割地赔款，还要求后者把他最喜爱的太子丹送到邯郸来当人质。面对廉颇的大军，燕王喜只得无奈接受。

公元前251年，太子丹抵达邯郸，由此结识赵政。此时赵政已经10岁，因为父亲赵异人原来在邯郸做质子，他也顺理成章地成了质子。太子丹和赵政两个人很快就成了好朋友，年纪相仿，同病相怜，很有话聊。

几个月后，消息传来：在位56年的秦昭襄王崩逝；赵柱成为新的秦王，也就是秦孝文王；华阳夫人被立为王后，她的养子赵异人成为新任秦国太子。

也许是乐极生悲，就在第二年的新年期间，秦孝文王赵柱在正式改元之后的第三天突然戏剧般地去世了。于是，赵异人在太子的位子上刚坐了几个月，就又成了秦王，也就是秦庄襄王。吕不韦随之也被任命为新的秦国相国。

听到这些消息，赵孝成王认为自己的谋略已经成功了一大半。他一面向赵异人和吕不韦发出贺喜信，一面派人送邯郸姬与赵政、赵成蟜回秦国。这符合战国时期的政治规矩：一旦有质子可能被立为太子或国君，其所在国就需要送人回去，而之后此人如果真的成为国君，也有义务予以答谢。

就这样，赵政和太子丹这对少年好友刚刚相识不到一年就被拆散了。此后太子丹继续在赵国做质子，而赵政跟随母亲前往咸阳，去与父亲团聚。抵达咸阳之后，有相国吕不韦和赵国游说者的全力支持，邯郸姬被秦庄襄王立为王后，赵政也随之被立为秦国太子。

# 东周国的灭亡

头号强国秦国接二连三地更换领导人，让之前备受秦昭襄王欺负的许多国家都感到有机可乘。但是几经讨论，他们还是觉得对秦国动手获利难度较大，只能趁着秦国无暇干涉别国之际，努力多壮大一下自己。公元前 249 年，楚国把孔子的祖国鲁国灭了，又北上占领了琅琊地区（今山东省青岛市黄岛区），对齐国构成威胁；燕国则趁机向东发展，试图取得今天的辽东一带，那里当时被东胡控制着；齐国也发兵北上攻打燕国，只是效果不大。

秦国担心齐、楚实力回升后迟早会对自己不利，于是很快就出手了。

秦国在秦昭襄王时期就有外戚参政的传统，这在各诸侯国中是少见的。秦国国君的夫人或者太后的娘家人，如向寿（宣太后的娘家亲戚）、魏冉（宣太后的异父兄弟），都曾以外戚身份担任秦国的卿相。赵国君臣当初关注赵异人的婚事，也是看中了秦国的这一传统。

赵异人成为秦王之后，因为母亲夏太后和养母华阳太后都是楚国人，所以与楚国关系较好；又因为王后是赵国人，相国吕不韦偏向赵国，所以也不可能立即去攻打赵国。于是，夹在楚国和赵国之间的魏国、韩国和东周国就成了秦扩张的目标。就在赵异人登基后一年，也就是楚国灭鲁的那一年，秦将蒙骜攻取了韩国的成皋、荥阳（都在今河南省荥阳市），对以洛邑（今河南省洛阳市）为都的西周国形成合围之势。

至少从公元前 8 世纪开始，洛阳就是"天下共主"周天子的实际领土，历来受到各国诸侯的尊崇。不过在春秋时期，周天子就因为实力不足无力控制各国诸侯了。到战国时期，随着东周王室的领土逐渐被韩国和秦国蚕食，最后只剩下洛阳周围的一小块土地，这个"天下共主"就更加有名无实了，甚至不得不松口承认几大诸侯为王，允许他们在礼法上和自己平起平坐。即便如此，拥有10万户人口的洛阳依然是当时人口最多、商业最发达的城市之一，令周边诸侯垂涎三尺，只是因为吞并东周王室可能引来其他国家的围攻，他们才心照不宣地一致允许这个王室苟活下去。

这种默契很快就被打破了。

长平之战后，秦国没能一鼓作气攻下邯郸，国威严重受挫，急需一场新的军事行动提升自己的威慑力，索性不顾政治不利因素发兵洛阳。当时坐镇西周国的天下共主是周赧王，他早已被无穷无尽的内乱和周朝的财政危机折磨得焦头烂额，见秦军攻来便投了降。公元前256年，周赧王摆脱了在秦国和其他六国之间摇摆的难堪局面，象征性地把周朝的江山交给秦国，之后就驾崩了，周朝789年的历史实际上到这时便已宣告终结。出于对旧主的尊重，秦昭襄王仍然允许东周国贵族在巩邑保持半独立地位。公元前249年，秦庄襄王让军队彻底接管洛阳，秦将蒙骜在当地建立了三川郡，周王朝的残余势力被彻底铲除。

虽然东周王室早在数百年前就失去了政治影响力，但是它的正式灭亡，还是震动了中原。收到秦军占领洛阳的消息以后，人们隐隐感到一个新的王朝正在建立，而它的名字很可能叫作"秦"。

现代人常把"战国"这个时代视为东周时期的后半段，但实际上，从东周灭亡到战国时代的最终结束，中间还有30多年的空白。因为是秦灭东周国，所以大可以将这30多年划归秦朝，视为大一统的前奏。这样看来，从公元前256年周赧王向秦军投降，到公元前207年[①]秦王子婴向反秦武装投降，秦朝维持了51年。

---

① 据饶尚宽编著的《春秋战国秦汉朔闰表（公元前722年—公元前220年）》推算，秦王子婴于儒略历公元前207年11月14日投降，但按秦汉时使用的颛顼历，这一天属于下一年第一个月（颛顼历十月），所以传统年表中常将这一天记入公元前206年。

# 赵政登基

　　吞并东周国、征服洛阳被认为是新任相国吕不韦的重大政绩，他因此被秦庄襄王封为"文信侯"，以洛阳作为私人封地。这块领地上的居民多达 10 万户，而且经济繁荣，非常适合商人出身的吕不韦施展拳脚，他迅速成为天下首富，实现了当年所说光大门庭的梦想。

　　不过，吕不韦很快发现，获取这种超额奖励不是无代价的——接下来，秦庄襄王不再事事都听他的建议了。

　　吕不韦经常会以"文信侯"的身份去封邑洛阳视察，他一离开咸阳，秦庄襄王不可避免地受到秦国本土官吏，特别是少壮派军人的影响。这位曾经的邯郸质子很快就意识到，鉴于秦、赵之间的矛盾无法调和，两国战争不可避免。

　　继位的第二、第三年，秦庄襄王接连出兵攻赵。公元前 247 年，他派蒙骜渡过黄河北上，这时赵国的主力军队都在东北边境防御齐国和燕国，对秦国的入侵毫无防备，结果一下子被蒙骜打下 37 座城镇，今山西省的大部分地区都沦陷了。之后，秦庄襄王又派王龁攻打韩国的上党郡，这是当年王龁作为白起副将没能完成的军事任务。一系列军事活动引发各国诸侯的激烈反应，楚、赵、魏、韩、卫五国很快联合起来共同抗秦，这是东方各国的第二次合纵行动，信陵君再次挂帅。双方交锋，王龁不敌，被迫从上党撤兵。

　　秦庄襄王向赵国动手，虽然让蒙骜、王龁等秦国将领十分满意，但显然打破了和赵国王室之间隐秘的默契，这让相国吕不韦和已经成为秦国王后的邯郸姬处境尴尬。

得知秦军攻赵，吕不韦从洛阳返回咸阳。就在这时，秦庄襄王赵异人去世了！太子赵政刚刚 13 岁，就成了秦国新的君主。

属于赵政的时代即将开启。

此时秦国早已经历商鞅变法和其他一系列改革，上层普遍崇尚以《商君书》为代表的法家思想，又引入了墨家实用主义思想和儒家学说，在这些思想的综合影响下，秦国政策呈现三个主要特点：

第一，奖励农牧业，压制商业。

奖励农牧业，是为了保证基础经济，让国家有稳定可靠的财政收入，维持秦国的战争机器不断运转。压制商业，并不是说秦国不重视商业，相反，秦国的商业相当繁荣，但这部分发达的商业是由官府控制的。特别是在新占领的土地上，适合大规模集中使用人力生产的矿业和主要农业、林业资源都被国家把持着，除了少量边区之外，私人工商业很难大规模地发展起来。

第二，实行郡县制。

郡的设置最初就出现在秦国，早在春秋初期，也即公元前 7 世纪初，秦国就开始在关中地区设县了，比如秦武公就曾设立杜县、邓县。那时，郡和县是平行的行政单位，无统属关系。"郡"以"君"字为偏旁，顾名思义，是直属于国君的，往往设置在比较遥远的地方，加强了国君对边境土地的管控。县在多数国家则为贵族卿大夫私家所有，他们会派本族子弟或者外来人员以家臣身份去治理。

战国时期，郡、县的设置变得广泛。秦国全面设置郡县其实比三晋要晚，所以在行政体制方面，相比于六国来说并没有明显的优势。不过，在郡县长官的选用和地方治理方面，其他诸侯国不免有王亲贵戚人为插手的时候，秦国却秉承法家精神，更坚持以法治郡县，于是建立起一套完整又高效的统治网络。韩非子说："秦之号令赏罚、地形利害，天下莫若也。"可见，秦的郡县制优势不在体系设计，而在实际执行上。

第三，奖授军功，建立"二十等爵"体系。

战国时期争斗加剧，为了提升自身实力，各国诸侯都颁布了相应的奖励政策，比如荀子就曾简要谈到齐、魏的政策，赵国也有"百金之士"。然而，六国的奖励政策都不如秦国的"二十等爵"著名，这一方面是因为与六国相关的文献记载保留下来的少，不如秦国清晰；另一方面就和郡县制一样，政策也在于执行落实。

一般认为，秦国二十等爵从低到高的排位是这样的：

一、公士；二、上造；三、簪袅；四、不更；

五、大夫；六、官大夫；七、公大夫；八、公乘；

九、五大夫；十、左庶长；十一、右庶长；十二、左更；

十三、中更；十四、右更；十五、少上造；十六、大上造；

十七、驷车庶长；十八、大庶长；十九、关内侯；二十、彻侯①。

这些爵位的设置颇精细，每一级能够拥有什么样的生产资料、掌握多少个人财产、要承担怎样的社会义务，都有详细规定。如果一个人的爵位低，不仅没有机会从事很多工作，而且在社会中还会受到一定的歧视和经济压迫。当他的爵位提升了，他的社会地位乃至经济地位也会有很大的提升。比如第四级爵"不更"，字面意思就是"无须服劳役"，这就意味着第一、二、三级爵还是要服劳役的。

六国也有爵位体系，尤为不同的是，秦国的爵位不再像西周乃至春秋时期一样仅限于贵族拥有，而是面向全民的。人们除了可以用军功来换取，也可以通过向国家捐献粮草来换取，杀敌越多、捐粮越多，获得的爵位就越高，犹有余力的民众甚至可以把爵位让给自己的亲属。这一办法很好地调动了百姓和士兵的积极性，国家的生产力、军队的战斗力有效提高，秦国因此在战争中逐渐取得优势。

传统上认为，二十等爵制度由商鞅直接建立，并一直沿用到汉朝甚至更晚的时候。但从许多古代文献和现代考古资料来看，商鞅最初建立的爵位制度可能并没有这么复杂，也就是说，二十等爵中的一部分是后来才加入的。比如，"右更""左庶

---

① 后来为了避讳汉武帝刘彻的名字，"彻侯"改称"通侯"或"列侯"。

长""五大夫"在秦末汉初都是中级爵位，但是在战国时期，它们的持有者都是秦军统帅。可见，随着国力的增强、军队规模的扩大，秦国人在不断发明新的爵位，将它们置于旧爵位之上，于是旧爵位的地位就相应下降了。此外，很多爵位的名称都发生过变化，例如第三级爵"簪袅"，在战国时代的秦简上一般被写作"谋人"，第七级爵"公大夫"原本写作"七大夫"等。我们现在熟悉的完整二十等爵体系，很可能是在秦始皇到汉武帝的百年间逐渐确定下来的。

从《商君书》和出土秦简上的内容来看，秦国的二十等爵位名称，是由多种体系杂糅而成的。就拿最常见的两类秦国爵位名称"大夫"和"庶长"来说，前者在先秦各国都有设置，很明显是沿用周制，而后者则在其他国家没有，是秦国特有的叫法。"庶长"本来的含义大约是庶民领袖，之后被强制借用，安在"大夫"之上，成为秦国的高等爵位。大部分的秦国爵位名称则源自秦国官职，即所谓"职爵一体"，后来因为引进了诸如"客卿"等东方国家的官职，才慢慢地产生了"职爵分离"的现象。

秦国官职是通过薪酬的高低论等级的，薪酬的基本单位是"石"，也就是粮食的重量①，官职越高，薪酬水平就越高，每个月获得的粮食就越多。基层的官职薪酬在600石以下，600石以上的高级官员被叫作"显大夫"，有直接向秦王汇报的资格。秦国的每一级爵位也有固定的薪酬，那么有爵又做官的人会不会领两份工资呢？当然不会，秦王会按照他官职和爵位中高的那一个发放薪酬。

有人会问：都说秦国的爵位针对全民，尤其讲究军功授爵，可上战场立战功的人那么多，人人都有爵位，人人都拿薪酬，秦国的财政能支撑起这么大的开销吗？

实际上，从目前发现的秦简来看，普通士兵很难基于个人斩首数晋爵，因为这个门槛比较高，既需要个人有斩首的功劳，其所属团队的整体还要完成斩首的定额指标，两个条件都满足才能得爵。所以通常情况下，打了胜仗后还是只有军官才会得到奖赏。

又有人问：秦国是怎么计算军功的呢？据说秦国士兵要砍掉敌人的右耳，以便战

---

① 春秋战国时各国度量衡的标准不一样，秦国的1石大概等于30千克谷物。

后计算杀敌数目，是真的吗？

从秦简上看，秦国根本就不是用耳朵数量来计算军功的，而是用完整的敌人首级。在战场上，大部分敌人是被弓弩等武器从远距离击杀的，而且往往身中好几箭才身亡，即使是在近战肉搏中被杀死，也大多是几名士兵协同作战的功劳。为了解决战功归谁的争端，敌人首级会被专门陈列三天，有专人仔细检查每个首级上的伤痕，判断这个敌人究竟是被如何杀死的。然而即便如此，秦军之中因敌军首级而产生的纠纷依然非常多，为了争夺首级，甚至出现谋杀战友的案例。为了避免长官利用权力把下属士兵斩获的首级当成自己的业绩，秦法规定，军官升到一定级别后，就不再以本人的斩首数量作为计爵的依据，而是要看所辖团队的集体业绩。

秦国军功授爵的设计方案，大体能保证记功公正，执行得也严格，但在等级社会里，绝对的公平还是难以取得。

秦军的主体是底层士兵，而一个平民子弟的爵位晋升是有天花板的。大致说来，自第一级的"公士"至第八级的"公乘"，是给予一般庶民及下级官吏的低级爵位，合称"民爵"或"吏爵"；自第九级的"五大夫"开始，再往上都是高级爵位，合称"高爵"或"官爵"。一个没有身份背景、没有官职的普通人，无论获得多少战功，能取得的爵位到第五级也就封顶了，除非他在战斗中幸运地被提拔为军官，从而进入了更高的封爵区间——但显然，秦国军官的人数也是有限的。而一个富贵之家的子弟，倘使他继承了父辈的大夫爵，那么一去军队就可以当上军官，继而通过团队业绩获取高级爵位。

在爵位竞争中，贵族总是占有优势。

第三章
## 不平静的秦王宫

# 赵系还是楚系

周王室分封诸侯，诸侯之下又有大小世袭贵族，他们被封在诸侯国的各地，例如鲁国的"三桓"。春秋时期以来，有些贵族在地方世代经营，势力坐大，经常把自己视为半独立的小君主，做出各种不合礼法的僭越之事，例如孔子痛骂的"八佾舞于庭"就是如此。

早在公元前 4 世纪，秦国就通过商鞅变法等一系列改革，不断压制贵族和地方豪强势力，不断加强王权。自那时候起，秦国就很少再有独立性很强的地方贵族，秦王的权力可以深入到社会基层。虽然秦国设置了"君""彻侯"这样的高级爵位（相当于更早时候的卿和大夫），但是这些爵位实际上很少被授予，即便授予，过不了多久封地也会被剥夺。所以在战国后期，只要秦王本人懂得如何行使权力，秦国的贵族势力便很难抬头。然而，达成这个局面需要秦王大权在握，一旦秦王势弱，情况便有所不同了。

赵政登基之初，由于他本人年幼，秦国内部出现了动荡。

新的秦国君主赵政生在赵国、长在赵国，其母赵太后邯郸姬是赵国人，掌握实权的吕不韦又与赵国关系密切，赵国对于这个局面十分乐见，可是楚国就不太满意了。一直以来，楚国势力在秦国就有相当的影响力，远的有秦昭襄王的妈妈宣太后和舅舅魏冉等，近的有赵政的两位祖母——夏太后和华阳太后。为了争夺话语权，楚系太后与赵系太后之间的婆媳矛盾势不可免，赵太后邯郸姬因此和同属"赵派"的吕不韦结成更紧密的战友。

楚系太后的辈分更高，按礼法来说应该拥有更大的权力，但赵太后邯郸姬和吕不韦充分利用感情优势，让秦国宫廷里的亲赵国势力渐渐超过了亲楚国势力，具体表现为相国吕不韦又获得了"文信侯"之外的另一个头衔——"仲父"（又叫"亚父"）。这个称呼是当年齐桓公授予相国管仲的，意在尊崇德高望重的首席大臣。

关于赵太后邯郸姬和吕不韦的关系，历史上众说纷纭。《史记·吕不韦列传》中记载，赵政的生母邯郸姬本来是吕不韦的小妾，是怀着身孕嫁给赵异人的，这个孩子就是赵政，而赵异人死后，邯郸姬又与吕不韦旧情复燃。为此，一些讨厌秦始皇的汉朝文人把他叫作"吕政"，指责他是吕不韦的私生子。

事实上，这种说法不太立得住脚，很可能是根据之前秦国的宣太后在丈夫秦惠文王死后与义渠王同居生子等故事编造出来的。一方面，从利益角度分析，吕不韦不会冒巨大的风险，也没必要把怀孕的小妾嫁给赵楚，因为检验妇女是否怀孕的技术当时已经十分成熟，吕不韦根本无法通过这种方式让自己的后代继承秦国王位。而在赵异人死后找邯郸姬重温鸳梦，对吕不韦的意义也不大，反而会给他这个在秦国政坛上立足未稳的相国制造出无穷的麻烦。另一方面，从《史记·秦始皇本纪》等文献上来看，邯郸姬是在与赵异人结婚一年以后才怀孕并足月生下赵政的，记录有出入便不能偏信。

尽管与吕不韦未必有不正当的关系，年轻的赵太后却确实有情夫，他就是吕不韦的助手嫪毐。

在《史记·吕不韦列传》里，嫪毐被描绘成一个精力超常的人，他是年老体衰的吕不韦专门招来满足赵太后火热欲望的。为了能把嫪毐送进宫，吕不韦还拔掉了他的胡子，剃掉了他的体毛，将他伪装成阉人。但是从其他史料来看，嫪毐是赵太后的邯郸老乡，也是吕不韦的门客，可能是借助了这两重身份，他才得以轻松在秦庄襄王至秦王政在位的短短几年间飞黄腾达。

在异国他乡，赵太后邯郸姬与邯郸老乡嫪毐相遇，虽然他无权无财，但她视他为知己，渭河之滨的咸阳王宫就这样成了这对邯郸男女的爱巢，他们之间的关系维持了至少 6 年。

　　秦庄襄王去世后，赵太后与嫪毐公开同居，并且还生了两个孩子，嫪毐也因此自称是秦王的"假父（继父）"。作为嫪毐的老领导，相国吕不韦对此听之任之，因为他还有更重要的事情要管。

# 失败的合纵

秦王宫里激流暗涌，随着亲赵国势力占了上风，赵国的国君赵孝成王开始为自身的政治利益积极谋划。他没有趁着秦国政局动荡而向西用兵，却任用原齐国相国田单，多次向北攻击燕国。作为回报，秦国方面也未加以任何军事干预。

田单这个人名头很大，带的赵兵也很多，却中看不中用，战事连连失利。到了赵政登基为秦王的第二年，赵孝成王还是没能收获战争果实，最终带着遗憾去世了，他的太子赵偃即位，也就是赵悼襄王。

赵悼襄王有一个儿子名叫赵迁，此时正在秦国当质子，与他一同为秦质的还有原本在赵国当质子的燕太子丹。太子丹与赵政本是儿时的玩伴，再相见时已经物是人非，身份地位拉开了差距。成为秦王的赵政态度傲慢，太子丹颇为郁闷，此时能够和他平等相处的就是同在秦国的赵迁了，他们两人的命运日后将紧密相连。

赵悼襄王继位的消息传来，秦国相国吕不韦按照战国的政治规矩，把赵迁送回赵国去当太子。儿子赵迁的归来让赵悼襄王非常高兴，他的庆祝方式是再次北上把老对手燕国揍一顿。这一次，秦国依旧不干预赵国的军事行动。

秦、赵之间关系密切，吕不韦为了给秦国谋发展，把矛头指向位于中原中东部的魏国。

魏国的信陵君曾经多次在战场和外交场上给秦国制造麻烦，可谓是秦国的克星。为此，早在三四年前，吕不韦就开始尝试解决他了。吕不韦找到了当年信陵君"窃符救赵"时杀害的大将晋鄙的门客，并给了他们很多钱，让他们在魏国朝野宣扬信陵君准备篡位自立。三人成虎，魏安厘王很快就不再信任信陵君了，信陵君只好辞职返回封地，终日借酒浇愁。秦王赵政二年（公元前 243 年），信陵君郁郁而终。

信陵君一去世，吕不韦就想抓住这个良机，于是派蒙骜再次大举进攻魏国，控制了豫西走廊，甚至沿走廊一直向东打到了齐国。凭借此走廊，秦国"断天下南北之腰"，把走廊以南的韩、魏两国与北面的赵国截断开来，避免它们形成南北合纵，为未来各个击破提供了条件。

这种派军深入的军事行动原本属于兵家之忌，吕不韦之所以敢这么做，还是自恃这条路线以北的赵国不会轻易南下发动攻击。不过时移世易，秦与赵的利益联盟很快就要崩塌了。

对于吕不韦的攻势，韩、魏乃至楚国无不震动，决定再次联手击秦。问题是信陵君已死，没人可以担任领军者，他们于是向赵国求助。

赵悼襄王见到来自韩、魏的使者，听过他们的请求，不禁动了心。如今，太子赵迁已经从秦国回来，北攻燕国的事业又进行得并不顺利，利用当前形势打击秦国对自己完全利好。至于赵国攻秦会给吕不韦带来政治被动，这并不是赵悼襄王关心的重点，因为吕不韦是他爹送去的，当初确实筹谋在长远，可既然眼前有利可图，为什么不先占点便宜？就这样，赵国单方面打破默契，和楚、魏、韩三国共同组成合纵联盟，准备发兵攻秦。

这次合纵，是东方各国继齐相孟尝君合纵后的第三次联手，也将是最后一次。齐国依旧没有参加，或者可以这样说：自从当年临淄被攻破后，齐国就再不参加诸侯联合行动了。

赵悼襄王开始思考该派谁率军出征。赵国名望最高的将领原本是廉颇，可惜廉颇此前得罪了赵悼襄王，因此被罢免了职务。取代廉颇的，正是之前被他俘虏的燕国将领乐乘，这一人事安排令廉颇非常愤怒，他竟不管不顾直接带领亲兵去攻打乐乘，吓得乐乘连忙逃走。事已至此，廉颇也知道自己不能再留在赵国了，于是离开军队，跑到魏安厘王麾下。廉颇跑了，乐乘的威望又不够，急需用人之际，赵悼襄王想起了另一位老将——庞煖。

庞煖曾经为赵武灵王讲解过兵法，所以可以推断，他的年纪应该很大了，甚至比廉颇还要年长一些。但是在赵武灵王之后，他因为在政治上站错了队，一度被解除兵权，此后赵国的兵权被廉颇和赵奢、赵括父子等人掌握着。庞煖失去了在军事上表现的机会，转而从事外交活动，也颇有成就，被誉为可与苏秦、张仪并列的纵横家。后来赵奢、赵括父子死了，廉颇也离开了，乐乘等青年将领的威望又不足以指挥赵军，庞煖便又回到原来的岗位上。复任没过多久，公元前242年，因赵、燕之间发生战事，庞煖领兵迎战燕将剧辛。剧辛此人和庞煖一样，也为赵武灵王效过力，有很丰富的军事经验，后来听闻燕昭王下诏求贤，便入燕国为官。面对老对手，庞煖诱敌深入，最终大败燕军，并杀死了剧辛。这战过后，庞煖在军队中重新有了名气，赵悼襄王这才敢对这位年迈的将军委以重任，让他作为赵军统帅，加入反秦联军。

楚国令尹春申君黄歇被推举为纵约长，但是他的军事经验少，所以主要指挥还得靠庞煖。在他的督导下，五国军队于公元前241年一路向西，直奔秦国的统治中心关中而来。

关中地区四面群山环绕，东有函谷关，北有萧关，西有散关，东南有武关，只有从这几个关口通过，才能到达群山中的平原，而咸阳正在这片平原之上。

庞煖认为，以函谷关作为突破口是之前历次攻秦失败的原因所在，因为那里太过险要，易守难攻。于是这一次，他命令大军先北上到今山西省河津市的黄河狭窄处，之后越河向西进入关中腹地。果然，这里的秦军布置不多，五国联军顺利杀到了咸阳东郊的蕞城（今陕西省西安市临潼区一带）。

让联军深入到这个地步，相国吕不韦负有责任。他赶紧命令蒙骜、王翦、麃公、杨端等率秦军进驻蕞城，准备迎击五国诸侯。

蕞城虽小，却十分坚固，双方拉锯了一阵，联军一直不能攻取，人心浮动。联军主将春申君认为，此行震慑秦国的目的已经达到，重点还是应该放在收复函谷关外的土地上，不应深入关中腹地太久，一旦驻扎在其他地区的秦军回援，从后路包抄过来，联军岂不是前功尽弃？经过商议，联军果断撤退了。

纵约长春申君无功回国，楚考烈王对他深有怨言，开始疏远这位当了22年令尹的专权王叔。春申君苦恼至极，他的门客朱英前来献计："您被大王埋怨，是因为打不过秦国。不如您劝大王迁都向东，迁得远远的，叫秦军打不着咱们，威胁不就解除了？这样您不会再被大王埋怨，还可以借迁都捞上一笔。"

"捞什么呢？"

"您的封地是淮北十二县，那里距离齐国很近，不是好事。让大王迁都过去，您不就能换一块更靠后方、更加安全的地方了吗？"

春申君听了这个计策，连忙去忽悠楚考烈王。当时楚国的首都在陈城（今河南省周口市淮阳区），楚考烈王思来想去决定接受。于是春申君把自己的领地寿春（今安徽省淮南市）献出，作为楚国的新首都，而他自己则被改封到吴地，也就是长三角地区，包括今天江苏的苏州市和上海的松江、嘉定等区——如今上海又被称为"申城"，就跟春申君有关。春申君在寿春城中给楚考烈王修建了漂亮又安全的宫殿，因此重新赢得了这位侄子的信任，照旧当楚国的令尹。

就这样，春申君黄歇带着楚国一路向东南逃遁，最终使楚国在保守政策中迎来末日。

第四章

**吕氏春秋**

# 门客三千

登上相位以后，吕不韦一直踌躇满志，想要成就一番伟大的事业。他深知，要在权力之巅坐稳不能仅凭一己之力，还需要许多人的帮助。

在战国时代有所谓的"四大公子"之说，即齐国的孟尝君、魏国的信陵君、赵国的平原君、楚国的春申君。他们都是君主的亲戚，利用雄厚的财力招揽众多部下，号称有"三千门客"。由这些门客奔走宣传，四大公子的社会影响力甚至超过了本国的国君。吕不韦认为，以秦国的实力，也应该有能够与"四大公子"相提并论的人物，而此人非己莫属。于是，吕不韦也开始从各地招揽人才，很快也凑齐了"三千门客"，其中颇有一些名门之后，如原秦国左丞相甘茂的孙子甘罗。

公元前 244 年，燕王喜准备和秦国结盟，共同对付赵国，为此想让在邯郸当人质的太子丹转往咸阳当人质。吕不韦对此做出积极回应，并计划派大臣张唐去燕国担任相国，加强两国合作。但是，从秦国去燕国必须经过赵国，而张唐以前曾经多次率领秦军攻打赵国，赵国上下非常厌恶他，赵王还悬赏要他的脑袋，所以他不愿意接受这个任务。吕不韦亲自上门劝说，结果还是碰了一鼻子灰，只好沮丧地回到相府。

见吕不韦愁眉苦脸地回来，少庶子①甘罗自告奋勇，要替他去说服张唐。吕不韦看甘罗只有 12 岁，对他的自荐不以为然。甘罗辩解说："古时候的项橐 7 岁就能给孔子当老师，如今我已经 12 岁了，君侯为何不让我去试一试呢？"吕不韦听他说话

---

① 少庶子，高级门客。

不一般，便同意了。

甘罗前往拜见张唐，说："您与武安君白起相比，谁的功劳大？"

张唐回答："白起在南面挫败强大的楚国，在北面威慑燕、赵两国，战必胜，攻必克，夺取的城池不计其数，我的功劳比不上他。"

甘罗又问："当年的相国应侯范雎与如今的吕相国相比，谁的权势更大？"

张唐说："范雎不如吕相国的权力大。"

甘罗接着说："当年范雎想攻打赵国，可白起反对他，结果范雎在离咸阳七里处杀了白起。现在，吕相国亲自请您前往燕国担任相国，您执意不肯，不知道您将身死何地啊？"

张唐害怕了，于是屈服。

甘罗从张唐处返回，又自荐一次，表示愿意在张唐之前先出使赵国。到了赵国，甘罗以秦国和燕国即将联合攻赵为理由，恐吓赵王献上5座河间地区的城池，以换取秦国对赵国不放太子丹去秦国当人质的谅解，作为交换，秦国可以不与燕国联手。赵悼襄王照办了，之后赵国毫无顾忌地入侵燕国，抢了30座城池，又分给秦国11座。此事之后，甘罗被封为上卿，这就是《史记·樗里子甘茂列传》中"甘罗十二为丞相"的故事。

在这个故事里，秦国和赵国都占到了便宜，只有燕国吃了大亏，而张唐最终也没有去到燕国。这么看来，甘罗其实更像是代表其主公吕不韦为秦、赵两国共谋利益，而吕不韦执意要派张唐去燕国当相国，事后看来也很像他演的一场大戏。甘罗的任务完成，之后便消失在历史记载中，从此默默无闻了。

甘罗凭借伶牙俐齿为国家谋得巨大利益，而吕不韦的更多门客则把自己的真才实学用在了另一件事上——他们要编撰一部前所未有的书！

# 吕氏春秋

关于吕不韦其人及其思想，《史记·吕不韦列传》中的记载带有太过浓烈的八卦色彩，就像市井流言，不太可靠。相比之下，要想深入了解作为政治家和思想家的吕不韦，还是从他主持门客们编写的这部《吕氏春秋》着手比较靠谱。

《吕氏春秋》又叫《吕览》，现存共 26 卷，分为 3 个部分，即"十二纪""八览""六论"。这部书的结构很有特色，明显经过精心编纂，按照春、夏、秋、冬等自然现象来给各个篇章命名，并且由这些自然现象入手，对各种政治、历史、文化现象进行了阐述。可以说，《吕氏春秋》是中国较早使用天人合一的历史观进行系统叙述的著作。

在《吕氏春秋》之前，先秦诸子的著作内容大多散乱无序，就像微博或朋友圈一样，东一篇西一篇，想到哪里就写到哪里，前后文之间没有连贯的逻辑，阅读起来不容易抓住重点。除了内容，章节结构也成问题。通常情况下，在先秦诸子的著作中，各卷标题都取自正文的前一两个字，例如《道德经》里的《道经》《德经》，或是《论语》里的《学而》《先进》，这些文章中的大部分内容都与标题毫无关系。《吕氏春秋》则不然，各章节的主题和内容联系紧密，各篇文章的论述也符合逻辑，结构非常精巧。

《吕氏春秋》的这种编排，很明显对司马迁产生了很大的影响，他所作《史记》的结构与《吕氏春秋》就有很大的相似性。另外，《吕氏春秋》中的很多内容也被借鉴到了《史记》中。

　　其实，《吕氏春秋》在市面上流行的时间非常短。它大概在公元前 240 到公元前 237 年之间成书，而之后没过几年，吕不韦就倒台了，他的家族成员和门客都被放逐或治罪。更重要的是，亲政后的秦王赵政完全没有遵循吕不韦在《吕氏春秋》中提倡的政治理念，而是领导秦国走上了几乎完全相反的政治道路。所以可想而知，在秦王政时期，《吕氏春秋》肯定不会受重视。而秦始皇晚年实行了焚书坑儒的文化高压政策，如"有敢偶语《诗》《书》者弃市"等措施，尽管这些政策对许多古籍造成了严重破坏，《吕氏春秋》作为一部综合性著作，因其编撰背景及其内容特性，并未直接与这些禁令冲突，从而得以保存下来，这在当时的文化环境中显得尤为难得。

　　也是因此，有人提出过现存《吕氏春秋》的真伪问题，但是从书中的内容来看，它是真书的可能性很大。

　　《吕氏春秋》对"楚"这个字避讳得非常彻底，凡是有"楚"字的地方都改成了"荆"，而秦王赵政的父亲秦庄襄王正是改名叫了"赵楚"。吕不韦及其门客作书时避讳"楚"字，是非常合理且具有时代特色的事。另外，《吕氏春秋》提到了大量春秋战国时期的历史事件，但没有一件是发生在吕不韦之后的，而且在我们现在看到的版本中，一些遗失的字很像是竹简腐烂、磨损所致。这种种加起来，让人感觉这部《吕氏春秋》不像那些争议性很大的儒家经典，而是货真价实的秦代史料。

　　《吕氏春秋》篇幅庞大，有二十多万字，写成竹简会重达几十斤，是先秦时期篇幅最长的书之一。此书究竟是怎么被司马迁看到进而传承下来的，我们不得而知，但是我们可以猜测。这部书在吕不韦执政的最后几年扩散非常广，所以在某些边远地区，人们也许是把它存在了某个地窖或暗室里没有被查书的官吏发现，于是保存下来。或者，也有可能是汉代人偶然间从秦代坟墓里挖出这部书来，让它重见了天日。

# 吕不韦到底信奉哪种哲学

那么，《吕氏春秋》中体现出来的、吕不韦所真正推崇的，究竟是什么思想呢？

《吕氏春秋》历来被归入杂家。按照班固在《汉书·艺文志》中的总结："杂家者流，盖出于议官。兼儒、墨，合名、法，知国体之有此，见王治之无不贯，此其所长也。及荡者为之，则漫羡而无所归心。"也就是说，杂家博采众长，是融汇了儒、墨、名、法四大先秦主流思想而形成的新思想体系，但是缺乏自身特色，研究这种思想容易失去方向。

在战国后期，各派思想交流越来越多，必然会有合流的趋势，出现杂家不足为奇。不过，杂家对各派思想的融合也是有轻重层次的。按照《汉书·艺文志》的记载，在《吕氏春秋》之前，杂家的著作就有《伍子胥》《由余》《子晚子》《尉缭子》《尸子》等。作这些书的人中，伍子胥是为吴国效力的楚国军事家，由余是秦穆公的谋士，《子晚子》的作者是齐国的军事理论家，尉缭是秦王政时期的军事理论家，尸佼据说是商鞅的老师或助手，在商鞅兵败身死后逃往蜀国避难终老。总结起来，他们基本都出自兵家或法家，而且大部分都有在秦国生活、工作的经历，与大多有儒家或道家背景的东方各国学者非常不同。

由此推论，我们可以说：杂家实际上是战国时期在秦国形成的一个新学派，它的主导思想源自秦国历代统治者最欣赏的兵家和法家，并辅以儒家、墨家等，晚期的墨家学派在秦国甚至可能已经全部融入了杂家。

吕不韦秉持的是这样的思想吗？其实不是。

著名学者郭沫若在其代表作《十批判书·吕不韦与秦王政的批判》中，对《吕氏春秋》进行过详细分析。他高度评价吕不韦是"中国历史上一位有数的大政治家"，并且通过对《吕氏春秋》原文的研究，认为"它对于各家虽然兼收并蓄，但却有一定的标准。主要是对儒家、道家采取尽量摄取的态度，而对于墨家、法家则出以批判"，从而得出结论："秦始皇不仅不是吕不韦的儿子，而且毫无疑问地还是他的一位强有力的反对者。"

尽管《十批判书·吕不韦与秦王政的批判》一出版就被毛泽东评论为"百代都行秦政法，十批不是好文章"，但是从书的内容看来，至少在吕不韦的问题上，郭沫若的分析大致是可靠的。

要想论证这个问题，需要回到《吕氏春秋》的文本中去。

这部书里的《孟春纪》写道：

> 夫相，大官也。处大官者，不欲小察，不欲小智，故曰：大匠不斫，大庖不豆，大勇不斗，大兵不寇。

这段话摘自《管子》，指出了相国的重要性。与之相应的，《审分览》中又举例：

> 有司请事于齐桓公，桓公曰："以告仲父。"有司又请，公曰："告仲父。"若是三。习者曰："一则仲父，二则仲父，易哉为君！"桓公曰："吾未得仲父则难，已得仲父之后，曷为其不易也？"桓公得管子，事犹大易，又况于得道术乎？

意思是说，国君如果能够得到像管仲这样贤能的相国的话，工作就会变得非常简单。国君只需要把主要工作交给相国处理，自己就可以悠哉游哉地享受生活，而不会耽误国家的治理。

《仲春纪》一文中也指出：

凡为君，非为君而因荣也，非为君而因安也，以为行理也。行理生于当染，故古之善为君者，劳于论人，而佚于官事，得其经也。不能为君者，伤形费神，愁心劳耳目，国愈危，身愈辱，不知要故也。

这是认为君主如果过度集权，不信任大臣，不会分配工作，将会造成巨大危害。君主要"处虚"，要"无智、无能、无为"，这样才能使众人智，使众人能，使众人为；君主要"执其要"，把具体的权力下放给大臣。相对地，臣子则不能无条件地"忠"：如果是"便于君，利于国"的事，那么重臣舍身也要办；如果国君"以白为黑"，瞎指挥，那么虽然国君尊贵，臣子也不能听从。

虽然这些话有站在相国角度与君权抗衡的意思，但也确实是在强调君臣分工，反对君主独裁专制。《孟春纪》里甚至写道：

昔先圣王之治天下也，必先公。公则天下平矣。平得于公。尝试观于上志，有得天下者众矣，其得之以公，其失之必以偏。凡主之立也，生于公。……

天下，非一人之天下也，天下之天下也。阴阳之和，不长一类；甘露时雨，不私一物；万民之主，不阿一人。

君主不能过于自私，要为民众的利益着想，这样的说法，就是在和法家提倡的君主专制大唱反调。

像这样与兵家、法家思想相违背的段落，书中还有很多。比如《季春纪》里说：

故上失其道，则边侵于敌；内失其行，名声堕于外。是故百仞之松，本伤于下而末槁于上；商、周之国，谋失于胸，令困于彼。故心得而听得，听得而事得，事得而功名得。五帝先道而后德，故德莫盛焉；三王先教而后杀，故事莫功焉；五伯先事而后兵，故兵莫强焉。当今之世，巧谋并行，诈术递用，攻战不休，亡国辱主愈众，所事者末也。

这是认为战国末期的战争缺乏正义性，同时也对恃强凌弱的政治和军事原则提出了根本性的质疑。

《孟夏纪》里说：

> 古之圣王未有不尊师者也。尊师则不论其贵贱贫富矣。若此则名号显矣，德行彰矣。故师之教也，不争轻重尊卑贫富，而争于道。其人苟可，其事无不可。所求尽得，所欲尽成，此生于得圣人。圣人生于疾学。不疾学而能为魁士名人者，未之尝有也。

意在强调君主向知识分子学习的重要性，认为君主们不能肆意妄为，要遵从古代圣贤的指导。

《仲夏纪》里说：

> 世之人主，多以珠玉戈剑为宝，愈多而民愈怨，国人愈危，身愈危累，则失宝之情矣。乱世之乐与此同……以此骇心气、动耳目、摇荡生则可矣，以此为乐则不乐。故乐愈侈，而民愈郁，国愈乱，主愈卑，则亦失乐之情矣。凡古圣王之所为贵乐者，为其乐也。夏桀、殷纣作为侈乐……侈则侈矣，自有道者观之，则失乐之情。失乐之情，其乐不乐。乐不乐者，其民必怨，其生必伤。其生之与乐也，若冰之于炎日，反以自兵。此生乎不知乐之情，而以侈为务故也。……遂而不返，制乎嗜欲；制乎嗜欲无穷，则必失其天矣。且夫嗜欲无穷，则必有贪鄙悖乱之心、淫佚奸诈之事矣。故强者劫弱，众者暴寡，勇者凌怯，壮者傲幼，从此生矣。

意思是音乐等艺术形式一定要实用，不能片面追求奢华，否则就会浪费国力，导致君主失去民众的支持，甚至诱发叛乱。

又说：

> 反之于兵，则必斗争之情，必且杀人，是杀无罪之民以兴无道与不义
> 者也。无道与不义者存，是长天下之害而止天下之利，虽欲幸而胜，祸且
> 始长。

意思是为了获取战功强行打仗是在伤害无罪的老百姓，只会带来祸患。即便偶尔打赢了，制造的不良后果仍然会连绵无穷，难以控制。

《孟秋纪》里说：

> 人曰"蚩尤作兵"，蚩尤非作兵也，利其械矣。未有蚩尤之时，民固剥
> 林木以战矣，胜者为长。长则犹不足治之，故立君。君又不足以治之，故立
> 天子。天子之立也出于君，君之立也出于长，长之立也出于争。争斗之所自
> 来者久矣，不可禁，不可止。故古之贤王有义兵而无有偃兵。
>
> 家无怒笞，则竖子、婴儿之有过也立见；国无刑罚，则百姓之悟相侵也
> 立见；天下无诛伐，则诸侯之相暴也立见。故怒笞不可偃于家，刑罚不可
> 偃于国，诛伐不可偃于天下，有巧有拙而已矣。故古之圣王有义兵而无有
> 偃兵。
>
> 夫有以饐死者，欲禁天下之食，悖；有以乘舟死者，欲禁天下之船，悖；
> 有以用兵丧其国者，欲偃天下之兵，悖。夫兵不可偃也，譬之若水火然，善
> 用之则为福，不能用之则为祸；若用药者然，得良药则活人，得恶药则杀人。
> 义兵之为天下良药也亦大矣。
>
> 且兵之所自来者远矣，未尝少选不用。……

意在指出战争是人类社会的普遍现象和规律，想要将其禁止是不可能的，但是战

争一定要讲究正义性，否则不仅解决不了问题，还会导致更多的问题。

又说：

> 当今之世，浊甚矣，黔首之苦，不可以加矣。天子既绝，贤者废伏，世主恣行，与民相离，黔首无所告愬。世有贤主秀士，宜察此论也，则其兵为义矣。天下之民，且死者也而生，且辱者也而荣，且苦者也而逸。世主恣行，则中人将逃其君，去其亲，又况于不肖者乎？故义兵至，则世主不能有其民矣，人亲不能禁其子矣。

意思是当今天下形势混乱，君主们都肆意妄为，让老百姓生活在水深火热之中。所以，如果哪个君主能够用正义的战争来结束暴乱，他一定会得到全体民众的支持。

《孟冬纪》中则说：

> 今有人于此，为石铭置之垄上，曰："此其中之物，具珠玉、玩好、财物、宝器甚多，不可不抇，抇之必大富，世世乘车食肉。"人必相与笑之，以为大惑。世之厚葬也，有似于此。自古及今，未有不亡之国也；无不亡之国者，是无不抇之墓也。以耳目所闻见，齐、荆、燕尝亡矣，宋、中山已亡矣，赵、魏、韩皆亡矣，其皆故国矣。自此以上者，亡国不可胜数，是故大墓无不抇也。而世皆争为之，岂不悲哉？
>
> 君之不令民，父之不孝子，兄之不悌弟，皆乡里之所釜鬵者而逐之。惮耕稼采薪之劳，不肯官人事，而祈美衣侈食之乐，智巧穷屈，无以为之，于是乎聚群多之徒，以深山广泽林薮，扑击遏夺，又视名丘大墓葬之厚者，求舍便居，以微抇之，日夜不休，必得所利，相与分之。夫有所爱所重，而令奸邪、盗贼、寇乱之人卒必辱之，此孝子、忠臣、亲父、交友之大事。尧葬于谷林，通树之；舜葬于纪，市不变其肆；禹葬于会稽，不变人徒。是故先王以俭节葬死也，非爱其费也，非恶其劳也，以为死者虑也。

先王之所恶，惟死者之辱也。发则必辱，俭则不发。故先王之葬，必俭，必合，必同。何谓合？何谓同？葬于山林则合乎山林，葬于阪隰则同乎阪隰。此之谓爱人。

意思是说，古代的圣明帝王都提倡节俭办葬礼，在这上面浪费太多人力物力是没有意义的。这种思想很明显是受了墨家的影响。

凡此种种，吕不韦在《吕氏春秋》中不强调君臣身份，不倡导愚忠，也不认为君权具有绝对性和天授性。他不推崇强权君主，也不喜欢"利君主"，而是更希望建立一种可以"利天下"的制度，在这种制度下，愚蠢的国君应该把位置让给贤人，臣民有权推翻或抛弃残暴的国君。

吕不韦野心勃勃，早已不满足于做赵国在秦国政坛上的代理人。秦庄襄王时他就掌握着秦国的大权，等秦庄襄王去世，年少的赵政上位，他看到了实现自己政治理想的机会，他要带领秦国按着他的设想前进！于是他召集门客按照自己的思想编书，而在《吕氏春秋》的二十万字写成之后，他又迫不及待地将其公之于世，并大肆宣传炒作。

吕不韦把这部书陈列在咸阳城农贸市场的大门口，并宣称：游走各地的士人和宾客们看了这本书，有能增损一字的，都会得到千金作为奖赏。他也许是想通过这种方式让秦国人接触、认可他的思想，也向坐在秦王位置上的赵政展现他的政治目标，表达他所期望的国家应该是什么样。

然而，吕不韦没有意识到，他的这些思想在为君者眼中是绝对的大逆不道，因为它极大侵犯了君王的权威和利益。

这时候秦王赵政已经长大，到了该亲政的时候。他有着强烈的权力欲，越来越不满于被他的这位"仲父"兼相国操纵，反感的情绪越来越重。

不只秦王政，许多秦国本地官员也对吕不韦心怀不满。吕不韦主张"诛暴而不私，以封天下之贤者"，可这就意味着秦国的扩张战争失去了合法性，不能进行战争，他们如何得利？

另外，吕不韦过往一直坚持维护与楚国、赵国这两大邻国之间的和平关系，因此秦军只能向东攻打韩国和魏国。如今这两个国家的国土已经被秦国蚕食了一大半，剩下的城池密度大，居民抵抗意愿也强，打起来越来越艰难。再这样下去，战争不好进行，许多军人的仕途都会受到影响，秦国数代人建立起来的传统官爵体系也会陷入危机。要想迅速扭转局面，最好的办法是向楚国和赵国开战，而吕不韦又不同意这样做。

矛盾越积越多，最终秦国的本土势力达成了共识：要想扩张地盘，鲸吞六国，就必须扳倒吕不韦。

第五章
# 吕不韦的遗产

# 兵马俑

吕不韦要想实现自己的政治理想，首先要在秦国政坛上取得最终的胜利。为此，除了著书立说之外，他还需要一些实实在在的政绩。在这些政绩中，有一些格外瞩目，甚至让今天的人都感到震撼。

说起秦留下的遗产，人们最先想到的肯定是今陕西省西安市临潼区的秦始皇兵马俑。

秦始皇兵马俑被发现于 1974 年，1987 年被列入联合国教科文组织世界文化遗产名录，是中国最著名的考古文化遗址和旅游景点之一。遗址由 4 个俑坑组成，其中一号坑、二号坑和三号坑各有上千个武士俑、车马俑，四号坑则是空的。直到现在，秦始皇兵马俑遗址仍在发掘中。

与中国古代的其他陪葬俑相比，秦始皇兵马俑有三大特点：

第一，数量巨大。目前已经挖出的陶俑有 1 万余件，还有一些俑仍被埋葬在地下，加起来总数估计在 2 万以上。

第二，做工精良，形态极其逼真。在秦兵马俑中，人、马和车都按照实际大小制作，穿着鞋子、梳着发髻的武士俑身高一般在 1.8 米左右，它们表情各异，栩栩如生。这些俑的做工品质丝毫不比上千年后制作的雕塑（例如各类佛像）差，更远比先秦和汉代中国用于陪葬的各种人马俑精良。

第三，展示的人、车、马和武器种类非常多。人总共可以分为步兵、弩兵、车兵和骑兵四类，每个兵种又有将军俑、军吏俑和士兵俑的区别，它们的装备各不相同，佩带的武器也颇不相同。兵马俑坑中出土了十多种各色武器，其中一部分武器还没有开刃，显然是为了展示专门制造的。

一般认为，秦始皇兵马俑是秦始皇赵政本人下令修建的，为的是在阴间保护他陵墓的安全。《史记》记载：秦始皇陵由丞相李斯依惯例主持规划，大将章邯监工，而兵马俑应该是在修筑秦陵的同时制作并埋入随葬坑内的。兵马俑的建造几乎贯穿了秦始皇统治的整个时期，直到秦始皇去世才草草收尾。四号坑中只有回填泥土，应该是因为在建造后期爆发了反秦大起义，还没来得及制作和安放车马兵俑，秦朝的统治就被推翻了。

这个说法有一定的说服力，因为秦兵马俑位于秦始皇陵以东 1500 米处，离得很近，而且俑坑内出土的文物也带有一些秦始皇时期的特征。但是，它仍然存在以下几个疑点：

第一，兵马俑遗址中出土的一些文物上刻有时间，从时间记录来看，建造兵马俑的时候赵政并没有亲政，所以建造兵马俑未必出自他本人的意志。那时"始皇"这一称呼还没出现，赵政应该还称"秦王政"，而在他统一中国、自称皇帝之后兵马俑工程是否还在进行，其实不能肯定。

第二，兵马俑的位置距离秦始皇陵很近，但是距离秦国的其他王陵、后陵也比较近，周围还有一些其他的秦国古迹。所以，兵马俑究竟是不是秦始皇陵的随葬工程，似乎有待斟酌。

第三，在兵马俑身上有许多地方不符合我们对秦始皇时代的认知。比如，从一些装备样式和制作痕迹可以看出，兵马俑遗址中的器物不像是统一度量衡和文字之后制作的：与史书上记载的"车同轨"全然不同，遗址中的马车有三四种不同的轨距，很难在同一种道路上奔跑；完全不同于大一统时代"书同文"的气象，从秦兵马俑遗址中出土的陶器和青铜器看，上面刻的文字字体多种多样，多数文字写得歪歪扭扭，介于大篆、小篆和隶书之间；另外，秦兵马俑遗址里出土的每一种武器，几乎都有大小不同的制式，比如箭头，规格竟然有十几种。这不像是统一规格后流程化生产出来的，而更像是大型手工作坊的初步集合，和史书上描绘的秦始皇时代规范化生产区别很大。

没有统一的制服，没有统一的文字，没有统一的装备，没有统一的车辆……秦兵马俑和热衷推广"一个国家、一个中枢、一种文字、一种风俗、一种法律"的秦始皇的要求根本就是南辕北辙。可如果不是进行了统一战争自称始皇帝的赵政，究竟会是谁，出于什么目的，修造了栩栩如生、规模庞大的秦兵马俑呢？

在兵马俑遗址出土的一些文物上都刻着同一个响当当的名字，那就是大秦相国吕不韦。

吕不韦的名字在现今发掘出的秦兵马俑文物中出现了五次，都是铜戈头上刻的铭文，分别是："三年相邦吕不韦造，寺工某"；"四年相邦吕不韦造，寺工某某成"；"五年相邦吕不韦造，寺工某某成"；"七年相邦吕不韦造，寺工某某成"。

众所周知，能够在秦国统治达到七年而又以吕不韦为相邦[①]的秦王只有一位，就是赵政，这是判定秦兵马俑建造时间的最重要考古证据。至于"寺工某某"，指的是秦国少府部门下属的官方工匠，也就是亲手打造这些铜戈的人。

在秦兵马俑遗址中出土的近 4 万件兵器中，有明确时间铭文的除了 5 把"吕不韦戈"之外，还有 16 柄铜铍，上面的铭文是"十五年寺工某成""十六年寺工某成""十七年寺工某成""十八年寺工某成""十九年寺工某成"。

"铍"是一种已经过时的兵器，简单讲就是给短剑安上 1 米多长的木杆，使用方法类似刺刀，在赵国最为流行。相对于枪、矛、戟、刀等作用相似的武器，铍的战斗力不太强，制作起来还很浪费铜，所以到战国后期，除了赵、秦之外的其他国家基本都淘汰了这种兵器，到西汉初年已经完全消失。

相对于"吕不韦戈"，出土铜铍的档次就显得比较低了。这样说不仅是因为它过时，更因为其上铭文只刻有某少府下属工匠的名字，而没写由哪位重要官吏来督造，

---

① 相邦，即相国。汉代要避讳汉高祖刘邦的名字，所以把"邦"改成了"国"。

且铭文写得歪七扭八，不够庄重。

铭文上的"十五年"到"十九年"，被普遍认为是秦王政在位期间，而这个时间段应该就是秦兵马俑建造年代的下限了。虽然目前还有不少兵马俑被埋在地下深处尚未挖出，但是按照一般的考古规律，埋在下层的文物制造时间只会更早而不是更晚，所以日后挖出的兵马俑多半早于秦王政十五年，属于吕不韦主政的时代。

把吕不韦当成秦始皇兵马俑的总设计师还有更多原因，比如兵马俑本身的艺术特色。

刚挖出来的兵马俑颜色五彩缤纷，最常见的是红色和绿色，甚至有些搭配颇为艳丽，与严肃的秦国传统衣饰很不一致。而且，秦兵马俑的发型还是所谓的偏髻，也就是发髻偏向一边，这不是秦国传统的主流发型，也不方便佩戴头盔。按照文献记载和考古发现，秦国士兵的发型大部分都是"科头"或者"披发"，也就是说，要么是近乎光头，要么是留着很长的头发，以便戴头盔，只是从来没有过梳着偏髻的。无论兵马俑的服饰还是发型，都更像楚国的风格，换句话说，兵马俑很可能是以带有楚国特色的仪仗队为底本设计出来的。秦王政的父亲及祖母都有楚国血统，所以这很可能是吕不韦执政时期秦国盛行楚文化的标志之一。

为什么说是仪仗队？因为秦兵马俑中虽然出土了多达 4 万件的武器，但是除了两件是铁器之外，其余全都是青铜器。在中国各地的公元前 3 世纪遗址中出土过不少铁制兵器，可见在当时，青铜器很大程度上已经被淘汰了。按照最保守的估计，秦国军队应该至少有一半的武器是铁器，但是在兵马俑中，居然是以青铜兵器为主，且有些武器根本没有开刃。此外，阵列中的军人俑没有头盔和盾牌（在秦国其他遗址中都出土过），部分军人年纪明显过大，表情也不是杀气腾腾的，而是亲切友好的，有些甚至略带滑稽——所有这一切都说明，这不是一支能够随时开赴前线的野战部队。

如果秦兵马俑的总设计师不是主张用暴力迅速征服六国的赵政，而是提倡"义战"并且认为"天下，非一人之天下也，天下之天下也"的吕不韦，那么兵马俑身上出现一些与尚武的秦文化截然相反的特点就不难解释了。

吕不韦建造兵马俑，既是为了显示秦国的国力，也是为了安抚东方各国。他要让他们相信，如今的秦国是一个崇尚艺术、讲规则、不打非正义战争、爱好和平的国家，所以建造的兵马俑肯定不会让前来参观的东方各国人士感到恐惧。

我们现在看到的秦兵马俑是放在秦始皇陵以东 1500 米处，整整齐齐摆在坑里面，看上去很像是随葬品。但是，吕不韦耗费巨大的人力、物力来建造大量兵马俑的设计初衷未必如此，更有可能是以某种形式摆在咸阳城郊的道路两侧或广场上，供人观赏，特别是向东方六国展示。当时秦王政才十几岁，虽然需要建陵墓，但是此时就开始准备随葬的陶俑，似乎有点太早了。因为陶俑是易碎品，如果早早就建造出来，等到他去世时很有可能破损太多。

然而，吕不韦的设计最终没能达成。公元前 237 年，也就是秦王政十年，吕不韦被免职，从此以后不再制造"吕不韦戈"，秦兵马俑也不再有重要官吏参与督造，只能由少府委托的寺工们继续推进工程。秦王政十五年，秦军打破几年来的沉寂，大举进攻三晋；秦王政十七年，秦国灭韩；秦王政十九年，秦国破赵。而秦王政在忙于逐个攻灭东方六国的时候，对兵马俑就更不感兴趣了，加上战争期间资源紧张，兵马俑工程最终只能草草收尾，可能这才是四号坑中没有兵马俑的原因。参与这项工程的艺术家从此各奔前程，或许参与到了秦始皇陵、阿房宫等其他工程中，至于几万个兵马俑，则在前秦王、现皇帝赵政死后被胡亥、赵高、李斯等人当作随葬品，连同它们身上那些过时的青铜兵器一同送进了秦始皇陵旁边的陪葬坑中。显然，这些人对这个工程并不感兴趣。至于已故的赵政，可能也未必愿意用兵马俑作为陪葬——他恐怕对兵马俑从来没有过好感，而这一态度，体现在当时的一些著述中。

历史上关于赵政的历史记录，最有名的当数司马迁的《史记》。然而在这本书中，司马迁虽然运用了颇为华丽而细密的笔触去描写已经成为秦始皇的赵政建造皇陵的过程，却一个字也没提秦兵马俑。作为离秦兵马俑建造时间不过百年的关中人，还是个曾到基层游访收集资料的史官，很难相信他对兵马俑一无所知。司马迁为什么没有记录，我们不得而知，不过可以确定的是，在他之前有人曾记录过相关的事，只是当时兵马俑还不叫"兵马俑"，而是有别的名字。"兵马俑"其实是现代考古学家在1974 年之后才提出来的名词。

著名哲学家韩非与秦王政同处一个时代，他在著作《韩非子·显学》中写道：

> 磐石千里，不可谓富；象人百万，不可谓强。石非不大，数非不众也，而不可谓富强者，磐不生粟，象人不可使距敌也。今商官技艺之士亦不垦而食，是地不垦，与磐石一贯也。儒侠毋军劳，显而荣者，则民不使，与象人同事也。夫祸知磐石象人，而不知祸商官儒侠为不垦之地、不使之民，不知事类者也。

"象人百万"即上百万座人像。韩非这段话的主旨是说，造上百万座人像并不能够增强秦国的军事实力。这种想法在秦国有不少赞成者。

《韩非子》这部书的思想高度倾向于法家，是韩非在吕不韦死后来到秦国撰写的。为了得到君主的赏识，韩非在书中要尽可能说秦王政想听的话，所以他对"象人百万"的贬斥，很可能也代表着秦王政本人及其亲信的态度。换言之，对于兵马俑这个由吕不韦开创的大项目，秦王政的态度本来就是相当不以为然的，他认为这是在浪费秦国的资源。

# 郑国渠与都江堰

不管怎样，秦兵马俑都是吕不韦主持的一个重大的、华丽的政治工程，然而吕不韦的政绩绝非仅限于此。在距离秦兵马俑不远的地方，吕不韦又参与主持了另外一项宏大的工程，它有很高的实用价值，这就是著名的郑国渠。

郑国渠，于公元前 246 年（秦王政元年）由韩国水工郑国在秦国主持穿凿兴建，约在十年后完工。此工程位于今陕西省咸阳市泾阳县西北 50 里处的泾河北岸，是最早在关中建设的大型水利工程。

战国末期，秦、齐、楚、燕、赵、魏、韩七雄并立，秦国的国力蒸蒸日上，对其余各国虎视眈眈。作为秦国东邻的韩国疆域最小，又处于各个强国之间，不断受到周边国家的蚕食，已经孱弱到不堪一击的地步。可想而知，如果秦国要向东方发展，第一个要攻取的目标势必是韩国。为了分散秦国的精力，消耗秦国的国力，让秦国无暇对外扩张，韩国君臣想出一个办法。

公元前 246 年，韩桓王派遣著名的水利工程师郑国入秦，让他做间谍，游说秦王在泾水和洛水间修建一条大型灌溉水渠。

《韩非子·显学》中说，无法耕种的劣质土地被称为"石田"或"磐石"，对于农民来说毫无经济价值。但是在黄土高原上，土地往往是因为干旱而失去耕种价值的，只要能获得足够的灌溉，仍然可以变成支撑庄稼茁壮生长的良田。相对于东方六国，秦国的农田水利系统比较落后，所以秦国一直很想要发展水利。

郑国来到秦国，提出修渠建议，很快就得到了秦国政府的支持，大量人力、物力被调动。工程还未完工，郑国的身份败露。秦国君臣本来欲杀郑国，但郑国坦然相告，说自己虽然是被韩国国君派来的间谍，但水渠修好后，秦国确实会受益无穷。权衡之下，秦国认为郑国说得有道理，便令他继续修渠，并将此渠命名为"郑国渠"。

郑国渠首起于泾阳瓠口，西引泾水，东注洛水，总长 300 余里。泾水从今陕西北部的群山中冲出，流至礼泉，然后进入关中平原。郑国充分利用关中平原西北略高、东地略低的地形，在礼泉东北的谷口开凿干渠，使干渠沿北面山脚向东伸展，很自然地把干渠分布在灌溉区的高处，不仅最大限度地扩大了灌溉面积，还形成了一套全部自流的灌溉系统。工程完成后，郑国渠由西向东横跨渭北高原，可灌溉关中东部泽卤之地的 4 万余顷土地。因渠水中含有大量泥沙，郑国渠不仅可以用来抗旱，还有改造盐碱地的功效，关中平原因此成为沃野千里、旱涝保收的宜居之处。可以这样说，郑国渠不仅没能拖垮秦国，反而为秦国继续向东扩张、征服东方六国提供了经济保障。

在中国历史上，经常有这样的情况出现：由于君王年幼，无法亲自管理朝政，所以重大事宜都由他的母亲（太后）或先帝留下的几位重臣（托孤或顾命大臣）来决定。这么看来，在郑国暴露间谍身份之后，允许他继续完成水利工程的秦国领导者不会是尚未成年、没有亲政的秦王政，而是当时掌握秦国大权的相国吕不韦。所以说，郑国渠也是吕不韦的一项重大政绩，与秦王政的关系不大。

除了郑国渠，同一时期，秦国的另一个大型水利工程也在紧锣密鼓地进行着。

按照《史记·河渠书》和《汉书·沟洫志》的记载，早在秦昭襄王晚年，蜀郡的郡守李冰就开始在成都平原上建造都江堰了。他根据岷江中下游的地势，创造性地利用离碓引水口、人工干渠、金堤、宝瓶口、分水鱼嘴等一系列工程，驯服了原本经常泛滥成灾的岷江，同时解决了成都平原上洪水肆虐、泥沙淤积、水利灌溉不畅等诸多问题，是人类水利工程史上的奇迹。

但是，李冰本人在公元前 250 年左右（秦昭襄王晚年或秦孝文王在位时）就去世了。据一些地方志的记载，这时的岷江洪水直冲离碓，鱼嘴工程也不够坚固，不时就有损坏的情况，无法达到预先设计的治洪效果。因此，李冰的二儿子李焱（后来在中国民间传说中演变成了拥有三只眼睛的神仙二郎神）又继续主持这项工程，花了好几年时间，将鱼嘴工程移位，又加建了飞沙堰工程，才最终使都江堰整体完工并投入使用。这时候已经是秦王政初年，执政的人正是吕不韦。

也就是说，与郑国渠一样，成都平原的都江堰水利工程，同样是在吕不韦担任秦国相国时期完成的，所以这也应当算作吕不韦的政绩，而与当时尚未亲政的秦王政关系不大。

时至今日，都江堰还在成都平原上发挥着重大作用，不仅有很强的防洪能力，还提供大面积灌溉。《史记·河渠书》中总结道：

> 蜀守冰凿离碓，辟沫水之害，穿二江成都之中，此渠皆可行舟，有馀则
>
> 用溉浸，百姓飨其利。

灭东周，两次击退诸侯联军，编修《吕氏春秋》，修建兵马俑、郑国渠、都江堰……在出任相国的短短七八年内，吕不韦政绩显赫，极大地增强了秦国的国力，同时也改善了与东方六国的关系，大幅提升了秦国的地位。按照吕不韦的构想，接下来的目标应该是和平统一，可是历史并没有朝着这个方向发展。

# 嫪毐之乱

　　《史记·秦始皇本纪》中记载，公元前 245 年左右，吕不韦因为身体和政治原因，中止了与赵太后的不正当关系，并向她介绍了一个"大阴人"嫪毐。赵太后非常喜爱嫪毐，于是嫪毐把自己的胡子和体毛拔掉，化妆成阉人入宫服侍赵太后。之后嫪毐大受宠信，被封为长信侯，封地横跨两个郡，成为秦国历史上封地最广的人。赵太后还接连给他生了两个儿子。因为当初秦昭襄王的母亲宣太后在丈夫去世以后也养过很久的情人，所以赵太后和嫪毐的关系在秦国并不受人非议。有了赵太后在背后，嫪毐不但获得了巨额财富，排场过人（家童数千、门客逾千），还拥有了堪与吕不韦媲美的权力。

　　这样一来，秦国政坛上可就格外热闹了：嫪毐势力、赵太后势力、吕不韦势力、秦王政势力 4 股力量扭在一起，成为纠缠不清的一团乱麻。其中，秦王政的势力最小，嫪毐势力与吕不韦势力渐渐成了针锋相对的对手。赵太后则与另外 3 股势力都有着千丝万缕的关系，她很犹豫，不知道究竟应该帮助谁，而这一犹豫就给了秦王政机会。

　　公元前 238 年，秦王政已经 22 岁，无论按照哪种标准，都已经过了加冠亲政的年龄（18 岁或 20 岁），可是赵太后、嫪毐以及相国吕不韦还是牢牢把持着大权，不肯让他插手。迟迟拿不到权力的秦王政心中暗恨赵太后、嫪毐和吕不韦，开始在暗地里做夺权的打算。

　　与同样被母亲把控政权的曾祖父秦昭襄王相比，秦王政更不讲亲情，斗志弥坚。

而赵太后与宣太后相比，则缺乏果决的心和政治眼光，不能在情人和儿子之间痛快地做出取舍。

赵太后的不作为使嫪毐很被动。嫪毐意识到，如果赵太后继续无动于衷，秦王政就会如期举办加冠仪式，之后便是逐步培植班底，名正言顺地清洗朝臣中他这一方的党羽，从而掌握国家军政大权。那时候，赵太后虽不会有什么生命危险，可他私通太后生子的事实，耀武扬威专权揽政的现状，都足以让秦王政要了他的命。

继续放任下去，自己可就要成为被拔毛的鸡，任凭宰割了！嫪毐决定不再等情人赵太后下决心，而是凭借手中的力量单独动手，进行武装政变，阻止秦王政亲政，然后拥立自己和赵太后生的儿子。

叛乱的武装从哪里来呢？那简直太多了。近几年，因为地位急剧上升，嫪毐招揽了大批投靠者，可直接指挥的武装力量就有县卒①、卫卒、宫骑以及门客。此外，依附秦国的戎狄酋长们及其部下也可以担任他的外援。

为了举办加冠仪式，秦王政离开咸阳，前往咸阳以西的秦国古老圣城雍城（今陕西省凤翔市）。仪式尚未开始，他就得到消息：咸阳城几乎已经被叛乱分子控制了，朝中包括内史、中大夫令、卫尉在内的一众重臣都投靠了嫪毐，他们宣布咸阳已经独立，随时准备发兵雍城，消灭秦王政。

秦王政看到了自己的弱小，大权在握的母亲赵太后又靠不住，只能立即联系相国吕不韦。

吕不韦一度是当权派，但随着嫪毐集团的崛起，吕氏的力量受到打压，与嫪氏不断发生冲突，两家变得水火不容。秦王政利用吕不韦的不满心理，提出联合，势力陡然增强。临危受命的吕不韦连忙从外埠征调军队，甚至许多宦官也参与了军事行动。此外，他还得到楚国质子、楚考烈王的王子昌平君和昌文君兄弟的支持。

秦国的首都咸阳一直以来自恃武力强大，所以没有建造真正的城墙，只有象征性的壕沟和栅栏来防备野兽、盗贼。因此，秦王政的平叛大军很快就攻入咸阳城中，与

---

① 县卒，是县属地方武装，有一定战斗力。

嫪毐的军队在街巷里展开战斗，场面相当残酷。最终，吕不韦、昌平君、昌文君的军队战胜，嫪毐被败兵裹挟着逃出咸阳，跑到附近的山林里打游击。

从春季到秋季，秦王政不断向全国下达通缉令："活捉嫪毐赏钱百万，杀掉嫪毐赏钱五十万。"很快，嫪毐就被自己的同伙出卖了，被押赴农贸市场车裂而死。受其连累，嫪毐的父族、母族、妻族都被杀光，门客也多数当了劳改犯，每天戴着枷锁去修城墙、锯木头。在嫪毐的势力中，20名首要分子被枭首，其中包括内史、中大夫令、卫尉、佐弋等，同时还有四千余亲近嫪毐的人被流放到蜀地。

既然清除了嫪毐的势力，秦王政也不打算放过培养嫪毐的母亲赵太后。嫪毐和赵太后所生的两个孩子都被装在布囊里用棍子扑杀了，至于失去情人和孩子的赵太后则被驱赶出咸阳城，迁到祭祀老祖宗的雍城里反省。后来，有27个进谏者请求将赵太后接回来，都被秦王政毫不犹豫地处死了，尸体摊在咸阳宫门外晾着。第28个人是扛着棺材寿衣来见秦王政的，他说："大王不孝，虐待母亲，行为如同桀纣，影响很不好！恐怕诸侯听说后会从此背叛秦国。"秦王政的怒火终于消了一些，便接受了建议，亲自去雍城把赵太后接回了咸阳。

一场叛乱就此结束，秦王政借此机会展示了"肌肉"，除掉了政敌，获得了实权。

然而抛开吕不韦、嫪毐与赵太后的关系不说，《史记》中关于嫪毐的记载其实仍有很多地方令人费解。比如，嫪毐并没有太大的功劳，为什么能够拥有如此多的支持者？为什么要趁秦王政离开咸阳时作乱，不直接将他击杀在城中？作乱时为什么又不主动出击，而是坐等秦王政进京来攻打自己？

对于这些疑点，历史学家李开元解释说，嫪毐叛乱与之前秦王政的祖母夏太后去世和弟弟赵成蟜的叛乱有关。他认为赵成蟜并非赵太后所生，而是秦王政同父异母的弟弟，其母亲是华阳太后或夏太后介绍给秦王政父亲赵异人的姬妾，而这两位太后都是楚国出身，所以赵成蟜代表着秦国的亲楚势力。赵成蟜出使过韩国，为秦国获得了方圆100里的土地，回国后受封为"长安君"，封地就在与咸阳隔渭河相望的今陕西省西安市，这座城市的"长安"之名便由此而来。到了公元前239年，夏太后去世后不久，长安君赵成蟜在奉命进攻赵国时突然造反，嫪毐主持镇压，因此被封为"长信侯"。

这么看来，嫪毐的"作乱"本意不是要攻击去雍城举办加冠仪式的秦王政，而是去攻击咸阳城里的华阳太后等楚国势力，进而除掉吕不韦，扶持赵太后。他的这些举动导致昌平君、昌文君两位楚国质子为了保护华阳太后拼死抵抗，吕不韦为了自己的利益也加入到对抗嫪毐的一方。从雍城匆忙返回的秦王政为了维持稳定，最终决定支持楚党。他宣布嫪毐为叛国者，囚禁了母亲赵太后，还杀死了他们的儿子，就此平息了这场内乱。[1]

但是，既然赵成蟜很早就担任外交使者，出任军队统帅，说明他比哥哥秦王政小不了几岁，那么他出生时父亲赵异人应该仍在邯郸当质子，所以他的母亲不大可能是华阳太后或夏太后的人。而且，吕不韦本人又是秦国宫廷里赵党的核心成员，这么看来，李开元的猜想就有些说不通了。

笔者认为，实际情况可能要更简单一些：

赵成蟜是秦王政同父同母的弟弟，即便不是同母，其母也是赵异人在邯郸期间娶的赵国女子。公元前 239 年，赵成蟜奉命去攻打赵国，有赵国血统的他对此非常抗拒，因此到了前线便联合赵军造了反。嫪毐在同一年被封为长信侯，不是因为他镇压了赵成蟜，而是因为他虽然来自赵国，却与赵国高层并无瓜葛（有些学者认为嫪毐党羽中有许多西北游牧民族的人，怀疑嫪毐其实是客居邯郸的匈奴等游牧民族头领），致力于保持秦国宫廷内楚、赵二党之间的平衡。

至于秦王政在 22 岁才举办加冠仪式，并不是有人不放权，而是在秦国有先例：秦王政的曾祖父秦昭襄王也是在 22 岁时才举办加冠仪式的，并且在此后的 30 多年里依然和母亲宣太后分享权力，只在其漫长统治生涯的最后十几年里独揽大权。真正导致嫪毐与秦王政之间产生不可调和矛盾的，是嫪毐和赵太后生的两个儿子。秦王政成年后，无法容忍自己这两个同母异父的弟弟，甚至可能怀疑母亲及其情夫想要用他们

---

[1] 李开元：《秦始皇的秘密：李开元教授历史推理讲座》56—67 页，中华书局，2009 年。

取代自己，于是在举办加冠仪式、拿到大权之后，第一时间发兵去抓了这两个孩子。赵太后和嫪毐一方对此也早有准备，其他各方势力也都为了自身利益加入进来，最终发展成一场组织混乱的内战。

也就是说，嫪毐叛乱虽然在客观上造成了秦国宫廷中赵党式微、楚党坐大的后果，但是其本质并不是什么蓄谋已久的党派斗争，而是秦王政的家庭矛盾。

# 吕不韦的倒下

随着赵太后和嫪毐被推翻，驾驭秦国的 4 股力量消失了一半，秦王政下一个要对付的就轮到吕不韦了。

秦王政能有今天的王位，吕不韦功不可没。正是吕不韦用黄金游说华阳夫人，并冒死将赵异人接出邯郸，他们父子才有机会登上秦国王位。同时，在对抗诸侯合纵攻秦的战争中，吕不韦也立了大功，至于平叛嫪毐，更是少不了吕不韦的力量。

吕不韦以相国的身份前后掌管秦国 15 年，在秦国织起了一个盘根错节的大网，而且他的政绩突出，在秦国内外都享有盛誉，完全掩盖了秦王政的锋芒。在秦王政年纪还小的时候，吕不韦这么做没什么问题，可随着秦王政渐渐长大，想要掌权的他认为自己处处被相国掣肘，双方的矛盾便一触即发了。解决这类争端的办法只有一个：秦王政和吕不韦，两人中有一个要完全从秦国的权力顶层退出去。

在争斗中，秦王政占了优势。他给吕不韦安了一个罪名，说他与嫪毐叛乱事件有牵连，趁机命令吕不韦退休，回到封地洛阳去。

不是没有人进行劝谏，为吕不韦说好话，但秦王政说："本来吕不韦罪该诛杀，但念于他侍奉先王功大，再加上你们这帮游士辩客的劝说，寡人才不忍致法，姑且让他退休吧。"

于是，吕不韦在大雪纷飞之际匆匆离开咸阳，东出函谷关，到了封邑洛阳。在接下来的一年里，他本应该多看一些《老子》这样的道家书籍，修养心性，颐养天年，但是他迷恋权力，期盼着能够重返政坛，让门下宾客向咸阳城施加压力，来自各国的诸侯使者也纷纷找秦王政求情。秦王政不但没有被劝说打动，反倒震惊于吕不韦在民间和诸侯间的巨大影响力，于是不仅没有再次任用吕不韦，还立刻发出流放令，把吕不韦全家驱逐到了偏僻的蜀地，防止他东山再起。

秦王政在给吕不韦的流放令里是这么写的："您为秦国立过什么功劳？秦国可是把洛阳附近 10 万户都封给了您。您和秦国王室有什么亲缘关系？竟然胆敢号称'仲父'。您与家人还是搬到蜀地去住吧。"

秦王政将吕不韦立下的功劳全都一笔勾销，不承认了，吕不韦一面对此深感寒心，一面又担心秦王政不会就此罢手。公元前 235 年，吕不韦在凄凉和愤懑之中喝毒酒而死。

纵观历史，在秦国，平民出身的相国一般都没有好下场，所以吕不韦获得一个悲惨的结局并不让人觉得奇怪。他的死很可能挽救了他的三族，使他们不至于被秦王政尽数诛灭，不过却激起了另一场政治风波。

吕不韦死后，他的宾客及门生故吏数千人以送别吕不韦为名，举行了一场盛大的游行集会，队伍从洛阳直至郊外的北邙山。这场盛大的集会坚定了秦王政彻底打散这股势力的决心，他下令：凡是参加吕不韦葬礼的人，一律驱逐出境；其中拥有 600 石以上年薪的秦国官员，要剥其爵位，流放到西南山区；拥有 500 石以下年薪的秦国官员，不管有没有临葬哭丧，一律迁徙。

就这样，吕不韦的遗留势力被彻底清除了。秦王政还不满足，又公开宣称："谁再敢像嫪毐、吕不韦这样，不老实为国家办事，寡人一定灭其满门！"

秦王政刚刚亲政就雷厉风行地打破了以往的政治平衡，手腕极其强硬，使群臣、百姓无不侧目。从此，秦国在秦王政的领导下走上了君主专制的道路。

第六章

**韩非入秦**

# 野心家李斯

吕不韦倒台了，这对一个人的影响很大，他叫李斯。

李斯是楚国人，小时候经常看见老鼠在厕所里钻来钻去，以各种脏东西为食，见到人和狗就惊恐地四处逃窜。成年以后，李斯在县城里找了一份管理粮仓的小吏差事，发现粮仓里的老鼠坐拥粮堆，大腹便便，皮毛油光锃亮，而且见了人还泰然不惊，管理粮仓的人都不敢拿烟熏老鼠，因为害怕把粮仓也点着了。和厕所里老鼠的悲惨境遇相比，这些粮仓里的老鼠简直如在天堂，每天锦衣玉食，不沾风雨。

只要处在有利于自己发展的地方，哪怕是小小老鼠，也一样可以混得脑满肠肥；而处在不对的地方，比如厕所里的那些老鼠，就算善蹿能跳，是天才级的耗子，也一样不免饥寒交迫，每天活在惊惧之中。和老鼠一样，一个人的能力和努力固然重要，但是他能处在什么样的"势"（也就是社会环境）里，其实更加重要。

为了改变自己的命运，李斯选择首先投奔当时最著名的儒家学者荀子，向他学习能够让各国统治者欣赏的学说。其实在整个春秋战国时期，与李斯想法相近的人一直很多，比如孔子周游列国，就是想换个有利于自己发展的环境，而到了战国时，这类人才流动的现象就更普遍了。

当时，荀子在楚国东北部的兰陵担任县令，这里位于今山东省临沂市，是楚国在不久前吞并鲁国后才征服的土地。

荀子似乎很受楚国令尹春申君的欣赏，受委托出使过秦、赵等大国。也许是跟随老师见识了秦国的强大，又见吕不韦乐于接受各国人才的加入，所以荀子的几位学生都成了吕不韦的门客，李斯就是其中之一。

秦国的宗室贵族素来不喜欢从六国来的这些士人（因为被他们抢了饭碗），于是趁着吕不韦的追随者游行集会的机会劝说秦王政："从六国来的人大多都是间谍，心向他国，请把他们全驱逐了吧！"

秦王政被说动了，一反历史上秦国任用六国人才的传统，下逐客令，大举驱逐来自六国的平民英才。李斯作为楚国人，当然也在被逐之列，但心有不甘，于是在回国的路上，冒着触犯秦王的风险上书进行劝谏，这就是著名的《谏逐客书》。

这篇文章内容大致是这样的：

"从前秦穆公求贤若渴，从戎狄那里得到了由余，从宛城得到了百里奚，从宋国迎来了蹇叔，从晋国取得了丕豹、公孙枝。这五位先生，都不是秦国本地人，但是秦穆公用了他们，最终兼并二十国，称霸西戎。随后秦孝公用商鞅，秦惠文王用张仪，秦昭襄王用范雎，都取得了巨大的成绩。

"现在大王宫中摆着昆山美玉，还有随侯珠、和氏璧，身上也挂着明月般的宝珠，佩着太阿宝剑，出行要坐纤离宝马拉的车，还有翠凤羽毛装饰的旗子、蒙着灵鼍皮的好鼓——这些宝贝都不产于秦国，但是大王很喜欢它们，这是为什么呢？如果非得用秦国出产的东西，那么夜光玉璧不能装饰宫廷，犀角象牙不能随手把玩，郑、卫两地能歌善舞的女子不会填充后宫，北方的名骥良马不会充盈马房，江南的金锡、西蜀的丹青也无法被应用。另外，秦国本地的音乐是击瓮、叩缶和弹筝，您却把这些演出都取消了，去听郑国的音乐，为什么这样呢？因为郑国的音乐听着舒坦。您在用人方面却不这样，反而不论曲直地把非秦国人全部赶走，这说明您看重女色、音乐、珠宝、美玉，却看轻人才啊！想要征服海内，制服诸侯，这可不是正道。

"臣听说，土地广阔的国家粮食产量就多，面积大的城市人口就充足，武器质量好的军队士兵就勇敢。所以，泰山不抛弃每一块土壤，才能变得这样高大；黄河和东海不排斥任何一条小溪，才能变得这样深邃；古代的圣王不摒弃任何一位人才，才能够成就伟大的事业。如今您把宾客都撵走了，反而是帮了东方六国诸侯，这是所谓的'给盗贼送粮食'啊！不要为了谋求一时的稳定，就自断其臂。如此下去，国家怎么可能不陷入危险呢？"

　　秦王政读了李斯的这封《谏逐客书》，也觉得自己是被气糊涂了，于是废除了逐客令，并且从此留意提拔李斯。

# 征伐不休

同样就在吕不韦倒台、秦王政亲政的这一年，赵悼襄王亲自来到咸阳。他面见秦王政，表示希望能和秦国这位新的掌大权者建立合作关系，共同击燕，利益共享。秦王政这时候 23 岁，他置酒招待了赵悼襄王。

赵悼襄王原本在秦国很有面子，可是在他抵达咸阳的时候，政治环境已经大为改变。现在，邯郸人赵太后、嫪毐与亲赵国的吕不韦相继失去权力，秦国宫廷里的亲赵势力几乎被一网打尽，赵国在秦国的影响力大减。赵悼襄王急需重建秦、赵之间的友好关系，可他面对的是非常艰难的外交局面，最好的方法就是与秦王政本人直接交流。

这番交流似乎卓有成效，秦王政同意了赵悼襄王的提议。按照两人当面议定的计划，秦国要继续向东攻击韩、魏两国，同时不干涉赵国进攻燕国。

赵悼襄王很有野心，他试图把燕赵大地整合为一，可秦王政不是傻子，根本不给他这个机会。在送走赵悼襄王之后，秦王政很快决定撕毁刚刚达成的盟约，阻止赵国的扩张。

担心自己将要遭到赵国进攻的燕王喜终于看清了局势，连忙派使者去咸阳恳求秦国尽快干涉，最好是能够直接出兵攻打赵国，迫使赵军从燕国国土上撤退。很不幸的是，这位燕国使者在前往秦国的途中被赵国人抓住了。赵悼襄王本想杀了燕国使者，但是又怕触怒秦国，最终竟然放燕国使者前往秦国了，完全暴露了自己的虚弱本质。

秦王政可没有这么多顾虑，他果断地派出刚刚崭露头角的将领王翦和桓齮，让他们率军越过太行山，突袭赵国。

在王翦和桓齮的攻势下，赵国的西南连连告急，然而赵国的主力偏在北方，正由老将庞煖指挥着攻击燕国，已经连续打下了燕国的好几座城市。听说王翦攻破了赵国的阏与等要塞，桓齮更接连夺得邺城、安阳、河间等六城，庞煖赶紧从燕国回师，南下救援。这时候，赵国南部的漳河流域、西部的太行山要塞、东部的河间各城已经全部落入秦国之手，就剩首都邯郸和它周围的几座城市了。放眼望去，这些地方一马平川，无险可守，局势万分危急。

赵悼襄王出访咸阳归来以后，本来觉得成果丰厚，不料竟然遭到秦军的袭击，被打了个措手不及。他一面愤恨秦王政背信弃义，暗地里给赵国捅刀子，一面又为庞煖的迟缓行动感到恼怒，终于气得自己一病不起，就这么"不得意而死"了。想来他死时年纪还不算大，故而得了一个"悼"的谥号——这个字是早殇的标志。此后，赵国王位由赵迁继承，也就是那位曾在咸阳待了多年的质子。

回看赵悼襄王的一生，他的所作所为是比他父亲赵孝成王更加锐意进取的，然而在他死时，赵国却陷入前所未有的危机。

赵国早年地跨如今的河北、山西，甚至占据了今陕西以北的大片区域，不过随着王翦和桓齮指挥的攻赵战役不断推进，赵国离那个显赫的时代越来越远了。老祖宗赵简子、赵无恤经营过的晋阳城，还有地理位置极为最重要的太原郡、上党郡，现在都被秦军攻占，成了秦国进攻赵国的军事基地。

公元前 234 年，秦王政亲自到洛阳监督，肃清吕不韦自杀后留在当地的势力。这时，他收到了一个消息：魏国请求秦国和韩国提供援助，共同攻打楚国。

虽然此次进攻不明缘由，但秦王政同意了，他开始在秦国的关东四郡征兵，声称要去增援魏国。楚国令尹春申君黄歇闻讯，赶紧给秦王政写信，试图阻止秦魏联盟。

信的一开始，春申君是这么说的："听说冬天太冷了就会变成夏天，夏天太热了就会变成冬天，这就是物极必反的道理……秦国已经很强大了，如果继续倚仗人徒众多、武器强悍，想要用强力威压天下，恐怕会有后患。大王不记得从前的吴国了吗？吴王夫差只看见了伐齐之利，就听信越国的怂恿攻打齐国，结果虽然在艾陵取胜，却因力量消耗过大，之后就被越人在三江之上打败了，夫差身死国灭。

"表面上看，韩、魏两国现在向秦国表示臣服，想要说服大王配合他们一道攻楚，可他们是在欺骗大王，就像当年越国欺骗吴国一样。纵观历史，秦国并没有给予韩、魏累世恩德，反而与韩、魏有累世积怨：韩、魏已经有不下十代的父子弟兄接踵死于秦人之手，韩、魏的土地和社稷也被秦军破坏，韩、魏的百姓更因秦人流离失所而沦为奴隶。所以，韩、魏两国人对秦人的怨恨，不下于过去越人对吴人的怨恨。大王这时却信任韩、魏，想要联合他们，穿过他们的土地，进攻楚国。如果真的这么做了，恐怕韩、魏那些包藏祸心的人在兵出之日就会临阵倒戈，切断秦军的退路，进而做出勾践报复吴国那样的事，到时候秦军还能全身而返吗？只怕会像崤之战时一样全军覆没吧！大王难道一点顾虑都没有吗？"

接着，春申君又列举了智伯的例子：智伯自大好胜，偏要一并吞下赵、魏、韩，结果落得一个悲惨的下场。他还举了"靡不有初，鲜克有终"的古训，说明很多事情开头顺利，气势汹汹，结果却一塌糊涂。也就是说，很多时候由于不知持盈保泰，反倒会物极必反，乐极生悲。

所谓"弦紧则断，水满则溢，物壮则老，过刚则折"，春申君用这种道家理论，劝说秦王政不要学夫差和智伯，走路走过了头，而避免这一切的最好方法就是适可而止。

秦王政对吕不韦那种融汇儒、墨、道、法各家的杂家思想很反感，因此春申君这些道家的话，显然不容易说服雄心勃勃想要鲸吞天下的秦王政。春申君自知这一点，于是又借鉴秦国传统上一直沿用的"远交近攻"理论，着重分析天下大势。他提出，大规模的军队不要远离家宅去跋涉攻伐，而秦国结合近处的韩、魏，远攻地处江淮的楚国，正属于"远攻近交"的错误战争策略，这对秦国是不利的。况且，秦、楚两国都是大国，一旦交战，一两年内根本分不出胜负，反而会留给位于两国中间地带的韩、魏壮大自我的机会。即使秦军战胜了楚国，攻伐所得也必然会落入韩、魏两国的口袋。更有甚者，如果楚国战败，齐国就会南下夺取泗水流域的土地。总的说来，如果打了这一仗，秦军就算能削弱楚国，却也会壮大了齐国、韩国、魏国，让它们成为统一路上的绊脚石，到时候后悔也来不及了。

在信的最后，春申君为秦国指出一条颇为正确的道路：

"臣为大王考虑，最好的办法莫过于和楚国搞好关系。秦、楚合二为一，秦国就可以从容压迫秦、楚之间的韩、魏，那么韩、魏两个万乘之国，都将成为秦的关内侯（意思是成为秦国的一部分）。到那时，秦人再发兵燕、赵，进而威压齐、楚，天下岂不都臣服于秦国了？"

这就是这封信的大致内容，秦王政看完之后，即把四郡兵马从魏楚边境召回了，楚国因此也获得了几十年苟延残喘的时间。

表面上看，秦王政是被春申君设计的未来发展路线打动了，认为这条路线确实非常适合秦国的情况，秦国之后确实也是这么做的，但是实际上，黄歇之所以能够说服秦王政，主要是因为当时秦国宫廷里的亲楚势力还很大，即使秦国攻打楚国，也不可能用尽全力，最多只是做做样子，不如后退一步，让韩、魏两国先与楚国交战，等双方都耗光了实力，秦国再乘虚而入，将它们一举兼并。

拿定这个主意，放弃了南下攻楚，秦王政又把目光锁定在东方。公元前233年，秦王政再次任用王翦和桓齮，大举攻打赵国。不过这次，他们碰到了一个硬钉子，即赵国在对抗匈奴时培养起来的一代名将——李牧。

战国时期，匈奴部落刚刚壮大起来，内部组织比较松散，部落酋长们各自为政，所以匈奴部队虽然拥有顶级的骑射技术，但是形成不了统一的战术。另外，匈奴人虽然机动性强，但是不善于攻城，常常是打一仗就跑。针对匈奴人的这些特点，在赵国北部边境上驻守的李牧一心一意造长城、修烽火台，让匈奴人每次南下都没什么收获。最后，经过多年的养精蓄锐，李牧率兵与匈奴对决，他设计了一个包围圈，最终大破匈奴，一战成名。多年后，汉武帝为北伐匈奴设计的"马邑之围"，就是仿效了李牧的这个战术。

在秦军攻来的时候，赵国近几年的军事顶梁柱庞煖已经去世，眼看秦国名将桓齮进军到邯郸南部的漳河流域，邯郸岌岌可危，赵王迁终于坐不住了，紧急传命令给赵国最后一支能用的部队——李牧率领的北部边防军，让他们入邯郸勤王。

秦将桓齮不断取得成功，被胜利冲昏了头脑，认为邯郸已经是囊中之物，所以并没有打硬仗的准备。在这样的情况下，李牧和他在肥下（今河北省石家庄市藁城区）相遇了。

在和匈奴人的常年对峙中，李牧的军队锻炼出强大的战斗力，尤其擅长骑兵作战。面对骑兵的冲击，秦军很快一败涂地。李牧打破了秦军多年来战无不胜的传说，因此被赵王迁封为"武安君"。这个称号是当年秦王授予名将白起的，由此看来，赵王迁是将李牧视为赵国的白起了。

关于桓齮本人的结局，历史上说法不一。有的文献材料说他当场战死，有的材料却说他回国后遭到秦王政的严厉斥责，由于害怕被处死，就逃到了燕国，而此后不久，燕太子丹也逃出咸阳返回了燕国。因为这个时间上的巧合，包括战国史专家杨宽在内的一些学者进一步推论，桓齮很可能就是全家被秦王政处死后投靠了燕国的秦将樊於期。

# 个人的失败与法家的胜利

就在李牧于肥下大战中取得大胜的当年，一位韩国王族的公子从韩国的首都新郑前往秦国的首都咸阳。他是韩非，年纪四十出头，衣光鲜亮，神采飞扬。

这次行程，韩非身负重大使命，其实并不轻松。

韩国处于中原西部，是秦国的近邻，经秦昭襄王等人前后侵削，地盘日渐缩小——现在的韩国三面都被秦人包围，只剩下十几个城池。韩王安本来计划联合秦国和魏国攻打楚国，向东南方扩展一下自己的生存空间，但是秦国内部存在实力不小的亲楚势力，楚国令尹春申君黄歇又写了一封言辞恳切的劝说信，秦王政便召回了援助韩、魏的军队。

在秦国一方，亲赵的吕不韦被推翻后，秦王政本来想联合燕国一举灭掉赵国，不料秦将桓齮被李牧击败，计划也就破产了。既然不能攻打楚国，一时半会又灭不了赵国，秦王政便盯上了容易灭掉的邻国韩国。对此，韩王安万般无奈，只好派能言善辩的韩非作为说客，到秦国游说。

身为韩国的王室成员，韩非一直有报国之志。他早年曾在荀子的门下学习，精通儒家思想，虽然说话有点结巴，但文笔实属一流。这次，他早就已经做好了准备，一到咸阳就向秦王政上书一封：

"近三十年来，韩国一直充当秦国的小弟，出门时当雨伞，入门时当枕席。秦国出动精兵攻打诸侯，韩国总是发兵援助，因此韩国得罪了天下各国，战果却全归于强秦。即便如此，韩国还是无怨无悔。近日听说贵国有灭韩的议论，这万万不可啊！"

为了说明存韩的意义，韩非必须为秦国树立起另一个敌人，赵国就是不二之选。于是他接着写道：

"目前，赵国聚集士卒，笼络诸侯，有意重建合纵联盟，再次向西攻打秦国。赵国对诸侯说，如果不削弱秦国，秦国必将灭亡各国。如果大王宽释赵国这个强大的敌人，却灭掉韩国这个自家小弟，可就证实了赵国人说的'秦国有灭亡诸侯社稷的心思'，赵国联络诸侯合纵西进的想法也必然得逞。"

接下来，韩非语气强硬起来，又进行了一番恐吓：

"韩国虽然小，但是城池坚固，大王攻韩，一年内未必能够攻下。如果齐国看见秦军受挫，势必信心倍增，也就敢于接受赵国的拉拢与您为敌了。赵国和齐国两个万乘之国并在一起，魏国必然热烈响应，加上韩国也被迫与您为敌，如此一来，天下各国共同与秦国为敌的局势就形成了。到时候，大王兼并天下的计划可就要暂缓了。

"以臣的愚计，大王不如联合韩国、魏国和楚国，继续讨伐元凶赵国，那么即便齐、赵合作，也不足为患。愿大王谨慎行事！要知道，一个决策做错了，就会造成自己的被动；一次战争打错了，诸侯就会产生联手攻打秦国的想法。这多么危险啊！"

韩非陈述利害，主要是以"齐赵威胁论"挟持秦国，迫使秦国团结韩国，从而让韩国再生存几年。秦王政对韩非的一些著作爱不释手，早就对韩非久仰大名，素有与他交往的梦想，没想到今日收到韩非的来信，见他论述得颇有道理，就很想采纳他的建议。

事情在这里发生了转折。李斯和韩非两人是同学，一起在老师荀子的门下学习，而那时候李斯的成绩就不如韩非。近几年，李斯颇受秦王政的看重，他见韩非来到秦国，计策即将被秦王政采纳，就产生了很强的危机感，赶紧上书劝阻。

李斯指出韩国唯强是从，试图创造"韩国不可信"论。他说：

"韩国可不是我们的小弟，而是我们的心腹之患！平时还好，一旦遇上雨天潮湿，韩国就会让我们闹肚子。现在韩国不敢让我们难受，是因为外边尚未下雨——它不是服从秦，只是服从强国！以目前的形势来看，齐国确实有可能和赵国联合，与秦国悬衡对峙，虽然我们派出特使荆苏前往齐国实施离间计，但未必能成功。如果齐、赵相合，韩国这个不讲信用的家伙必然会投奔齐、赵，如此一来，有了雨天的条件，韩国就会让我们肚子疼了。他们互相合作，我们秦人会复见函谷关危机，为了保险，不如先灭掉韩国，以绝后患。"

两种观点针锋相对，水火不容，秦王政一时拿不定主意了。

韩非能让秦王政举棋不定，客观上就等于完成任务，为韩国争取到了时间，不过他无法真正阻止韩国的灭亡。

韩国刚刚准备和魏国联合进攻楚国，却在发现楚国和秦国的友好关系牢不可破后，转而提出与秦国、楚国联手对付赵国。对此，即便秦王政同意，楚国的最高执政官春申君黄歇也不愿意答应。楚国和赵国根本不接壤，两国自古也没有什么不可调和的矛盾，楚国没有任何理由帮助秦、韩、魏攻打赵国。另外，秦国内部也有势力不小的亲楚党，曾经的楚国人李斯就是其中之一，他当然也没有理由支持韩非的"亲韩"理论。为了各自的立场，韩非和李斯这对老同学注定要在秦国宫廷里有一番争斗。

最终是李斯占了上风。李斯和秦王政的另一宠臣姚贾（来自魏国）共同上奏，要求秦王政处死韩非。他们说："韩非最终还是在替韩国的社稷考虑，不能为秦所用。如今韩非在秦国时日已久，如果把他遣送回去，恐怕会泄露秦国的政治、军事机密，于我们的扩张大业不利，不如把他处死算了。"

秦王政深以为然，却不忍心杀死自己一直仰慕的韩非，只是把他关了起来。李斯害怕秦王政反悔，便不准韩非写信上诉，逼迫韩非在狱中服药自杀。果然，秦王政考虑了很久还是觉得韩非无罪，于是派人去监狱释放他，然而为时已晚。秦王政为此嗟叹良久。

法家思想的集大成者韩非就这样一命呜呼了，但是他的思想对秦王政影响甚大。秦王政牢牢记住了"君主专制"四个字，把它发挥到了极致，并把韩非的文章编成书，也就是《韩非子》，用此取代《吕氏春秋》，成为秦国最新的纲领性理论。

从商鞅到韩非，法家的思想家们在秦国接连丧命，可是法家思想本身在秦国取得巨大胜利。李斯也是法家一派，尽管在与韩非的法家内斗中取得了胜利，却也无法避免死于非命的下场——事实上，他的结局会比韩非更加悲惨。

韩非的学说主要来自他和李斯共同的老师荀子，同时综合了其他法家思想。只是他来到秦国后，出于政治目的，不得不适应韩弱秦强的大环境，事事都顺着秦王政的需要去阐述，最终才衍生为一种较极端的法家理论，一味强调君臣的利益斗争，主张以主压臣，结果在秦国宫廷中处处树敌，反而害死了自己。

不过，到战国末期，中华大地已经连续战乱了数百年，各国百姓都精疲力竭。在这样的大背景下，短期内用强硬手段建立起一个中央集权制的大国，集中力量迅速征服各国，结束战乱，无论怎样都不会是一种很坏的解决方案。历代秦王都在为这个目标奋斗，秦王政也准备沿着这条路继续走下去。

韩非死后，李斯的地位大为提高。他和姚贾、尉缭等官员为秦王政设计出一套计划，派出大批间谍前往六国活动，用黄金收买六国重臣，煽动他们造反，同时陷害忠臣良将，对于那些不肯就范的臣子，则用利剑刺杀。这一系列行动让六国官僚体系陷于瘫痪，看上去行之有效，因此姚贾被提拔为上卿，尉缭被提拔为国尉，李斯被提拔为客卿。这位尉缭也是一位哲学家，所著《尉缭子》因为受《吕氏春秋》影响较大，在秦汉时期被算作杂家著作（见《汉书·艺文志》），不过后世更多地将它看作军事理论著作，还被列为"武经七书"之一。

随着秦国的阴谋不断推行，受害者越来越多，东方各国的国运也就走到了尽头。

第七章

**统一的先声**

# 破韩

韩非在秦国的游说，为岌岌可危的韩国争取到了一点点生存的时间，可惜他的文辞再有力量，也不能让韩国长久存活下去。明眼人都能看出来，韩国的国运已经走到尽头了。

一直以来三晋都是唇亡齿寒的关系，韩国的命运与赵国和魏国息息相关，当赵国和魏国都自身难保的时候，比它们更弱小、地理位置更差的韩国也就失去了继续生存下去的可能，就连齐、楚两个大国也无意为了穷途末路的韩国而与如日中天的秦国撕破脸。

姚贾、尉缭、李斯等人的离间与收买计策首先在韩国获得成功。韩非死后，李斯作为秦国大使亲自去了趟韩国，韩王安明知道韩非的死与李斯脱不开关系，却不敢把李斯怎么样，很快就放他回秦国去了。李斯这趟旅程收获满满，他看出来韩国君臣士气尽丧，已失去了捍卫自身独立的决心，于是加紧动作。

公元前 231 年，韩国南部重镇南阳的长官"某腾"被秦国间谍策反，宣布投降秦国。秦王政大喜，委任"某腾"为内史，负责管理洛阳、南阳一带的军政事务，从此这个人被叫作"内史腾"。

升官之后的内史腾急于表现，立即率领军队一路做先锋，北上包围韩国首都新郑。此时的韩国几乎只剩下了新郑这一座城市，韩王安丧失抵抗意志，通过谈判向内史腾开城投降。就这样，秦军几乎没动用一兵一卒，仅靠煽动韩国内部的叛乱，就把这个战国七雄之一吞并了。这一年是公元前 230 年，即秦王政十六年。

虽然看上去韩国是战国七雄里最弱小的一个，但它位于七国的正中间，因此秦国吞并了韩国，就意味着对其他五国的扩张行动将更加方便。另外，韩国的科技也相对比较发达，特别是制作弓弩的水平，在当时七国中是最高的，秦国获得这些技术，实力更加强悍，一下就打破了之前相互还能勉强保持的政治平衡。

在此之前，秦王政本来已经开始反思自己是否操作过急，把工作重心从扩张转移到内政上来，同时还赦免了一些吕不韦和嫪毐的家属、门客，并且在骊山附近建造丽邑（这很可能导致了兵马俑工程在因吕不韦倒台而短暂中止后重启，所以我们才能在兵马俑遗址中发现秦王政十五年到秦王政十九年制造的铜铍）。没想到，天上这时突然掉下来一块美味馅饼——内史腾投降，帮助秦国占领新郑，秦国不费吹灰之力就把韩国收入囊中。他大喜过望，在内史腾的劝说下，决定优待这个先投降的国家。

秦王政让韩王安及原韩国官民都照旧待在新郑，想以此为样板，向其他五国示好，让他们也放弃抵抗秦军的决心。后来，出于政治安定的考虑，秦王政把韩王安迁到东边的陈城（今河南省周口市东南）。这一迁可激怒了韩国旧有的民众，韩国旧都新郑城内立即爆发反秦叛乱，秦军不得不进入原韩国领土平叛，又去陈城杀死了涉嫌组织叛乱、至今还颇得人心的韩王安——韩国民众算是好心害了大王。

# 灭赵

就在韩国全面崩溃的同时，赵国将领李牧又一次击败了入侵的秦军。李牧看上去战无不胜，实际上他自身的消耗非常严重，最后甚至没有足够的兵员和物资来守住收复的地盘，只能在战后龟缩回邯郸附近。据当时的分析人士说："秦、赵两国近来多次战斗，赵国号称四战四胜，但是损失了几十万兵民，只剩下了邯郸一座城。这样看来，赵国在名义上屡次打败了秦国，结果却是国家崩溃了。为什么会这样呢？因为秦国强而赵国弱啊。"

确实，李牧虽然一再战胜秦军，但这是弱势一方在自卫反击时取得的胜利，所获战果极为有限。既抓不到多少俘虏，又不能扩大自己的地盘，最终只能勉强维持自身生存，且严重消耗国家实力，进一步拉大了秦、赵两国的差距。他打的仗虽然是战术上的胜利，却是战略上的失败。对于这种得不偿失的胜利，后来西方军事理论界有一个专门的名词——"皮洛士的胜利"。

李牧也知道这样下去会产生什么样的负面影响，可他没有办法避免，因为赵国的实力太弱，战略空间实在有限，能打胜仗就不错了，而一次败仗就足以让国家灭亡。

赵国越打胜仗越弱，越打胜仗国境线就离首都邯郸越近，这种情况只有两个解决方法：一是尽快和秦国讲和，以便休养生息，积累实力；二是像长平之战后那样，通过外交手段寻求他国援助。

赵国君臣首先想到的是后者，可当时赵国的三个邻国——北方的燕国、东方的齐国和南方的魏国，都不是好的合作者。北方的燕国是赵国的宿敌，燕王喜多年来一直想拉拢秦国瓜分赵国，死活不同意与赵国和解；东方的齐国实力最强，但齐王田建是个不干涉主义者，对其他国家的求援向来置若罔闻，因为他的祖父齐湣王曾经被诸侯联军打得几乎亡国；至于魏国，在失去了"窃符救赵"的信陵君后，自身实力也衰落了很多，根本组织不起来多少能够帮赵国击退秦军的兵力了。至于西北方的匈奴等游牧民族，也与赵国有很深的仇怨，这时就更没有理由来帮助赵国了。

赵国的前景十分黯淡，这时，一位逃亡到赵国的吕不韦原门客司空马给赵王迁出了个主意，让他死马当成活马医：

"大王索性把赵国的领土割让一半给秦国来求和吧。秦国得了大面积土地，必然膨胀傲慢，东方各国必然因恐惧而相互救助，重新结成合纵联盟抗秦。赵国表面上失去了一半土地，实际却能得到六国的支持，这样或许还有避开秦祸的可能。否则的话，如此继续打下去，即便李牧可以取得一些胜利，赵国也还是会日渐消亡。总之，单靠赵国一个是绝对不行的！"

赵王迁被这个看上去有点离谱的建议惊住了，要求司空马想个别的办法。司空马想不出来，于是辞去赵国代理相国的职务，逃往东方暂时不会有战乱威胁的齐国。途中，他向人预言说："赵王如果能够坚持让武安君李牧担任将领，赵国应该还能支持一年；如果他杀害或罢免了武安君李牧，赵国不出半年就得灭亡。然而赵国大臣韩仓嫉贤妒能，肯定会劝赵王杀掉李牧，看来赵国马上要灭亡了。"

公元前230年，也就是韩国灭亡的这一年，赵国北部的代郡（今河北省张家口市蔚县一带）发生了大地震，邯郸地区也发生特大旱灾，土地寸草不生，粮食积蓄消耗殆尽。到了次年，见赵人饿得前胸贴后背，秦王政觉得时机已经成熟，于是派秦军分三路向赵国而来，发出最后的总攻。

秦国宿将王翦担任西路军统帅，兵出太行山，直扑邯郸；杨端和从中原占领区北上，越过漳河流域和邺城一带，策应进攻邯郸以南；李信带领北路军，从太原（今山西省太原市）、云中（今山西省大同市）一带出发，横攻赵国北部的代郡。

三路秦军夹击邯郸与代郡，李牧不敢怠慢，硬着头皮与自己的副将司马尚领兵对抗。然而他们没想到，就在他们于前线出生入死的时候，赵国国内却出问题了。

秦国的姚贾、尉缭、李斯等人派出间谍，花重金收买了赵王的宠臣郭开、韩仓等人，让他们诬蔑李牧、司马尚意图谋反。

其实，郭开、韩仓等人之前是配合李牧抵抗秦军的，但是他们见李牧没办法在军事上彻底解决秦军的威胁，周边国家又都不愿意来救援赵国，赵国的灭亡已经指日可待，就觉得不如趁此时机收下秦国的贿赂。他们这样做一方面是给自己谋些福利，另一方面也是寄希望于可以通过干掉李牧换秦国撤兵，让赵国再苟且存活一段时间。这很可能也是赵王迁本人的想法，因为他立即采纳了他们的意见。

赵王迁派使者韩仓去向李牧传旨："李牧，上一次大王赐酒招待你，你向大王敬酒的时候手里却握着一把匕首，意图刺杀大王！这是谋反，证据确凿！"

李牧辩解说："冤枉啊！我胳膊有病伸不直，身子虽然高大，胳膊却着实短。因为跪坐的时候胳膊够不着地面，唯恐如此面对大王显得不够恭敬，所以才让人做了一块木头接在手上。如果大王不信，可以让他来看，这哪里是匕首啊？"说着便伸出袖子中的木头。

韩仓摇摇头，答："你不用解释了。大王已经以'持匕首入宫罪'定你死罪，不赦。"

李牧心中的万丈豪情一下子灰飞烟灭，他拔出宝剑，遥遥地向赵王拜了两拜，刚要自裁，又想到了什么停了下来。他说："做人臣的不能在宫中自杀，那样会显得是君主有错，逼死了臣子。"李牧疾趋而出，到宫门外用右手举起宝剑准备自刎，但是他胳膊短，弯曲着右手仍然够不到脖子，于是又把宝剑的尖衔在口里，对着柱子猛冲上去，自刺而死。忠臣的鲜血染红了赵国的柱石，场面相当惨烈。

李牧死了，赵王迁又派人去解除了司马尚的兵权，把军队交给他信得过的本家人赵葱和新近投靠赵国的齐国将领颜聚。3个月后，时间来到公元前228年，王翦大破赵军，杀死赵葱，攻破邯郸，俘虏了赵王迁。后来赵王迁被秦人流放到关中以南的汉中地区，或许得以善终。

赵国自建国起已存在250余年，涌现出了赵武灵王、赵惠文王等众多可歌可泣的英雄，最终还是灭亡了。一些顽强的赵国人跟随公子嘉撤到北方的大同盆地，在那里建立了代国，继续抵抗秦军。他们又坚持了好几年，直到公元前 222 年，秦灭代，俘虏了公子嘉，赵国留存的最后势力也被消灭了。

秦王政在得知赵国灭亡后亲自来到邯郸，在这里举办了一场盛大的受降仪式。32 年前，他出生在这座商业气息和艺术气息同样浓厚的大都市里，长到 10 岁才离开，所以对这里还是很有感情的。而且，鉴于赵国是战国七雄里的强国，也许正是在攻下邯郸的这一刻，秦王政才真正感觉到自己确实有实力翦灭六国，统一天下。

除了秦王政，对邯郸城有感情的还有另外两个人，一个是秦王政的母亲赵太后，另一个是秦王政的童年好友，那位同样在邯郸城里生活过好些年的质子——燕国太子丹。

听说秦国灭赵，赵太后伤心欲绝——她的这个儿子不仅杀害了她的其他孩子，还灭掉了她的祖国。终于，在赵国灭亡的同一年，赵太后去世了，或是忧郁而终，或是自杀身亡，我们不得而知。至于太子丹，他的反应更加激烈，不过他没想自己去死，而是要让秦王政去死。

第八章
## 来自诸侯的最后反击

# 太子丹

吞并赵国之后，秦国在东北方就有了一个新的邻国——燕国。当时，燕国的国君是燕王喜。

燕王喜在刚登基的时候，曾经主动进攻经历长平之战后虚弱的赵国，结果被年迈的廉颇好好教训了一顿。如今时间已过 20 多年，燕王喜的年纪肯定已经很大了。

燕国素有君主放权的传统，燕王喜的天祖父燕王哙就曾经禅位给相国子之，从而给燕国招来了灭顶之灾，但是燕王喜并没有吸取教训，到了晚年仍选择逐渐放权给儿子太子丹。他满以为这样就可以在宫中享清福，安度晚年，偏偏秦王政连续吞并韩、赵两国的消息传来，素来与燕军没有什么接触的秦国虎狼之师突然出现在燕国的西南边境上，燕国上下因此产生了大难临头的焦虑情绪。

此时燕王喜已经不过问具体事务，所以燕国的实际执政者太子丹就开始急迫地思考如何才能阻止秦国对燕国的攻击。

前文说过，燕太子丹与秦王政小时候都曾经在赵国当人质，太子丹比赵政大几岁，两人同病相怜，经常在一起玩，度过了一段快乐的时光。可是没过一年，赵政的父亲即位为秦王，为了向新秦王示好，赵国将赵政母子送回秦国，两个小伙伴不得不分手。当时他们谁也想不到，昔日朋友再度见面，境遇会变得如此不同。

赵政的父亲早死，他没过几年就成为秦王。继位后，赵政派原相国纲成君蔡泽出使燕国，蔡泽很有口才，不久就说服燕王喜，把刚从赵国返回的太子丹又送到秦去当人质。

太子丹动身前往秦国的时候满怀美好的憧憬，但或许是他把那段短暂的童年友情估计得分量太重，又或许是他见证过赵政幼时的困窘场面，所以让赵政在面对他时感觉难堪，总之太子丹在秦国遭到了秦王政的冷遇。

大概是因爱生恨，太子丹对秦王政极为不满，很快就要求回国。据说秦王政拒绝了太子丹的请求，并提出："等乌鸦头变白，马匹生出犄角，就准许你回国。"太子丹仰天叹息，没想到居然很快就飞来一只白头乌鸦，还跑来一匹生出犄角的马，秦王政只好遵守诺言，放他离开。

所谓"乌鸦头变白"，其实不难解释。华北地区常见一种白颈鸦，它们看上去与普通乌鸦区别不大，只是脖子上长有一圈白色的羽毛，有时这圈羽毛会长得非常宽，覆盖了白颈鸦的大半个头部，在人类看来，就像是乌鸦的头变白了。

至于"马匹生出犄角"，与后来赵高的"指鹿为马"一样，也有文化上的解释。在古代内亚草原上，以斯基泰人为首的游牧民族经常会在宗教节日上把他们的马匹打扮得十分华丽，其中一种装扮方式就是在马头上安鹿角。这个习俗已经有很多出土文物可为佐证。秦人长期与犬戎、义渠等游牧民族交往，对这种"马变鹿"的文化应当非常熟悉。

要是这么看来，如果秦王政真的对太子丹说过"乌鸦头变白，马匹生出犄角"一类的话，似乎也不是给他设立了多高的门槛，甚至可能只是在找一个能够向朝廷百官解释的理由，之后就主动放这个童年好友回国了。

但是，太子丹对秦王政释放的善意并不领情，反而总想着报复。特别是在秦军不断扩张，深入赵国领土，出现在燕国西南边境以后，太子丹更是如坐针毡。他知道凭燕国的实力还不足以与秦国抗衡，所以只能剑走偏锋，最终他想到一个办法：用暗杀秦王政的方法来解决秦军可能入侵燕国的问题。

太子丹的这一盘算虽然看似幼稚，细细分析其实也有几分道理。第一，燕赵地区风高气寒，这里的人性情急躁，行事常出于个人义气而不计后果，所以刺杀秦王政的计划在燕国有民意基础；第二，秦王政当时刚 30 岁出头，他的弟弟长安君赵成蟜已死，长子扶苏又还年幼，如果他遇刺身亡，秦国内部很可能就要面临巨大动荡。到时候秦国忙于处理自己的事务无暇他顾，燕国的边境压力也就暂时延缓了。

不过，从长远来看，太子丹派人刺杀秦王政，不论杀成了也好，没杀成也罢，都会让燕国面临秦国大举报复的可能，鉴于秦国此时的实力早已远超燕国，到时候燕国不可避免会迎来灭亡的结局。所以，当太子丹请自己的老师鞠武给自己推荐刺客人选时，鞠武才吓得脸色苍白，嘴唇发紫，好像死人一般。

# "精神侠" 荆轲

鞠武听了前因后果，连忙出言劝阻："你想剥秦国的逆鳞，这是取死之道啊！如果进行刺杀，引来秦国报复，以秦人之强，燕国在长城以南、易水以北的领土肯定就全完蛋了，到时候我们只能抛弃祖宗的坟墓逃往辽东。这事情万不可再讲了！"

按鞠武的意见，燕国不但不能主动刺秦，甚至任何不利于秦、燕关系的事都不能做，所以他随后又极力反对太子丹收留落魄逃遁至燕国的秦国叛将樊於期。但是太子丹哀怜樊於期穷困来归，硬是收下了他。

鞠武听说此事，着急得直跺脚。他说："收下他就是在撩拨秦人的怒火啊，就等于拿鸿毛往火红的炉炭上放！为今之计，我们应该迅速结好六国，北联匈奴，加强自身防御，这样才好办。"

不过，客观事实是，此时韩国已经灭亡，赵国也奄奄一息，匈奴又不和燕国接壤（和燕国接壤的是东胡和林胡），随着战国七雄的传统战略平衡态势被打破，鞠武的这套"结好六国"的理论已经完全过时了。几番讨论下来，鞠武还是被太子丹说服了，他给太子丹推荐了一个叫"田光"的江湖名士，据说燕国人都知道他。

太子丹很懂江湖规矩，听说田光应邀前来拜访，便亲自跑出院门去迎接，慢慢向后退着给田光引路，落座之前还要先跪着给田光掸拭座垫，仿佛小弟恭迎帮主一样。

田光坐定，却没有立刻答应太子丹的请求，而是说："在下已经老了，江湖上流传的那些故事，都是我年轻时候干的，现在一件都干不了了。我听说骏马年轻的时候一天能奔驰千里，可等到衰老的时候，连驴子都能超过它。我还是把我的好朋友荆轲推荐给殿下吧，他可以做大事。"

荆轲本是中原卫国人，不知是在哪一年来到了蛮荒的燕国，不过他在这里如鱼得水，深感燕国人豪迈的性格与自己投缘，便住下不走了。

荆轲喜欢到农贸市场去，一边喝酒，一边吃狗肉。在当时，狗跟猪和羊的待遇一样，被当作主要的肉用牲畜——比如"燃"这个字，左边是火，右边是水上面躺着死犬，意思就是煮狗肉。荆轲经常和几个朋友围着狗肉锅边吃边饮，善于击筑的音乐家高渐离也是其中之一。吃肉喝酒之余，高渐离击筑，荆轲则和着节拍唱歌，喝到痛醉淋漓时，荆轲还会旁若无人地大哭。

大口喝酒、大把吃肉、高声唱歌，只会这些当然不足以成为大侠或刺客，要想完成刺杀秦王这样的工作，还需要其他的才能，特别是武艺。然而，在当时的燕赵大地上，荆轲的武艺也只能算作稀松平常。

荆轲来燕国前，曾经在赵国的榆次跟资深剑客盖聂讨论剑术，盖聂嫌他的论点不足称道，便愤怒地瞪他，结果荆轲居然被瞪得当场钻出围观人群跑掉了，而且跑得很彻底，卷起铺盖卷一溜烟地出了城，从此再不回榆次来。当时有旁人说，应该叫荆轲回来接着讨论，盖聂却一眼看透了，答："我刚刚瞪了他，你去叫试试，肯定已经走了，不敢再在我们这停留。"

这位盖聂本名司马蒯聩，据《史记·太史公自序》记载，是司马迁本人的远房亲戚。因为这个，有些人便说这个故事多半是司马家族为了抬高自己故意编造的，是在刻意贬低荆轲。不过实际上，荆轲遇事就溜可不只这一次。后来，荆轲在邯郸与一个本地人下棋，为了一步棋争吵起来，那邯郸人拍着棋盘怒斥，荆轲竟然又嘿然钻出人群，再也不现身了。

从荆轲的早期事迹来看，他似乎就是一个喜欢吃喝的平常人，没什么胆量。尽管他在生活中时常追求一种侠的风致，但是既没有跟从名师练过武，也没有实战经验。所以，荆轲成为刺客可能不是以实用的"武"见长，而是以意气上的"侠"自居。换言之，荆轲属于一种"精神侠"，而不属于能砍能杀的"物质侠"。

田光一辈子阅人无数，他这么看好既没有过硬的武艺、平时又显得缺乏胆量的荆轲，一定有他的道理。

如果派一位著名的武士当刺客，肯定容易被秦人识破，而推荐荆轲则完全没有这方面的顾虑。刺客的条件要求智勇双全，荆轲虽然剑术不精，但是看起来在智商、情商方面应该层次很高，可以收放自如，善于控制风险，这就合乎行刺人选的要求了。

事实上，田光向太子丹推荐擅长跑路的荆轲，一个主要目的可能就是让荆轲再临阵退缩一次，千万别真的惹怒秦王政。

太子丹不知道这些盘算，既然闻名全国的田光推荐荆轲，他就一口答应了："那好，请让我通过先生结交荆轲。另外，这是国家大事，请您千万别四处泄露。"

田光含笑答应，然后佝偻着腰去找荆轲。

田光对荆轲说："咱俩的交情很深，燕国人没有不知道的。现在老夫遇到一件事：燕国的太子丹找到我，说'燕秦不两立，愿先生留意一些'。太子只知道我当年名震江湖，不知道我现在的能力不足以办事了，所以我把你推荐给太子，请你去宫里拜访他。"他没有明确说出刺秦的事，大概是怕说了之后以荆轲的胆量多半会直接拒绝。

鉴于田光在江湖上辈分比较高，两人又是多年的好友，荆轲答应了他的要求。

田光接着说："另外，太子临别时曾嘱咐我，说此事乃国家大事，叫我千万不可四处泄露。我活到这个年纪却被人怀疑，实在没有颜面活下去了。我干脆死了罢，这样才能表明我不会泄露他人的机密。"说完，他拔出腰间宝剑，当着荆轲的面刎颈而死。

田光的死实在突兀，殊不合常理。听他的意思，好像是恨太子丹不够信任他，于是自杀泄愤，但是可以想象，如果他真是这样大脾气的人，恐怕早被别的事气死了，哪里还能活到这样的高龄？

对于这件事，《史记》给出了解释。司马迁认为，田光自杀是为了激荆轲。我来求你办事，然后在你家里自杀，把你家变成凶宅，这事你还能推搪吗？如果荆轲拒绝履约去见太子丹，官府就会走司法程序，把他当作杀害田光的犯罪嫌疑人抓起来。这样一来，荆轲便没有毁约的退路了。另外，田光也另有私心，荆轲刺秦成功的概率不大，一旦失败，引来秦军的报复，由于田光本人在此前早就死了，田光的家人就不至于遭到报复。秦汉时期的很多案件都是这样结案的，所以当时自杀的情况特别多。

被田光道德绑架的荆轲只好去见太子丹，太子丹客气一番，就向荆轲提出了行刺秦王的请求。荆轲听后果然吓了一大跳，连忙推脱，太子丹向他顿首，反复恳求，荆轲扛不住，终于还是答应了。

随后的一段时间里，太子丹百般讨好荆轲，将他尊为上卿还不够，又为他安排豪宅居住（舍上舍），提供最高等的食品和最高规格餐具（供太牢具），不时送来奇珍异宝（异物间进）、香车美女（车骑、美女，恣荆轲所欲），甚至自己还每天前来拜访，以示敬意（日造门下）。

荆轲身边车骑罗列，衣香鬓影，盛况空前。据说有一次，荆轲在太子宫中看上了一位美女，太子丹就要把这位美女送给荆轲，荆轲推脱说："我不是喜欢这个女孩，我喜欢的是她的手。"不料太子丹竟然就把这位美女的双手砍了下来。

面对这双血淋淋的手，不知荆轲会作何感想。尽管他现在位居上卿，但是享受到的待遇全都因为太子丹要他卖命，而太子丹今天可以砍下美女的双手，明天只要需要，就可以砍下他荆轲的双手。

荆轲不是贪图物质利益的小人，他从小喜欢读书，向往成为苏秦、张仪那样的大丈夫，干一番事业，然而一直做不成，这大概也是他总是去农贸市场喝酒大哭的原因。他并不希图美色和宝马，他在意的是荣誉。现在的他能够挤进贵族圈子，并且被太子诚惶诚恐地侍奉，这就是一种"殊荣"，让他感到获得了赏识和认可，并因此而振奋和满足。

于是，刺秦的使命最终在荆轲的心里扎下根来。现在剩下的唯一问题是，荆轲并没有刺杀秦王政的能力。

# 易水寒

公元前 228 年，秦军灭赵的消息传到燕国，太子丹立即找到荆轲，对他说：

"赵国已经灭亡，秦国军队早晚要横渡燕赵边境上的易水，到那时即使我想要长久地侍奉您，又怎么能办得到呢？"

言外之意，荆轲在燕国享福的日子结束了，是时候去卖命了。

按照《史记·刺客列传》的记载，太子丹跟荆轲就如何刺杀秦王政进行了一场认真的谋划。

太子丹对荆轲说："我们此次刺杀的上上目标不是杀人。足下要伪装成使者劫持秦王政，之后就像当年曹沫劫持齐桓公一样，逼着他在朝堂上签订条约，让他返还秦国侵夺诸侯的所有土地！"

听上去，这真是痴人说梦！凭一个人拎着一柄小匕首进入强大的敌国，就想迫使对方割让给自己大片土地，这个想法在后人看来不免有些幼稚可笑。

当年曹沫劫持齐桓公，属于特殊历史情况。那时候齐桓公的霸业刚起步，需要收买人心。世易时移，现今的情况大不同了，秦国已经灭掉了六国中的两个，对其余四国形成了压倒性优势，不需要再在乎什么国际舆论，也无所求于六国的支持。即便秦王政被劫持，口头或书面答应了还地，事后也是绝不会履行这种承诺的。

哪怕荆轲把秦王政劫持到燕国扣留下来，也不太可能让秦国交出土地。一来，秦国还有很多王子，都巴不得找个理由挤上王位；二来，当年楚怀王被劫持到咸阳，宁死也不肯割让巫郡黔中之地，而秦国一向高度重视土地，所以恐怕会做出同样的选择，即使牺牲秦王政，也不会退还祖宗六代辛苦扩张积累下来的土地；三来，就算秦国退了一步还了地，可六国中的两个国家已经被灭，国力大损，其余四国经过上百年激战，也已经兵力枯竭，根本守不住那些被归还的土地，恐怕转瞬之间就会被秦军再度夺回去。

所以太子丹的这个计划，似乎只能让他自己爽一把，报从前受辱于秦王的一己私仇。至于代价是什么呢？是荆轲的一条命和燕国的未来。

更重要的问题是，荆轲本人武功不精，很大可能根本无法靠近和劫持秦王。为了解决这个问题，太子丹提出一个构思已久的方案。

在咸阳当质子的时候，太子丹多次见过秦王政接见他国使团。秦王接见外宾的地点通常在渭河南岸的章台宫，也就是后来汉朝的未央宫。此前蔺相如完璧归赵的故事，就发生在这个地方。章台宫的正殿叫"宣室殿"，它比现在北京故宫的太和殿要壮观得多，光台基就有大约 30 米高，相当于十几层楼，体能不好的人光走上去就要气喘吁吁了。在宣室殿举行会议时，大部分卫兵会站在台阶上，只有一部分官员被允许进入殿内，而他国使团只有正使和副使两人被允许进入。他们需要在郎官和宦官的指引下来到秦王身边，献上手中的东西。

在被秦王政召到章台宫说话的时候，太子丹敏锐地注意到，在外交献礼的过程中，有很短的一段时间，秦国官员会留秦王一个人单独观看使者带来的文书和礼物。这就意味着，在这段时间内，秦王会与两位他国使者单独相处。这样的安排似乎并没有什么安全隐患，因为秦王佩剑，而他国使者进殿前都要经过搜身，不能携带任何武器，但是决意刺杀秦王的太子丹立刻想到，如果使者带来的文书和礼物涉及国家绝密信息，是可以免于被检查的，这就有了在里面夹杂武器的机会，而一旦秦王政要单独对付两个手持武器的人，他可就危险了。

如果要派使者，荆轲当然为正，可他擅长谋划而不擅长武艺，所以太子丹又给他安排一位擅长武艺的副使，做那个在章台宫真正下手刺杀秦王政的人。

这个擅长武艺的人名叫秦舞阳。

秦舞阳是燕国名将秦开的孙子。秦开曾经大破东胡，征服辽东，为燕国拓土开疆至今天的朝鲜北部，并且修筑了先秦长城中最长的燕长城，其家族成员的政治忠诚度和武艺都很出众。秦舞阳本人是燕国知名的武士，十几岁就杀过人，气场十足，路人甚至不敢正眼看他。

另外，为了确保燕国使团能得到秦王政的接见，太子丹又给秦王政准备了两份礼物。

第一份礼物是秦国叛将樊於期的人头。为此，荆轲专门跑到樊於期的秘密住处。

荆轲对樊於期说："秦王政屠杀了将军的父母宗族，可以说是相当狠毒了，而且他还出了一千斤黄金的赏格，购求你的人头。将军难道不想报仇吗？"

樊於期仰天叹息："我每一念到此事，就恨得骨髓都发痛，只是我没招啊！"

荆轲说："我倒有个主意，可以报将军的仇。"

樊於期立即瞪大了眼睛，荆轲于是凑近他，说："只要我把您的人头献给秦王，必然能够获得他的信任，到时候我可以趁着接近他，左手抓住他的衣袖，右手刺向他的前胸，将军的大仇可报，燕国的积耻也可雪了。"

樊於期听罢，咬牙切齿地说："我天天盼的就是这样一件事！这颗头颅有什么舍不得的，你拿去吧！"说罢就拔出宝剑，绝颈而亡了。

古人论情谊时常有一句话：有的交情白头如新，有的交情倾盖如故。樊於期与荆轲初次相遇，仅仅三言两语，居然就毫不犹豫地把头颅交给荆轲，可以算得上是倾盖如故了。不过，从更深层的角度看，太子丹手下近来最受宠信的上卿荆轲亲自来访，向樊於期借头一用，本身就说明他的死期到了。再进一步说，太子丹允许樊於期自杀，只是一种保全他面子的优雅做法，如果樊於期不配合，那就只好领受其他死法了。

太子丹给秦王政准备的第二份礼物，是秦国一直想要的督亢两地的地图。督亢两地即今河北省保定市北部和廊坊市西部，是燕国的西南大门，也是燕国最繁华的地区，后来北宋和辽国的主战场也在这一带。战国末年，由于赵国多次攻打燕国，燕国在这一带的西南方修建了"燕国南长城"，所以燕国一旦失去了督亢两地，也就等于失去了南长城防线。

在先秦时期，交出某个地区的地图，就等于割让了这块领土，而如果失去督亢两地，燕国的首都下都（今北京市房山区）就再也无险可守，会成为秦、燕的边境城市，所以当然太子丹不是真的想把如此宝贵的地图交出去，他要秦王政拿性命来换。

在太子丹的整场谋划中，最重要的一点是必须确保刺杀的核心——凶器不会被搜查到。虽然有督亢地图可做掩护，它本身也只能像当年专诸使用的鱼肠剑一样小巧玲珑。为此，太子丹花费百金买下著名匠人赵国徐夫人打造的匕首，之后又让工匠用毒水反复淬它，直到见血封喉为止。

小巧玲珑且有剧毒的徐夫人匕首被卷在督亢地图里，从外面完全看不出来。这份地图是绝密文件，所以秦国官兵肯定不敢要求打开检视，凶器藏在这里面，谁都不会发现。

终于，一切都准备就绪，荆轲将以上卿的身份出任正使，带领燕国使团前往秦国。不过，临行前却出了个不愉快的插曲：荆轲对秦舞阳并不太信任，他自己约了一位武艺高强的侠客当副使，只不过这个人大约是觉得计划成功的机会不大，所以在出发那天迟迟不肯现身。

太子丹为使团送行，见荆轲一直不动身，等得不耐烦了，便说："韩、赵两国已经相继被灭了。时间不等人，为之奈何？如果荆卿有反悔之意，那我派秦舞阳一个人去就行。"

荆轲听了，当即大怒："大丈夫行事有始有终，不能履行承诺的，都是小人！我在这里，是为了等我的客人，我们俩一起去成功的机会更大。能去能返，不辱使命，才是大侠。既然现在太子以为我是故意拖延，那我就请求辞行吧！"

于是，秦舞阳顶替了荆轲的朋友，充当刺杀助理。这对互不信任的正副使就这样出发了。

在秋天的易水河畔，太子丹及其宾客给这"刺杀二人组"饯行，众人皆白衣白冠，这是给死人送葬的打扮。

荆轲迎风而立，秦舞阳的手里端着一个木匣子，匣子里边正是樊於期的人头，这张脸上还能看出临终前的愤怒与不甘。

荆轲的好友高渐离也赶来了，他取出自己心爱的乐器筑，击筑奏出变徵之声，荆轲相和而歌，曲调悲凉，宾客们听了，无不悚然垂泪涕泣。

随着击筑羽声慷慨，荆轲唱道：

风萧萧兮易水寒，壮士一去兮不复还！

这句歌词似乎包含着对太子丹的不满情绪，话里没有对胜利的承诺，只有萧瑟凄凉。看来，荆轲很清楚，这次行动从一开始就几乎没有成功的可能，只会给燕国和他本人带来灭顶之灾，但是迫于田光的托付和太子丹的人情，他只能知其不可为而为之。

荆轲引吭高歌已毕，痛饮一杯，高渐离依旧击筑，一语不发，面色冷然。之后荆轲傲然转身，同秦舞阳登车而去，头上长空万里，身后秋风萧瑟。

荆轲与太子丹这两人，是历史上一次错误的结合。荆轲是一个士人，所谓士人，就是祖上带有一定的高贵血统（据说荆轲是从前齐国贵族庆封的后人，古代"庆"与"荆"的发音差不多），读书不少，生活在民间底层但心志仍然在洁白云霄的人。这样的人，更适合做苏秦、张仪、范雎、李斯那样的事业，不适合上一线肉搏卖命。

在太子丹策划刺杀秦王政之前，燕、秦两国的关系还算不错，因为相互不接壤，双方从未打过仗。荆轲的家乡卫国也一直受秦国庇护，不曾像三晋和楚国那样被秦人杀得人头滚滚。虽然秦国有并吞诸侯之心，但当时"国家"的概念更像是"王族的私产"，所以士人奔走列国，居无定所，并非仅报效于本国，而那些流奔秦国的士人也没有被骂为叛徒。可见，荆轲刺秦不是出于他个人的需求，他不过是受累于人情与现实名利，一步步走上了这条不归路。

# 刺秦

日升月落，荆轲一行向西奔驰。到了秦国，面对着辉煌壮丽的黄河与华山，荆轲和秦舞阳的肾上腺激素开始飙升。

这对刺杀二人组看见的最后一次日出，是在公元前 227 年的一个秋日。金色迷离的阳光在巍峨的章台宫殿角徘徊，文武百官和列国使臣盛集两列，荆轲和秦舞阳两人在宣呼声中缓缓走上高峻的台阶，偷眼向殿上看去，虽然看不清秦王政的面孔，但能知道他威严地跪坐在漆器涂彩的几案之后。

秦宫之中卫士众多，还都是全副武装的彪形大汉，庭中更列有无数文武百官和宫廷侍从。看见这阵仗，荆轲脸色正常，秦舞阳却掉链子了。他知道一旦刺杀行动开始，自己必将无路可逃，惨死于此，不由心生怯意。只见他突然脸色苍白，牙关紧咬，嘴唇发紫，表情痛苦，更兼双膝发抖，像是癫痫症发作，竟是一步都走不动了。

秦国群臣看到秦舞阳这样的举止，十分诧异。荆轲也察觉到了身边人的异样，连忙回头看去，见秦舞阳这么一副难堪的样子，嘴角露出一丝苦笑。他神色镇静，上前两步，大声对秦王政说："臣的副使乃北方边鄙之人，没见过大王的威势，所以振恐。请大王原谅他的这种失礼举止，允许他献上礼物，在您面前完成使命。"

这里有一个细节需要注意：刚上殿时，本来是荆轲捧着樊於期的人头，秦舞阳捧着地图，里面卷着见血封喉的匕首。所以我们有理由相信，荆轲一直没有把自己定位于一个武士角色，按他的原始布置，是要由秦舞阳主刀行刺的，而这个捅刀的工作荆轲原本是要交给那位久等不来的"客"来做，现在换上了秦舞阳这个替补，果然在关键时刻出了差错。

秦王政听荆轲这么解释，并没有起疑心，说："让正使拿副使所持的地图上来，副使在阶下等候！"这下，秦舞阳就不能上前接近秦王了，只能停在殿下，而荆轲要一个人对秦王进行刺杀，成功的概率小了很多。可是形势所迫，荆轲不能表现出犹豫，他果断拿过秦舞阳手中卷着徐夫人匕首的督亢地图，硬着头皮自己上殿去了。

在荆轲刺秦王事件发生一个世纪之后，《史记》的作者司马迁曾当面询问过当时资历最深的学者董仲舒和公孙弘，这二人年轻时曾经和秦王政的御医、事件经历人夏无且交谈过，因此得到了以下的事件细节：

荆轲上殿以后，秦王政问他："听说燕太子杀了樊於期？"

荆轲躬身答道："正是。"随即奉上木匣给秦王看。

秦王政确定是樊於期无误，示意荆轲合上匣子，又问："太子丹收留了樊於期，怎么又把他杀了？"

"太子最初不知樊於期的底细，如今得知，不敢违抗大王，所以把他杀了。"荆轲说，"其实燕王侍奉大王，一直忠心无二。这次知道惹怒了大王，特意献上燕国最肥沃的督亢两地以谢罪，地图就在这个匣中。"

说着，荆轲举起手中的地图，打开包装，上前呈给态度已经明显和缓的秦王政。比起逃将樊於期的人头，这才是秦王政真正感兴趣的。

绘在绢帛上的督亢地图在秦王政眼皮底下徐徐展开，秦王政双眼发光，贪婪地注视着地图上的每一处细节，仿佛一个守财奴在观赏自家的金库。

随着地图完全展开，卷在最里边的那把匕首突然出现在秦王政的眼前。趁秦王政尚未反应过来，荆轲用左手拽住秦王的衣袖，右手抄起淬毒的匕首，直刺秦王政前胸。秦王政反应很快，迅速从跪坐的姿势改为向后跃起，上好的布料在撕扯之下猛地裂开。

事起突然，群臣惊愕，之后喊声雷动，满殿都是护驾的呼声。但是他们的手里也都没有武器，而殿下武士无诏又不可进殿，场面顿时一片大乱。

举着匕首的刺客荆轲步步紧逼，秦王政试图拔剑自卫，但是剑太长，根本拔不出来。荆轲趁机冲了过来，他知道，等秦王政拔出长剑，刺杀就要失败了！

秦王政发现拔不出剑，只好放弃，先绕着柱子跑动，躲避荆轲的刺击。荆轲追了几步，但是没追上，匕首一直没能刺到秦王身上。

千钧一发之际，御医夏无且急中生智，把装药材的随身袋子扔向荆轲，阻滞了荆轲的步伐。秦王政得到喘息之机，又在百官的提示下把剑转到身后，终于在荆轲再次逼近之前拔出了长剑。

这下，游戏立即结束了。

荆轲虽然只拿着短匕首，但是面对挥舞长剑的秦王，他并没有逃避或求饶，而是再一次扑上去。秦王政看准机会，一剑便击断了荆轲左大腿。荆轲倒在地上，绝望地扔出匕首，但还是没有击中秦王，只是扎在秦王身边的柱子上。

危机解除，秦王终于缓过神来，立即发号施令。武士们涌进宫殿，斩杀了秦舞阳等燕国使团成员，再上殿去，结果了已经被秦王砍伤多处的荆轲。

荆轲死前张着大腿，斜躺在血泊中，对秦王政说："事所以不成，是因为我想抓活的，逼着你立下退还侵地的契约，以报答太子！"

荆轲刺秦王的故事就这样结束了，秦王政从此再不接见来自东方各国的使臣。

荆轲剑术不精，腿脚不灵，本来安排行刺的两个助手一个打了退堂鼓，另一个又在关键时刻掉链子，使得行刺的成功率大为下降。但荆轲视死如归，以弱搏强，提一枚匕首击中秦廷铜柱的声音永远呼啸于历史的天空。曾经靠瞪眼珠吓走荆轲的盖聂闻听了这件事，也不禁敬佩道："我看浅了这个大丈夫！"

事实上，战国时期的刺杀案件非常多，如果秦王政之后没有吞灭六国，统一天下，那么作为一名失败的刺客，荆轲的名气绝不可能像现在这么大。随着秦王政取得越来越大的军事成就，秦国的暴政越来越遭人痛恨，荆轲的名气才在民间变得越来越大，最后就连南方楚越地区的百姓都崇拜起他来。

荆轲的遗体被肢解于咸阳，消息传来，燕王喜大惊失色。他知道，燕国即将面对秦国的滔天怒火——太子丹害得他失去了重要的督亢两地，而燕下都眼看也要保不住了！

几个月后，秦王政下达复仇的命令。驻扎在赵地的王翦军原本准备攻打魏国，而李信军正在北上攻打赵国残余势力建立的代国，他们接到命令，立即掉转方向大举攻燕。攻守双方实力悬殊，很快，燕国的下都和上都蓟城（今北京市西南郊）先后陷落，已经做好城池失陷准备的燕王喜和太子丹星夜逃往辽东一带。秦军紧追不舍，绝望的燕王喜为了保命，派出副官把太子丹斩了以谢秦军，这才换来秦军退去，燕国又得了几年安宁。

经此一仗，太子丹、荆轲、樊於期、秦舞阳的人头在咸阳团聚，而燕国被打得只剩下辽东这块苦寒之地。燕王喜在此偏安了 5 年，终于也被秦将王贲（王翦的儿子）提兵俘虏。

燕国本来远离秦国，很可能是六国中最后一个被灭亡的，然而经过太子丹的"努力"，它提前灭亡了好几年。

至于击筑为荆轲送行的高渐离，他在秦军灭燕后隐姓埋名，先是去了酒馆当服务生，几年后被人认出是荆轲的朋友。此时秦王政已经成为秦始皇，他爱惜高渐离的音乐才华，就没有追究他是荆轲的同党而杀死他，但出于安全考虑，还是把他的眼睛弄瞎了，让他在皇宫里做专职艺人。听着高渐离的击筑声，秦始皇每每称赞。

有一次，高渐离往筑中暗暗灌了许多铅，等击筑表演到酣畅淋漓的时候突然往秦始皇身上扑去，想用筑来砸死对方。不过他听声辨位的功夫有点差，扑错了位置，报仇因此失败，之后就与荆轲一样命丧黄泉了。

在皇权面前，艺术脆弱得如同大象脚下的蚂蚁。

第九章

**前所未有的大一统**

# 天下半数已归秦

如果没有发生荆轲刺秦王事件，秦国的下一个扩张目标，本应该是三晋之中已经奄奄一息的魏国。在完全占领中原之前，向东北方向的燕国扩张并不符合秦国的战略安排，只会让秦军的战线越拉越长，兵力越发不足。所以，燕王喜献上太子丹的首级之后，秦王政便见好就收，把军队从辽西走廊撤回，也暂且不去理会龟缩在大同盆地里的代国，派秦军迅速南下，乘胜围攻此时已经被秦国领土包围的魏国。

秦国大将王翦在之前的历次战争中表现活跃，但此时年事已高，且伤病较多，因此就申请退休了，于是秦王政把攻魏的重任交给了王翦之子王贲。这时的魏国统治者是魏王假，他比三晋的另两位统治者韩王安和赵王迁有骨气，在绝境中也坚持抵抗，给予了秦军一记重击。王贲被打得恼怒，决定借助自然力量。

公元前 225 年，王贲引黄河水灌入魏国都城大梁，导致大梁城墙塌陷，魏王假只得出城投降，后来被秦王政处死（有争议），魏国随之灭亡。

按照《战国策·魏策》里的记载，在大梁陷落以后，魏国的其他地区没有停止抵抗，其中就有魏王假的弟弟安陵君的领地安陵（今河南省许昌市鄢陵县）。此地面积很小，方圆只有 50 里，秦王政觉得没必要为这么小的一片土地兴师动众，就派了个使者去劝安陵君投降。在国书里，秦王政说："寡人想要用方圆 500 里的土地和安陵交换，安陵君可一定要答应寡人！"

安陵君知道自己一旦离开封地就会成为秦人的阶下囚，所以回绝得十分果断："大王给予恩惠，用大块土地交换我的小块土地，确实很慷慨。虽然如此，但这块小封地是我从先王那里接受的，我愿意始终守护它，不敢和大王交换！"

话说得漂亮，不过安陵君也知道，一旦秦军大军压境，自己肯定无力抵抗，内心也感到害怕，所以又派门客唐雎出使秦国，去向秦王政当面解释。

秦王政见了唐雎，怒气冲冲地质问："先生，寡人用方圆 500 里的土地和安陵交换，安陵君为什么不听从寡人的呢？况且秦国已经接连灭了强大的韩国和魏国，安陵君能够凭借方圆 50 里的土地幸存下来，是因为寡人把他看作忠厚的长者，所以不打他的主意。现在寡人让安陵君扩大领土，他却违背寡人的意愿，是在轻视寡人吗？"

唐雎回答说："不是这样的。安陵君从先王那里接受了封地，所以要守护它，即使是方圆千里的土地也不敢交换，何况只有 500 里呢？"

秦王政听唐雎这么说，知道自己的伎俩已经被识破，干脆摘掉"以大易小，交换土地"的假面具，气势汹汹地对唐雎说："您曾听说过天子发怒吗？"

唐雎摆出老老实实的姿态，平静地回答："我未曾听说过。"

秦王政语气森冷："天子一旦发怒，伏尸百万，流血千里！"

唐雎没有被吓倒，反而问道："大王曾听说过平民发怒吗？"

秦王不屑地笑了："平民发怒，不过是摘掉帽子，赤着脚在地上蹦，用头撞地罢了。"

唐雎不以为然，说道："这是平庸无能的人发怒，不是有才能、有胆识的人发怒。从前，专诸刺杀吴王僚的时候，彗星的尾巴扫过月亮；聂政刺杀韩傀的时候，一道白光直冲上太阳；要离刺杀庆忌的时候，苍鹰扑击到宫殿上。这三个人都是出身平民的有胆识之人，心里的愤怒还没发作出来，上天就降下征兆。现在（专诸、聂政、要离）加上我，将成为四个人了！有才能、有胆识的人发怒，就会倒下两具尸体，血流五步远，全国百姓都要穿丧服。今天恐怕就会这样。"说完，他拔出宝剑，朝着秦王政站起来。

秦王政变了脸色，长跪着向唐雎道歉："先生请坐！何至于到这种地步呢？寡人明白了：韩国、魏国灭亡，而安陵国能凭借方圆 50 里的土地幸存下来，就是因为有先生啊。"

《战国策》和新出土的《战国纵横家书》是现代人了解战国时期历史最重要的材

料，但它们不是官修史料，而是民间游士基于自身收集到的消息编写成的。和春秋时代的史料相比，这两部书的内容很不严谨，夸大事实之处比比皆是。且不说书中动辄多达几十万的大军，仅仅是说客几句话就改变了政治走势这样的内容反复出现，就很不符合实际的情况。

另外，按《史记·魏世家》的记录，唐雎在秦昭襄王时期曾出使过秦国，而当时他就已经 90 多岁了，那么到秦王政灭魏时应该有 110 岁。这样一位老人，还怎么刺杀秦王政呢？更何况，自从遭遇荆轲的刺杀后，秦王政就不再亲自召见他国使者了，所以作为小小的安陵君使者，唐雎大概率见不到秦王政，也就别提带着剑走到距秦王政几米的地方了。

和《战国策》里振奋人心的故事不同，在历史上，魏国灭亡后不久，安陵也被秦王政收入囊中。至此，赵、魏、韩三国被彻底灭掉。

安陵没能逃过一劫，不过一个中原小国倒是被秦王政放过了，它就是卫国。

卫国的统治者卫君角是魏王假的表兄弟，为了与魏国互帮互助，刚刚把国家向西搬迁到了野王（今河南省焦作市沁阳市）。没想到，刚完成搬迁，魏国就被秦国灭掉了。卫君角很担心卫国的安危，就自己把被周天子赐予的"侯"贬为了"君"，这个"君"只是"封君"，而不再是"邦君"了，意思是他只保留了大贵族的身份，向秦王政称臣。于是卫君角得到了宽容，被允许继续在原地祭祀自己的祖先。这个待遇和之前的韩王安很像，但是卫君角要乖巧得多，没有像韩王安一样涉嫌谋反，因此得以一直保全宗族性命。

从另一个角度看，秦王政之所以选择保全卫国，可能还有更多样的考虑。要知道，卫国是吕不韦的故乡，秦王政此举或许也有向吕不韦致敬的意思。虽然他和吕不韦为了夺权争斗不止，治国理念也大不相同，但吕不韦毕竟是他的"仲父"，也为秦王、为秦国做出过许多贡献。

不过，吕不韦那和平统一的构想依然是秦王政无法接受也不愿意执行的，秦王政选择的是用武力征服东方六国的路线，且这条路他已经走完一半了。接下来，他必须一鼓作气，把剩余的路走完。

# 一场平民支撑的胜利

就在王贲水淹大梁、俘虏魏王假的同一年，秦王政调集大军，做统一天下前的最后冲刺——进攻楚国。

按理说，在灭掉三晋、摧毁燕国之后，秦军的下一个目标应该是与这几个国家相邻的齐国。但是，由于齐王建一直保持中立，秦国一时没有理由去攻打他，而这个时候，秦国宫廷中原本一家独大的亲楚势力正好出了大问题。公元前 230 年，秦国的楚党领袖华阳太后去世了，华阳太后的左膀右臂昌文君、昌平君也相继离开秦国。

根据史料分析，昌文君可能就是楚国王子熊负刍，昌平君则可能是他的兄弟熊启。也就是说，这两个人都是楚国贵族。昌文君和昌平君曾帮着秦王政反击嫪毐暴乱，在吕不韦倒台后，秦王政还任命昌平君熊启为秦国的相国，对他们可谓倚重。

就在嫪毐之乱爆发的同一年，也就是公元前 238 年，楚国内部也出了大事。先是楚考烈王去世，而后外戚李园刺杀了令尹春申君黄歇，拥立自己的妹妹李嫣生的王子熊悍①为楚王，即楚幽王。公元前 228 年，楚幽王去世，返回楚国的昌文君熊负刍趁机发动政变，杀死了李园一家，自立为楚王。之后他从秦国召回了兄弟昌平君熊启，任命他为令尹。

昌文君、昌平君返回楚国，很可能没有得到秦王政的允许，所以秦王政以此为由

---

① 一说熊悍是春申君的私生子，与说赵政是吕不韦私生子的故事内容非常相似。

攻打楚国，占领了楚国的十几座城镇。楚王熊负刍不敢直面对抗自己的老领导，因此提议献出青阳（今湖南省长沙市）以西的土地，请求和解。

秦王政看熊负刍表现软弱，认为他在楚国的统治并不稳固，便想要趁楚国内部不团结，一举将这个东南大国吞并，所以他拒绝了熊负刍的求和请求，准备扩大这场战争。

秦王政找到已经赋闲在家的老将王翦，寻求他的意见。王翦认为，想要彻底消灭楚国，至少需要 60 万大军。

在历史记载中，战国时期的军队规模比之前或之后的时代都要大很多，对此有两种比较合理的解释：第一，以《战国策》为代表的战国文献一向喜欢夸大宣传；第二，参考《商君书》，战国时代的"军"不仅指士兵将领，还包括所有随军工匠，甚至包括不少负责给军人洗衣做饭和贩卖物资的女人，真正的武装战斗人员只占总人数的 1/3 左右，甚至更少。

不过即便普遍夸大，60 万大军在当时仍可算一支非常可观的部队了。秦王政担心王翦或其他将领会因为得到这支大军而造反，于是一直没有下放兵权。这时他又想起年轻将领李信，准备问问他的想法。

李信这个人年轻气盛，喜欢孤军冒进，曾经带数千人追逐太子丹直到辽东。对于对楚作战，李信自称他只要 20 万人的军队就够了。秦王政当然很高兴，便赞扬说："李将军果然壮勇，您说得很对。王翦将军肯定是老了，不然怎么会变得这么胆怯？"

秦王政派李信与蒙武（吕不韦时代名将蒙骜的儿子）南下，带了 20 万秦军杀向楚国。然而，楚国国土面积广大，人口众多，经济、科技实力也强，不像燕国那么好对付。

在攻克了楚国旧都陈城之后，李信率大军继续南下，可等他一离开，陈城内就突然发生了与韩王安有关的反秦叛乱，他只得又返回去救陈城。根据记载，李信在返回陈城的路上，被楚国大将项燕率军跟踪追击，三日三夜战斗不息。最终，楚军趁秦军筋疲力尽之际突然发动猛攻，连续攻破李信的两个壁垒，杀死 7 名都尉。李信的军队完全溃散，不得不放弃了救援陈城的计划，直接败走返回咸阳。

按照云梦秦简《编年纪》中的记载，之后陈城被昌平君率领死士占领，也就是说，楚王熊负刍和项燕很可能从秦军手里收复了旧都陈城。出现这种情况并不出乎意料，因为一来楚王熊负刍兄弟长期在秦国当官，熟悉秦军的战术组织；二来韩王安的党羽在此时造反，导致秦军兵力分散，士气不稳。还有一种说法认为，是昌平君以秦军将领的身份来到陈城支援李信攻打楚国的，尔后在这里发动了反秦兵变。但是，以当时的形势而论，很难相信秦军将士会跟着昌平君倒向楚国来反抗秦王政。

听说李信惨败，秦王政大惊，只好再去找老将王翦，求他复出。王翦依旧索要60万大军，这一次秦王政只得答应。

王翦出征前，秦王政亲自到灞水河上送行。王翦明白，秦王政是担心自己兵权太大恐生谋反之心，于是他想到了与当年赵括类似的办法，向秦王政索要许多上等田产。

秦王政有些纳闷，问道："将军此次出征大功在即，回来之后定有赏赐，何愁没有土地房屋？"

王翦回答："大王，说句心里话，我们这些军官功劳再大也封不了侯，所以我想趁着现在多为子孙置些田地，让他们以后不至于饥寒。"

听到此言，秦王政笑着满口答应，原来满脸的愁云一扫而空。

不仅如此，到了战场以后，王翦还是隔三岔五派人去跟秦王政索要土地。王翦的幕僚劝告他要适可而止，王翦却解释说："大王生性多疑，如今把举国士兵都交给了我，如何放心得下？我不向他索要房产田地，难道要坐等大王疑心我志向远大吗？"

确实，这次出征的已经近乎秦国的所有军队了。在王翦的军中不光有秦国人，还有一些被秦国吞并的其他国家的人，他们都按照秦国法律被征募为士兵，其中甚至包括不少楚国人。

50年前，白起率一支孤军攻占了今天的湖北一带（含郢都），那里原本是楚人的地盘，此后则成为秦国的南郡。50 年过去了，南郡已经相当秦国化。事实上，秦把南郡治理得不错，在这里出土了一个叫"喜"的小官吏的工作日志，日志中记录了法制化以后南郡井然有序的吏治与百姓生活。

除了喜，今湖北省孝感市安陆市还出土了一对兄弟的书信，他们分别叫作"黑夫"和"惊"。作为南郡的土著，黑夫和惊可能未必知道自己有楚国血统，但不管怎样，现在他们接受的是秦国的动员，已经成了秦军的一员，要去攻打偏安于东南的楚国老贵族们。

黑夫和惊兄弟俩跟随王翦北上中原，先去打陈城。中原大地上正值初春，阳光明媚，而他俩的冬衣却太厚了。在当时，国家只负责提供甲胄，而且甲胄是皮质的，盖不住全身，只是起防护作用，不能直接穿在身上，里边还需要穿从自家带来的普通衣裳。

黑夫和惊随身带的衣服不多，赶上换季，天气转热，冬天的衣服穿起来就不合适了，于是他们准备给家里写信。战国时没有纸，竹简又比较贵，所以他们要把字写在比较便宜的木板上，这种东西叫作"牍"。

黑夫和惊用毛笔蘸上墨汁，先写下日期"二月辛巳"，再写一句问候语："黑夫、惊，向衷哥问好。"这个"衷"是他俩的大哥。接着他们问及母亲是否安好，并向家人报了平安，汇报了前一阵的情况，随即进入主题——向母亲讨钱和衣服。

惊向母亲要钱五六百，要布不少于 2 丈 5 尺。他显然十分着急，在信上连用了 3 个"急"字，并解释说，如果母亲不快点寄钱，他的性命可能就保不住了，因为他向一个叫"垣柏"的人借了钱，到期不还的话，垣柏会杀了他。

此外，惊最关心的是他的新婚妻子，要她孝顺丈母娘和老丈人。惊也非常惦记母亲，嘱咐大哥衷一定要照顾好她；又说老家附近一个叫"新地"的城以前没人住，传闻官府最近要把一些犯法的百姓移居到那里，因此当地强盗数量在增长，希望衷看好母亲，尽量不要让她去那里。为了强调此事，惊又用了"急急"两个字。

黑夫则稳重得多，而且精打细算。在信中他说，前面自己曾写过一封信，叫家里给寄钱来，不用寄夏衣，这封信该是快寄到了，但是自己现在改了主意："如果老家安陆的丝布便宜，就请母亲买来做成单襦裙①，与钱一起寄来；如果安陆的丝布贵，就只寄钱来，我在这边买布做夏衣。"信里当然也提到了当时的战况。黑夫马上要参加陈城攻城战，战斗可能会持续很长时间，什么时候能打完尚未可知，所以他希望母亲这次寄来的钱和衣服多一些。然后，黑夫又嘱咐："两封信收到后，要回信告诉我，官府是否把爵位证件送到了。"大约是黑夫在此前立了功，要升爵，但是手续还没办完。

黑夫的话很多，把木板写满了还没有完，于是他又转到背面，嘱咐家人别把衣服寄错地点了。最后，他要大哥衷代自己向家内其他亲戚问好。

木板的正反面被兄弟两人完全写满，他们的万千情义再无下笔之处，终于恋恋不舍地停下了。信写好后，还需要装入信封，以防被外人偷看和磨损。当时的信封很简单，就是拿两块同样大小的木板盖在这块写满了字的木板外侧，再用绳子捆好。为了防止邮递员在路上私拆，捆木板的丝绳在打结处还要压上封泥，封泥上边再印上私人印章。等这一切完工，外侧再写上收信人的姓名、地址，信就可以送出了。

可是，信要怎么寄出呢？当时确实设有驿站，也有专门的驿卒负责送信，但他们只收公函，替私人送家书是犯法的。而且秦时驿站的效率不高，因为当时会骑马的人少。从出土的秦简来看，驿卒通常是步行送信的，几个驿卒在专用的直道上接力奔跑，每天能把公函送出去 200 里就算不错了。正因为配送方式原始，公函丢失的情况也经常出现，甚至有驿卒在送信途中被猛兽吃掉，或者被强盗杀害。公函递送尚且如此，私人信件就只能央求熟人捎送了，比如顺路回家的老乡，或者复员回乡的战友等。

幸运的是，黑夫和惊的家书平安抵达了目的地。可以想象，他们的大哥和母亲收到信时该是多么高兴和紧张，而在看信时，知道天气已经转热，远方战场上的两个儿子还穿着冬天的衣服，身上的钱也已经花没了，母亲的心中又该多么焦急和心疼。

再之后的故事，家里的衣服和钱是否寄到，黑夫和惊在战场上的命运如何，我

---

① 单襦裙，战国时期开始流行的一种早期服饰，汉代以后叫"衣裳"。

们就不得而知了。但是，从云梦秦简《编年纪》中我们可以知道，据守陈城的楚国贵族——可能就是新任楚王熊负刍——坚持抵抗了一段时间，但城池还是被秦军攻破了，楚王熊负刍也在一个月后去世（或许是受伤被俘，尔后死在了秦军的战俘营里）。黑夫和惊参加的可能就是这场漫长的攻城战。

之所以把黑夫和惊的故事详细来讲，是为了通过考古资料说明，正是无数这样的普通农夫子弟组成了秦国所向披靡的军团，而秦国老将王翦正是凭着这样一支军队顺利攻占了陈城，随后继续南下，向楚国的新都、淮河岸边的寿春推进。

熊负刍死后，楚国大将项燕拥立他的兄弟、令尹昌平君熊启为新任楚王，在寿春登基。熊启即位以后，发现王翦的大军已经打过来了，便赶紧派遣项燕带楚军主力到寿春以北 100 公里拦截。

对比双方情况，项燕的军队人数不占优势，但是占据地利，不久前又击败过李信率领的秦军，士气旺盛，斗志昂扬。王翦军虽然人数占优，但是刚打完陈城攻坚战，士兵们精疲力竭，士气不高。鉴于此，王翦决定采取拖延战术，坚壁高垒。就这样，双方一连相持数月，从夏季耗到了秋季。

按照王翦的命令，秦军士兵们此时的主要任务就是休养，每天洗澡、休息、吃细粮，无所事事——如果黑夫和惊兄弟两个没有战死在陈城，估计就在营房内穿着老家送来的衣服吃好饭呢。士兵们甚至都患了夏季失眠症，一到晚上干脆去土坡上躺着，幕天席地，望见天空中流星划过留下长尾。等到白天，士兵们实在无聊，就在兵营里练习战斗技巧和投射石头。

王翦见状，说："我看，这些小伙子可以发挥作用了，去打听一下项燕军队的动向吧。"

不知为何，项燕这时放弃了原先搭建的防御阵地，把大军向东调动，或许与季节变化导致的洪水有关。军队移动很容易导致阵列混乱，尤其是后身和两翼，都是可攻击的对象。王翦抓住宝贵时机，令军中最精壮者为先驱，大举出击，迅速击破楚军，项燕自尽。至此，楚国最后一颗可以抵挡秦军的钉子被拔掉了，大势已去。

消灭了项燕之后，王翦势如破竹，南下直取楚都寿春。寿春很快陷落，楚王熊启战死，楚国就此灭亡。这一年是公元前 223 年。

　　楚国有着 800 年历史，曾经主宰中国南方广大地区，在春秋时代凭借"筚路蓝缕，以启山林"的艰苦创业精神成为诸侯中的霸主，到了战国时期却走向没落。究其原因，大概是在战国七雄之中，唯有楚国的贵族政治最顽固。中后期的楚国执政大臣皆是王族分支出身，他们以屈、昭、景、项为姓氏，都是从前楚王的子孙。到了末期，又有王叔春申君黄歇长期专权。可以说，是拒绝改革的保守贵族政治把楚国引向了灭亡。

# 六国毕一

另一边，秦王政还是不愿意打扰长期中立的齐国，于是命令王贲率胜利之师再度北上，到长城脚下攻取辽东半岛和大同盆地，俘虏了燕王喜和代王嘉。

对于战国末年六国被秦国迅速攻灭这件事，燕王喜要负很大的责任。他在漫长的执政生涯里，一直都在践行"远交近攻"的理念：燕国把它周边的齐国、赵国，以至于东北方的东胡和东方的箕子朝鲜都打了个遍，对于威胁最大的强秦，却因为离得远而采取讨好策略，直到秦国灭赵，太子丹命荆轲刺秦王为止。燕王喜的"远交近攻"战略表面上看没有问题，但即便是强大的秦国，在实行"远交近攻"的时候也只选一个方向扩张，不会同时得罪所有邻居。燕王喜贸然与所有邻居都起冲突，于是在强秦来攻的时候，没有一个邻国愿意支援燕国，燕王喜只能仓皇逃到辽东。直到这时候，他才痛定思痛，与代王嘉结盟抗秦，但是他们的实力都太弱了，此举为时已晚。

燕、代两国灭亡一年之后，王翦的征楚大军从江南返回中原。按照秦王政的最终部署，王翦、王贲父子分别率军从西北和西南两个方向悄然逼近燕、齐两国的边境。

齐王田建是齐湣王的孙子、齐襄王的儿子，他继位的时候是公元前 260 年长平之战前夕，正是他对在长平之战和邯郸之围中陷入困境的邻国赵国坐视不救。即位 40 年来，齐王田建一直采取不结盟战术，所以齐国几乎没受过兵祸，国内宛如太平盛世。由于这种不结盟政策保障了齐国的长期和平，齐国朝臣众口一词地赞扬，即便有少数对此表示反对的官员，也都被迫辞职了。

实际上，这种和谐场面也得益于秦国的贿赂。齐王田建的母亲、相国、朝臣和宾客都从秦国获益，于是他们大造亲秦舆论，认定所有邻国都不靠谱，不能帮助它们抵抗秦国。这是秦国"远交近攻"战略的胜利。

长期处在这种氛围中，导致齐王田建在政治上颇为幼稚，直到王贲的大军压境了，他还在幻想着与秦人和谈。

情况危急，即墨大夫赶紧献计：

"如今三晋已灭，三晋贵人逃亡至齐的数以百计，大王不如资助他们以百万大军，帮助他们向北收复三晋失地。楚国逃亡至齐的大夫也有百计，大王助之以百万大军，也可以南下收楚。如此一来，齐国可重新立威于天下，与秦平分秋色！"

齐国是战国晚期东方各国中实力最强的，虽然国土面积略逊于楚国，但是人口众多，所以被《战国策》誉为拥有 200 万大军的强国。不过即便如此，即墨大夫的这个建议也是无用。如果齐王田建真能够采纳他的建议，早在三晋和燕国被灭之前就会出兵援助了，就算三晋和燕国都被打垮，齐国也仍然有机会与楚国结盟，可以出手帮助楚王和项燕等人抗击秦军。现在，各国都被灭掉了，从齐国举目四望，所见都是秦国的地盘，既没有外援，自己的士气也泄了一大半，想要凭一己之力帮其他几国复国，然后与秦抗衡，怎么可能成功呢？

秦王政对齐国君臣的心思了如指掌，他适时表示，现在秦国统一天下的态势已经形成，大军肯定要向齐国首都临淄进军，如果齐军不抵抗，齐王田建就还能保留一块方圆 500 里的土地。

目前来看，主动投降秦国的几位亡国之君的待遇都还不错，所以齐王田建决定接受命运的安排，不修工事守备。王贲见状，立即率大军渡过黄河，长驱直入，顺利进了临淄，一路上齐国人都不敢拿起武器抵抗。

齐王田建亲切地接待了王贲，然后很自觉地去了他那个所谓"方圆 500 里"的封地。其实那里根本没有 500 里之广，只是原卫国版图里的一块沼泽地，就在今河南省濮阳市一带。这里是早期的黄泛区，很不幸，田建刚到封地就赶上了一场暴雨引发的洪水，黄河泛滥成灾。因为领地里的房屋都被淹没了，到处是泥沼，田建只好找了一块叫作"松柏坡"的高地居住。雨水不停，洪水越涨越高，据说因为秦国救灾不力，田建最终在洪水的包围之中饿死在松柏坡上。

春秋战国几百年的风云变幻，随着齐王田建的去世全部落幕了。

六大诸侯国的实力原本不在秦国之下，在秦王政上台之前，他们也曾顽强抵抗秦国的进攻，甚至有时还能占上风。那么，在秦王政的时代，它们为什么会于短期内相继被灭呢？

从制度上说，战国时代各国都渐渐从贵族主导的世卿世禄制走向了君主集权的郡县制，要说秦国和六国在这方面有多么大的本质区别，倒也不是。但是在任用国家级的卿相时，六国仍多任用宗室贵族，而秦国则多用外来的平民人才，所以更确切地说，秦国与六国的区别更多体现在"唯才是举"还是"任人唯亲"上。

六国的贵族卿相，虽然没有春秋时代世卿贵族那样广阔的封地和强大政治力量，而是以个体身份参政，但王室贵族的身份背景和手下网罗的大量门客，还是助长了他们骄傲自大的个性。其中那些政治才能突出的，以战国四君子为代表，实际表现也不过尔尔。至于四君子之外的其他碌碌之辈，就更可以想象了，比如长期执政韩国的公叔、公仲，他们常有以权谋私的情况。

我们必须弄清楚一点：宗室和世卿是有实质差别的，战国时以宗室贵族身份做卿相，与春秋时期的世卿贵族大不相同。

譬如赵国，有平原君、平阳君等封君，但这种封君更类似后世的封爵者，是比国君低一级的大臣，跟早先的分封制没有关系，我们不能因为六国有任用宗室的做法，就说这是分封制的遗存。相较而言，只有楚国的景、屈、昭三家接近世卿。

实际上，"任人唯亲"在那个年代不能算大错，即便是后世王朝，也会对无条件任用平民大吏持谨慎态度，毕竟比起血脉相连、利益相同的宗亲，这些外来者的忠诚度不能确定。魏国不任用吴起而用老贵族田文做相国，就是出于类似的考虑，吴起本人也表示理解。秦国又何尝没有这个担忧？秦国虽然较少任用宗室，但一样用了不少外戚，比如宣太后的弟弟魏冉、亲戚向寿。而且当初秦王政差点把外来人都赶跑——以利益为追求目标的战国士人，确实叫君主们又爱又怕。

差别就在这里出现了：两相取舍之下，六国更看重贵族的可信，而秦国更看重平民的才能。换句话说，秦国在用人方面相对忌讳要少，不拘一格且长久持一。所以，秦国官吏中充斥着各种外来的人才，如商鞅、张仪、范雎、吕不韦、甘茂、蒙骜、姚贾、尉缭、李斯等，他们长期在秦国任职，为秦王效力，给秦国带来变革，使秦国蒸蒸日上。

为了将外来人才和秦国深度绑定，秦国给予他们特殊待遇：如果在限定时间内取得功业，就可以打破阶级天花板，获得高等爵位，直至出将入相。姚贾、尉缭、李斯、内史腾等就是典型的例子，他们出身六国，可也正是他们为秦王政设计出了灭六国的战略。

在任用人才方面，秦国相对做到了贵族与平民的兼收并蓄，尽可能用其长舍其短，在管理人才方面，秦国就做得更好了。比如，列国都有"上计"的制度，也就是对官员的年终考核，但史料中提到，齐国在上计的时候常有弄虚作假；《韩非子》中也表达过对大臣弄权和各种徇私舞弊情况的痛心疾首，这显然与韩非本人在韩国的体会有关。与此相对的是，荀子、赵豹等人在走访秦国期间，却都对秦国官吏系统运作效能之高颇为赞赏，这与战国晚期秦国的"御史"等官员监察制度有直接的关系。

从经济角度看，秦国奖励农耕，发展本国生产，提升本国国力，同时还推行了外圆内方的"秦半两"铜币。这种铜币虽然由燕国首创，但是被秦国发扬光大，它使用起来比东方各国的布币、刀币、贝币、蚁鼻钱等方便得多，所以在秦统一天下之前就已经席卷东方各国，受到民众的普遍欢迎，东方各国甚至不敢出台法律予以禁止。后来，秦朝覆灭了，这种外圆内方的铜币形制也依然保留下来，被历朝历代沿用，一直流行到辛亥革命为止。除此之外，秦国在攻占巴、蜀等地后拥有了金银矿，所以在财政上比东方六国更具优势。

社会文化也是重要的一方面因素。六国四通八达的交通促进了商业经济的发展和娱乐业的发达，所以那里的人们更多地沉迷于物质享受。秦国位于关中盆地，地方小而偏，远离六国，且国内一早就将商业经济让位于耕战，政府又有意识地使"利出一孔"，以向外扩张土地作为国家发展策略，鼓励耕战，所以秦国人都格外尚武。换句话说，在列国把释放个体能量的方向引导向经济的时候，秦国则引导向了军事，而当一个国家有意识地把发展军事作为重中之重，那么它取得军事上的成就也就成为必然了。

秦国取胜还有很多原因，比如秦国的君主质量普遍较高，曾经出现执政时间很长且有能力的秦昭襄王，更不用说雄才大略的秦王政；再比如秦国的地理位置也优越，偏在西方，四围外患少，不像六国需要面对复杂的地缘问题与矛盾……

应该这么说，秦国的胜利是多方面因素共同推致的，很难将某一因素认为是主导性和绝对性的。

取天下容易，治天下难。不管是以经济引导，还是以军功引导，战国时代的各国平民都树立起积极逐梦的价值观，不甘平庸的思想深入人心。天下人人皆有野心，于是君王要提防的人就更多了，治理社会、安定百姓也就更难了。

另外，秦国熟悉以军事发展带动社会发展，可是统一六国后，战事渐渐平息，马上就要进入太平年代，原来的政策还能不能作为拉动国家发展的引擎？战争背景下造就的野蛮人性又要怎么引导才能与太平社会的秩序对接？

作为历史上第一个完全控制天下的君王，秦王政相信自己可以处理这一切。而在此之前，他打算先给功盖寰宇的自己设计一个崭新又响亮的名号。

第十章
**始皇帝**

# 海内皆郡县

公元前 221 年秋天，齐王田建投降的消息传到咸阳，秦王赵政知道自己终于吞并了六国，将它们纳入秦的版图，完成了中国历史上前无古人的伟业。他回想起曾祖父秦昭襄王曾经称"西帝"，认为自己现在的功业已大大超过了曾祖父，应该换一个比"西帝"更加尊贵的头衔，于是下诏说：

"过去，韩王安曾经交出土地和玉玺，请求成为秦国的藩臣，随后却与赵、魏二国联合，试图背叛秦国，所以寡人发兵攻打，将他抓住了。寡人以为这样很好，或许从此战争就可以平息了。之后，赵王迁派相国李牧来结盟，寡人送回了赵国的质子，没想到他很快就背弃了盟约，攻打秦国的太原，所以寡人又举兵讨伐，抓住了他。赵国公子嘉非法自立为代王，寡人发兵将其击灭。魏王假本来约定来秦国结盟，却不仅不按时间前来，还与韩、赵密谋袭击秦国，寡人派遣兵吏讨伐，将魏国击破。荆王<sup>①</sup>熊负刍本来约定要献出青阳以西的土地，随后又撕毁和约，袭击秦国的南郡，于是寡人发兵征讨，抓住了荆王，平定了荆国的土地。燕王喜是个疯子，他的太子丹居然偷偷派荆轲来刺杀寡人，所以寡人不得不派秦国兵吏前往征讨，灭掉了燕国。齐王田建听信相国后胜的谗言，不接待秦国使者，试图作乱，寡人又派兵吏讨伐，抓住了齐王田建，平定了齐国的土地。

"寡人以微小的身躯，依赖列祖列宗的在天之灵，兴兵诛讨暴乱。如今六王都已

---

① 荆王，即楚王，秦人为避秦王政父亲赵异人（赵楚）的名讳而改。

经认罪伏法，天下已经全部平定，寡人不更改'秦王'的名号，如何能够向天下百姓和后世宣扬这等功业呢？请群臣来讨论一下，为我取一个新称号吧。"

应秦王政的要求，相国王绾、御史大夫冯劫、廷尉李斯等大臣群策群议，联名上书：

"从前有五帝，他们统辖的地方不过千里，下面的诸侯也不怎么听话。现在您指挥义兵平定了天下，把那些罪恶滔天的国家都消灭了，海内的土地全部变成了秦国郡县，这是比五帝还大的功绩啊！我们听说，古时候有天皇、地皇、泰皇，其中泰皇的地位最贵，大王以后不如就叫'泰皇'吧？另外，从今天起，大王的'命'可以改名叫'制'，大王的'令'可以改名叫'诏'，您还可以自称为'朕'。"

秦王政对大臣们提交的方案不太满意。他表示，其他建议倒是可以施用，但称号还是要改改，不如去掉"泰"字，保留"皇"字，再加上"五帝"的"帝"字，以后就叫"皇帝"。

不过秦王政并不排斥"泰皇"这个头衔，他把它留给了已故的父亲赵异人，尊称他为"泰上皇"，后来写作"太上皇"。此后，秦王政不许人们再叫他父亲为"庄襄王"，而他自己也明确表示不想要什么谥号。

对此，秦王政有一套说法：

"朕听说很早以前的帝王都只有称号，没有谥号，直到夏、商时期，才有了在帝王死后按照其生前行为授予谥号的做法。可这样一来，不就等于让儿子评论父亲，大臣评论君主吗？朕不认同这种做法。从现在开始废除这不合理的谥法，以后都以序列称呼，朕为'始皇帝'，子孙为二世、三世至于万世，一直传到无穷。"

正因为秦王政自称"始皇帝"，后世称他为"秦始皇"，而史家将平定六国之后的秦国称为"秦朝"。

对于秦始皇为什么要称"皇帝"，历史上还有另一种解释。传统上认为，"三皇官天下，五帝家天下"（《汉书·盖宽饶传》），意思是三皇任人唯贤，五帝任人唯亲。秦始皇统一天下以后，觉得选拔人才不能专用一种手段，既要用贤人，也要用亲人，所以他既要称"皇"，也要称"帝"，合在一起就是"皇帝"。也是因为这个原因，后来的皇帝有时也被尊称为"官家"，特别是在宋朝，这种称呼最为流行。

趁着秦始皇高兴，相国王绾又来提建议：

"您已经是皇帝了，要管理整个天下，然而天下广阔，偏远的地方不好管理。不如在燕、齐、荆（楚）这三个比较远的地方设几个王，让您自己的儿子们去当。"

这是要在局部地区搞分封。群臣听了这个建议，倒是纷纷赞同，唯独廷尉李斯出班陈奏，表示反对。

"这个建议不好。周朝分封同姓诸侯甚多，可最后各国血脉越来越疏远，最终像仇敌一样互相打起来。如今海内各地已经设了郡县，都归中央直接管理，天下才没有二心，这才是安宁的办法啊！"

秦始皇认为李斯说得有道理。在他看来，以前战争长久不休，就是因为有世袭诸侯，现在天下初定，再立封国，以后恐怕还是会有战争，于是继续推行郡县制。

其实，从后续的历史发展来看，王绾的建议有一定道理。

秦朝当时刚刚得到天下，一些偏远地区的人还不服气，对新朝廷的政策也不了解，是社会不稳定因素，需要细致疏导。然而受到时代的限制，当时无论是政令传递的速度，还是官员执行命令的能力，都不足以让朝廷对这些地区实施绝对管控，所以治理起来难免力不从心。

六国之中，三晋和楚国早就实施了郡县制，即便与秦稍有不同，在天下一统后，秦朝中央派去的官员们也能比较容易地展开工作。相较而言，"空降"到原燕、齐地区的官员面临的工作就要艰难且烦琐得多了。

齐国和燕国这两个环渤海国家距秦最远，文化风俗、社会制度等都和秦相差很大。在这两地，没有实行过所谓"郡县制"，而是沿用着周朝传统的"都邑制"，只是在实际管理方式上进步了很多。与秦国君主直接掌控郡县不同，齐国各都邑的自治性很高，各地主要由都邑的大夫管事，前文提到的那位即墨大夫就是其中一个。当初齐国被诸侯联军打得只剩下即墨一座城，最后还能翻身，关键就在于此。至于燕国，有些人称它执行过郡县制，但是从考古资料来看，没有确切证据表明它设立过"郡"，甚至也不能说它设立过"县"。燕国的地方行政单位和齐国一样都叫"都",直到一些土地被赵国和秦国占领以后,才出现了所谓"县"。

在这种情况下,不如分封一些诸侯王去那里统治,通过就近管理的方式,降低闹大事的概率。当然,在这些王的下面还可以继续设郡县。

从中央直接派官员过去,不能达到一样的管理效果吗?还真的不一定。

对当地来说,地方官是外地人,而且有升迁调换可能,往往还没摸透情况就被调走了。而如果设诸侯国,分封过来的皇子不仅身份尊贵,而且作为世袭的、终身制的王,将来对当地情况的熟悉程度、对当地民众的心理震慑作用、对当地的实际控制能力都会远大于官员,这对于还不习惯郡县制度的燕齐故地特别重要。

秦朝推行郡县制产生的另一个问题是,由于国土面积一下子扩张,原本的官员根本不够用,而新任命的地方官员对秦朝可能没有多少感情,远不可能和皇子一样忠于皇帝,以至于后来许多地区的郡守和县令带头参加反秦军队,加速了秦朝的崩溃。

如此种种,在秦朝崩溃之后,人们达成了一个共识:王绾的考虑是有道理的。于是汉朝初年,朝廷在设立郡县之外又分封诸侯,即所谓"郡国并行"。

当然,实行分封确实会存在未来互相争斗、分裂国土的可能,秦始皇和李斯就是因为这一点不愿意再这么搞。但从后来汉朝的实践来看,诸侯王的武装叛乱(比如七国之乱)总能很快被中央朝廷平定。

后人很容易把秦朝的"郡"等同于后世的"省""府"或"道",把秦朝的郡守当做后世的省长或知府。其实,它们是有很大差异的。秦朝的郡相当于小型军区,郡中设置郡守、郡丞、郡尉,主要管理防卫治安事务,至于地方上的日常行政、财务、司法等事务,则主要由县衙门负责办理,每个县都设置县令(较小的县只有县长而没有县令)、县丞、县尉。秦始皇对这些任期很短的官员不放心,于是又向每个郡派遣郡御史,每个县派遣县御史,他们负责督查地方官员。

在秦朝,郡通常下辖一二十个县,全国总共有1000多个县,但当时并不是绝对的以郡管县。在秦始皇看来,官僚体系中的层级越多、越复杂,就越可能导致"官官相护"的现象出现。如此一来,地方官员相互包庇、欺上瞒下,皇帝和中央朝廷就会遭到蒙蔽，无法了解基层的真实情况，于是他规定，每位县令（县长）和县御史都不对郡守负责，也不对中央有关部门负责，而是直接对秦始皇本人负责。这是秦始皇为了加强君主集权做出的安排，但用现代管理学术语来说，这是一种极端的"扁平化管理"。1000 多个县，光年终财务报表就得堆积如山，可想而知秦始皇的工作量之大。令人震惊的是，从秦简上的内容来看，秦始皇本人可能真的认识这 1000 多位县令（县长），还有同样多的县御史，更不用说那区区几十位郡守和同样多的郡御史了。

据《史记·秦始皇本纪》上说，天下的事情不管大小都由秦始皇本人裁决，他案头的文件日夜都在进呈，多得要用衡石来量（也就是写字的竹简重量超过 30 千克），每天不批示完就不休息。

从出土的秦简上看，地方上的日常事务并不用上报，只有一些大大小小的疑难问题需要由他裁示。比如说，有个少数民族青年涉嫌逃避兵役，依法应该处斩，但是秦国又有一条法律，规定少数民族可以免除兵役；再比如，某位负责管理农场的小吏啬夫没能完成业绩，在年终被发现农场里的母牛没有产够规定数量的牛犊，按照法律这位"啬夫"应该被抽鞭子，但与此同时，农场里羊的腰围却长肥了不少，超出了规定的数额，按照法律又该给他嘉奖……像这样，当法条出现相互矛盾的情况，主管官员无法进行裁决，就只好进行上报，中央官员会把这些文件分类整理，然后全部进呈给秦始皇本人，让他批示。

繁重的工作，使秦始皇的身心健康受到影响。这从一件事上可以看出。

秦始皇 50 岁去世时，他的小儿子胡亥已经大约 21 岁了，而从文献记录和秦始皇陵陪葬坑的发掘结果来看，在他去世的当年，被胡亥处死或被逼自杀的其他始皇子女也都已成年。也就是说，在秦始皇大约 30 岁后，秦宫之中就不再有生育孩子的记录了，尽管他在统一六国的战争中搜罗了大批美女。把时间倒推，当时秦始皇刚刚灭韩亡赵，统一六国的战争开始进入高潮，他的工作强度可想而知，而这种高强度的工作状态一直延续到统一以后，可能对健康造成巨大影响。秦始皇晚年沉迷修仙问药，或与他的身体健康状况下滑不无关联。

# 书同文，车同轨

消灭六国后，秦始皇又完成了几件影响后世的重要工作。

第一，统一货币。前文说过，因为秦半两用起来轻巧方便且币值稳定，所以统一以前，六国的老百姓就有许多放弃了本国的货币，改用秦半两了。统一天下后，秦始皇在原有秦半两钱的基础上又进行调整，圆形方孔的半两钱在全国范围内真正通行。

第二，统一度量衡，也就是长度、重量、体积的单位。先秦时，各国的度量衡单位不一，统一天下之后如果听之任之，就会阻碍很多工作的进行，比如全国范围内的税收、公共工程的修建等。而有了统一的度量准则，全国上下的赋税、俸禄等方方面面就都有了统一标准，更有利于人们开展经济活动。甚至于，原本各国不一的马车轨距也可以变得一致，也就是所谓的"车同轨"，而这一项改变使得全国可以迅速建立起更畅通的道路交通网络。不过，天下的车辆种类繁多，这件事具体操作起来比较复杂，因此秦始皇生前并没有完成这一任务。

第三，统一文字，也就是"书同文"。先秦各国的文字多种多样，从书写方式到用字语法上都有很大区别，相互之间很难看懂。为了方便全国范围内的文化沟通与交流，秦始皇下令，将各国文字体系全部废止，统一改用秦国的文字体系。

传统上认为，秦始皇派蒙恬发明了毛笔，派李斯发明了小篆，派程邈发明了隶书[1]。之后又派李斯编写了字典《仓颉篇》，派赵高编写了字典《爰历篇》，派胡毋敬编写了

---

[1] 据说程邈发明这种字体时的身份是罪犯，即"徒隶"，字体由此而得名，称为"隶书"。

字典《博学篇》，而这一系列举措最终奠定了中国文化的基础。其实，从考古发现来看，这些东西的出现都要比秦始皇时代更早一些，毛笔甚至很可能在商代就已经被发明出来了，而秦始皇君臣大概只是将其规范化。认真说来，它们应该是一代又一代劳动人民共同发明的，不能简单地归功于某个人。

秦始皇在方方面面大力推动统一改革，目的都是要加强对天下的控制。出于同样的目的，他还下令拆毁所有的城墙关隘，包括曾经多次保护秦人老家不被侵略的函谷关和武关。在秦始皇看来，既然已经摧毁了东方六国，这些城墙关隘就失去了意义，它们的存在只会阻碍未来的经济和交通发展，反而不利于统治。

与此同时，秦始皇又在原东方六国中选了12万户有钱人（主要是中小贵族和富豪），强迫他们举家搬到咸阳，避免在地方上形成离心力量。不过，这些人中的大多数实际上是被安置到了"新咸阳"，也就是与咸阳城隔渭河相望的原长安君赵成蟜的领地。那里比渭河北岸的老咸阳城更开阔，早在秦昭襄王时代就修建了章台宫等宫殿，秦始皇和赵成蟜又予以扩建，在章台宫东侧修了兴乐宫。兴乐宫里楼台亭榭众多，其中最高的一座据说有40丈高，秦始皇曾经亲自站在台顶射落大雁，这座高台因此被叫作"鸿台"。秦始皇本人也住在"新咸阳"，所以《三秦记》记载："始皇都长安"。不过，秦始皇并没有忘记渭河北岸的老咸阳城，他只是认为那里的设施比较陈旧，居住起来比较拥挤，于是他下令对老咸阳进行装修和扩建，最终仿照诸侯的宫殿，在咸阳北面的长坂上建造出了大规模的宫殿群，如同一座"世界公园"。这些宫殿之间都有复道（类似过街天桥）相连，里面充斥着从诸侯那里得来的美女和宝器。就这样，通过土木修造和移民，老咸阳与新咸阳（长安）这对隔着渭河相望的双子城成为当时世界上人口最多、面积最大的城市。

秦始皇之所以大兴土木修建宫殿，并不是为了个人享乐，而是因为秦在统一战争中获得了大量财富，聚拢了大批民众，修建宫殿可以实现财富的流通，民众通过劳动也可以获得比较微薄却足以支撑生活的收入，同时，宫殿本身又能带动周边的地价升值和人口增长，提升民众心中的荣耀感和自豪感。由此看来，修建宫殿实在能够带来不可小觑的经济效益和社会效益。

有了足够高标准的住宅，相应地，就要进行高标准的道路建设。秦始皇统一六国的第二年，就下令修治驰道，供统一了轨距的马车奔驰。驰道相当于今天的高速公路，路宽 70 米，路面用夯土，砸得很实，下雨也不起泥，路的两边每隔 7 米种一棵树，在夏天也不会太热。据记载，最早的一条驰道是从临洮通到咸阳的，之后便在各地推广。到秦始皇晚年，秦国的驰道系统已经很发达了，东到黄海，北到戈壁，南到长江，联通全国。

修建了驰道，秦始皇便可以很方便地驾车巡游天下了。他在统治中国的 12 年内曾数次出巡，每次都是春来秋往、跨月兼季，仅就里程而言，古来君王中恐怕只有大禹能跟他相比。秦始皇所坐的车辆有简易的防震装置，加上驰道平坦坚固，因此肯定比孔子周游列国时舒适得多，不过再舒适也比不过现代的火车和汽车，时间长了还是很辛苦。

秦始皇不断出巡是为了游玩吗？当然不是，或者说不全是。作为一个帝王，他出巡更多是为了弹压尚不稳定的新占区。就像西方学者对同样频繁出巡的神圣罗马帝国皇帝的分析一样，出巡一方面可以减轻首都的经济负担，另一方面还能削弱地方政府的经济实力（招待皇帝一行人无疑是巨大的负担），同时他还能亲自检查各地方官员的工作情况，达到加强中央集权的效果。

# 出巡

公元前 219 年，也就是称帝的第三年，时年 41 岁的秦始皇带着浩浩荡荡的车队，第一次离开咸阳巡视天下。他此行的首要目的，是去泰山举办神圣的封禅大典。

所谓"封禅"，就是"封泰山，禅梁父"仪式的简称。相传，古代帝王在建立了足够的功德以后，都要到泰山地区举办封禅大典，用这种方式向天地"汇报工作"，说明自己已经完成怎样的伟大功业，同时向天下人昭示自己统治人间是天命所归。此前举行过封禅大典的帝王并不多，但是秦始皇显然认为，自己在征服六国之后绝对有资格举办封禅大典，对此百官也纷纷赞成。

车队从咸阳出发，横贯中国，向东到了齐鲁地区。秦始皇可能还不知道，据说在商朝末年统治这一带的飞廉、恶来父子就是他的祖先。飞廉、恶来忠于商纣王，因此被周武王和周公旦兄弟镇压，他们的子孙作为战俘被带入关中，最终与当地羌人结合，形成了秦人。所以，秦始皇此行等于是一场"寻根之旅"。

在当地，秦始皇和儒生讨论了礼仪相关的话题。统一六国后的秦始皇需要在一定程度上效法他的"仲父"吕不韦，对诸子百家表现出包容的态度，为此他设了 70 位"博士"，由儒家权威担任，负责在朝堂上供他咨询。不过，这次在鲁地与包括孔子后裔在内的儒生们的见面，却给秦始皇留下了很不好的印象，因为他们对封禅大典的流程细节各执一词，迟迟达不成共识。出现这个问题其实并不奇怪，儒者熟悉的是诸侯国君使用的各种礼，特别是鲁国的礼，对于周天子的礼则接触不多。所以，封禅时该用什么礼，走什么流程，众儒生自然各执一词。

秦始皇没时间和儒生们纠缠，他和几位近臣当机立断，按照自己的想法规划了简易的封禅大典，随即便亲自爬上泰山进行封禅。起初一切都很顺利，但是在下山的时候突然下了暴雨，秦始皇只好匆忙跑到一棵树下躲避，他很感谢这棵树，封它为"五大夫"。此行，秦始皇在山上山下立下了不少石碑，歌颂自己的功绩和秦朝的德行，随后便在儒生们的非议声中驾车离开了。

秦始皇急着在泰山完成封禅大典，是因为他还要拜访附近的另一座名山——琅琊山（位于今山东省青岛市琅琊镇）。这座山与儒家没有关系，而是道家和阴阳家的圣地，也就是所谓"方士"的大本营。在琅琊山，秦始皇的心情显然好了很多，不停地和当地方士展开联欢活动，用史书中的话说，就是"大乐之"。

在和方士的交流过程中，秦始皇了解到许多关于海外的传说，比如：大海里有一些仙岛，上面生长着奇异的果树，吃了这些果子就能长生不死；当地的仙人会飞行；海里的许多动物都特别大，甚至会被误认为是岛屿；海里还有人鱼，用人鱼膏做油灯没有烟雾，而且火焰很久都不会熄灭；海底还有龙宫……这些传说听上去可比儒家学者们一本正经的说教有趣多了。

尽管琅琊海滨的自然风光让人流连，方士们的故事也引人入胜，但是秦始皇来这里可不完全是为了度假。他需要借这个机会了解东方文化，同时在所到之处传播秦的好处，提升当地民众对朝廷的忠诚度。他更需要借此行处理一些事情，进一步巩固统一局面。

在《史记》中，至少五次突兀地提到发生在公元前 336 年的"宋太丘社亡"（宋国主要神庙被毁）事件，可见其重要性。究其原因，是在这次灾难中，先秦时代天下的最高权力象征"九鼎"（相传是夏禹铸造的）沉入泗水消失了。

春秋战国时代，楚庄王、秦武王等诸侯强大了以后，都会觊觎由东周王室保管的九鼎，由此诞生了"问鼎中原"这个成语。由于九鼎在公元前 336 年失踪了，因此秦始皇统一六国之后，没有一个东西可以用来证明他手中权力的神圣性和正当性。当然，他可以造一个新的权力象征，据传他也确实用和氏璧造了个传国玉玺出来，不过由于没有历史文化的积淀，这东西在当时能得到多少民众的支持和认可并不好说。

没有九鼎神器坐镇，尽管手持新造的传国玉玺，秦始皇的心中还是没有底气。他做梦都想得到正版的九鼎。幸好，相传中淹没了九鼎的泗水并不遥远，从琅琊出发向西南，在驰道上奔驰四五天也就到了。

就这样，公元前219年，秦始皇率领庞大的巡游队伍亲临泗水郡，并且在这里的沛县泗水亭（今江苏省徐州市沛县）组织了上千名潜水员，让他们跳进泗水河道寻找九鼎。此时担任泗水亭长的人名叫刘季，他比秦始皇小3岁，是沛县本地人。

本来这应该是刘季和泗水郡全体官员加官晋爵的大好机会，大家都引颈以待，可是现实让所有人失望了。

多年以后，刘季改名为"刘邦"，推翻了秦朝，建立起汉朝。汉朝人很喜欢在坟墓里布置所谓的"画像石"，也就是刻有浮雕的石块。这些画像石的图案上有几个题材最为常见，比如西王母、荆轲刺秦王，还有就是泗水捞鼎。由此也可以想见，这些故事在当时的受欢迎程度。

根据汉画像石的描述，泗水捞鼎的故事大致如下：

秦始皇抵达泗水以后，刘季等当地官吏很快确定了九鼎所处的位置，随即在这里造了一座桥，然后在桥上搭建起类似起重机的杠杆设备，又派潜水员跳入河中，把连接杠杆的绳子拴在鼎耳上，最后命令岸上的工人一起拉绳子。鼎很快就被拉出水面，可正当人们欢呼雀跃以为大功告成之际，突然从泗水里跳出一条龙（可能是鳄鱼、巨蜥一类），它把拴在鼎上的绳子咬断了，于是鼎又沉入泗水，从此再也无法找到了。

如果这个故事是真的，可以想象，这会对时任泗水亭长的刘季（刘邦）产生多大的影响。

泗水本是个小地方，难得秦始皇亲临，当地的官吏百姓必然全力以赴地满足他的需求。本来一切顺利，没想到施工时出现了意外，秦始皇乘兴而来败兴而归。对于当地官员来说，不仅加官晋爵的愿望要全部落空，很可能还会被秦始皇问罪，于是时任泗水亭长的刘季（刘邦）就成了做替罪羊的最佳人选。在汉代，泗水捞鼎故事里那条咬断拴鼎绳索的龙，被公开解释为刘季（刘邦）的神圣分身，是他为真龙天子的印证。换个方向理解，这是不是也在影射刘季（刘邦）为捞鼎工程的失败承担了很大的责任？也许刘季从此就在秦朝官场上遭到了广泛的抵制，所以他不久后才放弃了来之不易的官职，带着一些刑徒逃到附近的芒砀山中，当土匪去了。

捞鼎工程失败本就令秦始皇十分烦恼，而接下来发生的事情让他的心情变得更坏：穿越洞庭湖时，秦始皇的船队遭遇大风，几乎沉没，相传秦始皇把传国玉玺扔进了洞庭湖，这才止住了风暴。事后他几经调查，得知洞庭湖和湘江水系都是由虞舜的妻子湘君负责管理的，于是他派人来到祭祀湘君的湘山（洞庭湖的湖心岛）上，将那里的林木砍伐一空，还用红漆将整座山刷成囚服的赭红色，以示羞辱。

自古以来，人们就对《史记·秦始皇本纪》中的这段记载颇有争议，倒不是因为觉得秦始皇不会做出这种疯狂的决定，而是因为当时的漆都要从漆树上刮取，非常珍贵，就算是秦始皇也很难弄到那么多漆把整座湘山染红。对此，有一种说法认为，秦始皇是下令挖掉了湘山上的所有草木，因为当地多为红土，所以从远处看来，失去植被覆盖的山就变成了赭红色。然而，近年在湖南出土的秦简对这一说法发出了更强烈的挑战，其中有一篇《秦始皇禁湘山》，内容是这样的：右丞相隗状、左丞相王绾等大臣上奏，请求把湘山列为圣山，禁止官民上山砍伐林木，就像宫廷园林一样，秦始皇批准了。

就时间而言，因为秦简距离秦始皇的时代更近，所以它的记录可能更可靠一些。这么看来，即便是严谨如司马迁，也难免受到汉朝初年抹黑秦朝的政治宣传的影响。

# 博浪沙危机

尽管在泗水和湘山有一些不快的回忆，但秦始皇继续出巡的想法并没有受到影响。最令秦始皇思念的是他的出生地和成长地邯郸，而无论他怎样建设咸阳和长安，都无法重现当年邯郸城中灯红酒绿的气氛。同样令秦始皇念念不忘的，还有充满神秘色彩的琅琊海滨景色。于是到了下一年（公元前 218 年），秦始皇又坐着他华丽威严的车子巡视东方去了，这是他第二次出巡。

这次巡游，秦始皇计划先到山东半岛上的之罘山（今山东省烟台市芝罘区）和琅琊山观光，顺便寻访仙人，然后向西北走，前往娱乐中心邯郸，再从邯郸经上党返回咸阳。

与上一次相比，这次出巡没有政治任务，休闲的气氛更浓烈一些，似乎该是一次愉快的旅程。可是谁也没想到，秦始皇一行刚刚离开关中，就在三川郡的博浪沙（今河南省新乡市原阳县）遭遇了一次意外袭击。

从今天的地图上看，博浪沙位于黄河北岸，但这是黄河改道，经由东方的另一条大河济水的河道入海的结果。也就是说，现在黄河下游的河道，在秦朝时其实是济水的河道，而秦朝时期的古黄河是从今郑州北部地区转向东北方，然后流到现在的天津南部入海的。所以，秦朝时的博浪沙应该是位于黄河南岸，从洛阳前往山东半岛往往会经过这个地方。

这次袭击秦始皇的主谋名叫张良。张良的祖上是战国七雄之一韩国的王族分支，父祖五代连续担任韩国相国，类似鲁国的"三桓"，属于有身份有地位的旧贵族势力。作为大贵族后代，张良本人非常富裕，光家童就有 300 人（不清楚他为什么没有被列入到那 12 万户富豪移民名单之中）。秦始皇吞并六国，灭韩之后又杀了韩王安，这令张良非常不满，于是他在家童之外又招募了一些对秦始皇不满的人，打着为韩王复国的旗号，四处从事违法勾当。

张良认为，韩国旧地本来是韩国王族的地盘，秦始皇没有理由侵占那里，应该把它还回来。韩国王族毕竟延续了 200 年，声望还有残存，所以张良想要计划一场刺杀，干掉秦始皇后请王族后人回来重新当韩王。秦始皇出巡是一个难得的机会，于是张良在确定车队肯定会路过博浪沙之后，便带着人在此埋伏下来，准备对秦始皇动手。

张良从市场上购置了一枚 120 斤重（约合今天的 30 千克）的铁锤，准备用它摧毁秦始皇乘坐的御车，连带消灭秦始皇本人。只不过铁锤的使用需要力气，所以张良又专门招募了一位大力士，让他担任"掷弹兵"。

有人会问：不是说秦始皇把民间所有的武器都没收掉铸造成了 12 个金人立在咸阳了吗，张良买到的大铁锤又是从何而来的？

这也是人们对《史记·秦始皇本纪》的误读。事实上，秦始皇从未全面查禁民间武器，当时佩带刀剑招摇过市是很常见的现象，并不会被安检人员查禁。况且，如果真的像书中记录的一样，秦始皇铸造的 12 个金人每个都重达"千石"，也就是 30 吨左右，那么 12 个加起来最多也不超过 400 吨，而战国末期社会上的金属兵器总重量可比这要多多了。正确的理解应当是：秦始皇下令收集全国各地的废旧青铜武器，收了几百吨送到咸阳，最终铸成 12 个金人，其余的青铜武器则继续留在市面上，实用价值更高的铁质武器更是完全不会被收缴。因此，张良的大铁锤并不难买到，购置它也应该是完全合法的。

就这样，张良和大力士带着大铁锤在路边埋伏了起来。不久，秦始皇的车队威风凛凛地过来了，每辆车子都涂着十几层植物漆，上边画着云霓鬼兽，漆皮油光鉴人，车尾还有各色羽毛做成的彩旗。按照制度，秦始皇的座驾应处于第二位，叫"金根车"。金根车要用 6 匹马拉，为了便于马匹向左看齐，最左一匹马的头上还要戴着牛尾做成的大纛，也就是一个带穗的长棍，其他马的头上则戴着四寸高的马冠，看上去像一群驯鹿。此外，车上要有羽盖，车轴外侧则有铜金铃，拖曳至地，铃上左画苍龙，右画白虎。金根车的后面跟着两辆副车，各自用4匹马拉，车子有青、赤、黄、白、黑5种颜色装饰，对应春、夏、季夏、秋、冬5个季节，因此也叫"五时副车"。

秦始皇本人乘坐的车辆很好辨认，大力士看准时机，瞄准金根车就扔出了手中的大铁锤。然而大铁锤却失了准头，没砸中金根车，只砸中了旁边的副车。见行刺失败了，张良连忙逃跑，从此隐匿身份躲藏起来。

秦始皇没想到自己会在三川郡这样的中原腹地遇刺，非常恼怒，下令在全国缉拿刺客。抓了10天还是没有抓到人，秦始皇不想为此再耗费精力，便取消了通缉令，按计划继续前往之罘山和琅琊山。从他留在山上的刻石内容来看，他的心情还不错。

出巡结束后，秦始皇从琅琊返回咸阳。他经常怀念琅琊的海边景色，于是下令在咸阳以东修建了一座"小琅琊"，也叫"兰池宫"。

之所以起这个名字，是因为这座宫苑正位于兰池之滨。兰池是个巨大的人工湖，对于这个湖，《三秦记》以夸张的笔触描写道："秦始皇引渭水建造兰池，东西长二百里，南北宽二十里，在池内堆土建造湖心岛，名为'蓬莱'，又制作了一座巨大的鲸鱼雕塑，长二百丈。"

目前，考古专家们还无法确认兰池的规模究竟有多大，不过可以肯定的是，它绝没有200里长（那就从咸阳来到华山脚下了），也没有20里宽，池内的石鲸更不可能有200丈长。可以拿后世汉武帝仿照兰池建造的昆明池来对比，经考古专家实测，昆明池的面积应为3.3平方公里，昆明池内的石鲸现存两截，头部长5米，尾部长1.1米，估计原长在7米左右，符合《三辅黄图·池沼》中石鲸"长三丈"的记载。这么看来，兰池的数据委实夸张了一些。

公元前216年，兰池宫落成，秦始皇非常满意，经常前往游玩。有一次，他半夜起床，穿着便衣在兰池附近游逛，结果竟然"遇盗"（很可能是刺客），幸好随行的4名武士经过搏斗杀死了这个人，这才没有遭遇性命之忧。之后，秦始皇下令在关中缉拿涉案人员，这次搜捕持续了20天。

秦始皇接二连三地遇刺，说明大秦虽然统一多年，并且推行了一系列改革举措，但是即使在咸阳、洛阳这样的大都市附近，治安情况依然不太好。

几乎与此同时，一位知名的六国旧贵族在咸阳以东的栎阳县（今陕西省西安市东）被捕了，他就是被王翦打败的楚国末代统帅项燕的儿子项梁。不过，项梁被捕的罪名不详，或许他与试图在兰池刺杀秦始皇的"盗贼"有关。令人大跌眼镜的是，被捕后的项梁委托蕲县（今安徽省宿州市一带，项梁的父亲项燕就战死在这里）的监狱官员曹咎给栎阳县的监狱官员司马欣写了一封信，司马欣就把他释放了，随后项梁带着侄子项羽逃回江淮地区。可见，秦始皇一直推行"扁平化治国"，但是他对天下的实际管控力度还是有限。

到了公元前 215 年，秦始皇已经开始面临严重的内外危机。

第十一章

**功盖五帝，地广三皇**

# 亡秦者，胡也

公元前 215 年，秦始皇又出咸阳巡行了。这是他统一天下后的第三次出巡。这一次，他的目标与前两次完全不同，既不巡视南方，也不前往他最心爱的海滨游览圣地琅琊，而是直接到了位于渤海北岸辽西郡的一个叫"碣石"的地方。

碣石本是渤海之滨的一座小山，华北平原在此骤然收缩，再向东便进入狭窄的辽西走廊了，因此这里曾是一个颇具战略价值的位置。不过，随着渤海淤积，碣石山后来逐渐远离了大海，华北平原与辽西走廊的分界点也就向东移到了山海关。

在先秦时，碣石地区先后属于孤竹国和燕国，一度被视为燕国的东北边疆①，但是并没有很大的名气。正因为秦始皇的这次巡视，碣石此后便声名鹊起。如今，这里的名字叫"秦皇岛"。

秦始皇来到碣石一带，在此接见了一批当地人，其中为首的是原燕国著名方士卢生。

在燕国，卢氏是颇具影响力的大家族，而这位卢生更是被后世认为是范阳卢氏的先祖，那是从魏晋南北朝至隋唐时期都赫赫有名的头等豪门。

秦始皇统一天下之前，各国贵族大都保留着商周宗法传统。那时候，"姓"和"氏"都是贵族才能拥有的，且被分得很清楚，"氏"是"姓"下面较小的家族集合，

---

① 燕国将领秦开在攻取辽东以后，在今朝鲜平安北道清川江入海口处又命名了一座新"碣石"，作为燕国的新边疆。

同时社会上还存在着"同姓不婚""男子称氏，女子称姓"等许多限制性规定。后来，秦始皇灭掉东方各国，摧毁了当地的旧贵族集团，姓氏制度因此发生了变化，人们不仅不再细分"姓"和"氏"，以前没有资格拥有姓氏的社会底层人员也可以拥有自己的姓氏了。

作为环渤海地区的居民，卢生对海上的情况同样很了解，他对秦始皇说了一通话，与之前齐地方士所说的大同小异，大意是：海中有仙岛，仙岛上有神仙，特别是羡门、高誓两位神仙可以很容易地找到。秦始皇又来了兴致，于是让卢生坐船入海寻仙。与其他出海后毫无结果的方士不同，卢生没多久就回来了，他又向秦始皇讲了一些关于仙界的事情，还带回了几本预言性质的书，其中一本书中的话让秦始皇心中一惊：

"亡秦者，胡也。"

按照《史记·秦始皇本纪》中的说法，秦始皇在看到这句大逆不道的话后，并没有惩罚卢生，而是认定这句话中的"胡"指的是北方的匈奴，意思是秦国将被匈奴毁灭。于是，秦始皇调集了 30 万大军，让名将蒙恬率领，大举进攻之前并没有招惹大秦的匈奴人。最终，秦始皇夺取了河套平原，然后为了守护北部边疆，开始建造绵延万里的秦长城。

在《史记·蒙恬列传》的最后，司马迁更是说了一段很有名的话：

"我跟随汉武帝巡视北部边疆，从秦朝建造的直道返回长安，途中一直能看到蒙恬给秦始皇造的那些长城亭障。建造这些建筑往往要劈开山梁，填平河谷，而与此同时，秦还在建造直道，实在是太不在乎民力了！当时秦始皇刚刚吞灭诸侯，天下民心尚未安定，伤员尚未痊愈，蒙恬身为将军，位高权重，却不在此时努力劝谏秦始皇，解决老百姓的迫切需求，赡养老人，抚育孤儿，让各地民众和谐相处，而是一心一意奉迎秦始皇好大喜功的性格，不断搞这些劳民伤财的浩大工程。蒙氏兄弟最终被处死，不是很合理吗？"

虽然司马迁距离秦始皇时代只有一个世纪，而且多次亲身造访从秦始皇时代留存下来的各种古建筑，搜集当时的历史资料，但是根据现代考古研究发现的可靠材料，笔者还是可以相当有把握地说，司马迁很有可能把"秦始皇派蒙恬造长城"这件事搞错了。

现在中国境内的长城起源于春秋时期，最早造长城的是楚国和齐国。到了战国时，各个诸侯国都开始大规模地修筑长城，除齐长城和楚长城外，又出现了魏长城、中山长城、秦长城、燕长城等。秦始皇即位之初，拥有的是秦孝公从魏国夺取的魏长城（在今陕西省渭南市一带），秦昭襄王在临洮到上郡一线修筑的秦长城，以及在今河南省南部的楚长城。在此后的统一战争中，秦国又陆续夺取了中山长城、齐长城和燕长城等。

公元前 215 年，秦始皇下达了两项与长城有关的命令：第一，像他在碣石门铭文中自称的那样，他要求"堕坏城郭，决通川防，夷去险阻"，拆毁全国境内包括先秦长城在内的众多城墙关隘；第二，他开始向北扩张，随之修建了所谓的"秦始皇长城"，这才是司马迁提到的浩大工程。

按照《史记》的说法，这条长城是在蒙恬大举进攻匈奴后修建的，而这都源于原燕国方士卢生那来路不明、不知真假的一句预言。这就产生了一个问题：燕国领土与匈奴并不接壤，原燕国人卢生口中的"胡"，怎么会是匈奴呢？

《史记·匈奴列传》中说得很清楚，战国时期燕国的北方是东胡、山戎部落，赵国的北方是林胡、楼烦部落。在战国末年，匈奴从漠北崛起，陆续兼并了林胡、楼烦，这才和赵国接壤了，但燕国北方紧邻的还是东胡、山戎，燕长城要防御的也是他们，与匈奴没有多少关系。所以，作为原燕国人，卢生建议秦始皇讨伐的"胡"只能是东胡，而不是匈奴。

蒙恬的后半生一直驻守在河套平原附近，是在与匈奴（包括林胡、楼烦部落）作战，不与东胡、山戎部落相关。如此一来，我们很难想象蒙恬北伐匈奴与卢生告诉秦始皇的预言有什么关系。或许二者发生在同一年，这才被汉朝那些讨厌秦始皇的人以讹传讹，用因果关系联系起来。

其实，秦始皇对匈奴动武，有着非常直接的历史和现实理由。

赵武灵王时期，在进行了"胡服骑射"改革之后，赵国攻取了西北的大同盆地、河套平原，在那里设置了云中郡、雁门郡和代郡。后来，秦军攻陷赵国首都邯郸，但是并没有立即进占这三个郡，赵国残余势力便在代郡建立了代国，几年后才被秦军消灭，而云中郡和雁门郡则被已经加入匈奴大联盟的林胡人和楼烦人夺走了。这样一来，就导致一些原赵国居民变成了匈奴的臣民，而他们居住的河套地区距离咸阳又不太远，骑兵狂奔两三天就可以到达，这让秦始皇感到芒刺在背。因此，在平定了华北局势以后，秦始皇便派兵北上将匈奴势力逐出平原。这是秦始皇为了国家安定必然会做出的选择，与方士卢生的预言没什么关系。

如果听信卢生的建议，秦始皇应该派蒙恬去今天的东北地区攻打东胡，但这并没有发生。事实上，从考古研究的结果来看，秦始皇对东北方的东胡始终采取的是较克制的防御姿态。

司马迁在今内蒙古南部至陕西北部看到的长城亭障，大部分都不是蒙恬为秦始皇所建，而是有着更加悠久的历史。其中，今陕北地区的长城多数是由秦始皇的曾祖父秦昭襄王修建的，而今内蒙古南部和山西北部的长城则大多是由赵武灵王（甚至部分是由赵武灵王的父亲赵肃侯）修建的，后来又由李牧等人修缮加固。蒙恬要完成的任务，实际上是进一步修缮、加固这些古老的秦长城和赵长城，并将它们向东延伸，在今河北省张家口地区与燕长城相连，使大秦的北方长城合为一个体系，这样一来，整个北部边疆便有了保护屏障。

蒙恬新造的秦长城主要位于今宁夏、内蒙古北部及河北西北部，总长度非常有限。据最新考古统计，秦长城总长 7860 公里，其中，沿用秦昭襄王长城 750 公里，沿用赵长城 900 公里，沿用燕长城 5000 公里，而蒙恬为秦始皇新造的长城总长不过 1210 公里。至于被秦始皇拆毁的齐长城、楚长城、魏长城、中山长城和燕南长城（用于防御燕国西南部毗邻赵国的督亢领土），加起来至少长达 1400 公里。也就是说，秦始皇拆掉的长城竟然比他建造的还要长！[1]

史学大家司马迁把他看到的长城当作秦始皇和蒙恬滥用民力的罪证，实在是个天

---

[1] 景爱：《中国长城史》341 页，上海人民出版社，2006 年。

大的误会。而司马迁距离秦始皇时代才过去一个世纪，就连他都会误解秦始皇的长城政策，就更不用说离秦始皇时代很遥远的后世普通老百姓了。后来人们提起秦始皇与长城的故事时最先想到的孟姜女传说，就是另一个天大的误会。

孟姜女的人物原型是《礼记·檀弓下》里记载的齐国大夫杞梁之妻，她比秦始皇大 300 多岁。公元前 551 年，杞梁在边境冲突中战死，其妻出城去迎接丈夫的灵柩，哭声悲哀，当时城墙恰恰倒塌了一块，于是齐国人都传言，说杞梁妻能哭塌城墙。在杞梁妻哭夫时倒塌的城墙不大可能是齐长城，应该只是普通的城墙，因为公元前 551 年齐国还尚未建造长城。① 后来，西汉学者刘向在《列女传》中扩展了杞梁妻的故事，魏晋南北朝时期的文学作品里又逐渐给杞梁妻加上了"孟姜女"或"孟仲姿"的名字。隋唐时期，孟姜女的籍贯被从齐国改到燕国，被她哭塌的城墙也从齐国某城镇的城墙改为了秦始皇长城，现代人熟悉的孟姜女哭长城的故事至此基本定型。

这么看来，"孟姜女"应该从未见过什么长城，也就更没有将长城哭倒过了。秦始皇的许多"暴政"，都是这样通过不断的艺术加工，逐渐被创造并流传开来的。

---

① 景爱：《中国长城史》75—77 页，上海人民出版社，2006 年。

# 北伐匈奴

在北方，秦始皇扩张的真正着眼点在河套地区，那里原本是赵国的西北部领土。为此，他派蒙恬去攻击盘踞在那里的匈奴人。由于匈奴人之前没有和秦军发生过大规模军事冲突，不熟悉秦军的套路，因此在这次"闪电战"中吃了大亏。

蒙恬北伐匈奴，最初的成绩是相当显赫的。据《史记·平津侯主父列传》记载，西汉大将军卫青的门客主父偃曾经给汉武帝上奏说：

> 昔秦皇帝任战胜之威，蚕食天下，并吞战国，海内为一，功齐三代。务胜不休，欲攻匈奴，李斯谏曰："不可。夫匈奴无城郭之居，委积之守，迁徙鸟举，难得而制也。轻兵深入，粮食必绝；踵粮以行，重不及事。得其地不足以为利也，遇其民不可役而守也。胜必杀之，非民父母也。靡弊中国，快心匈奴，非长策也。"秦皇帝不听，遂使蒙恬将兵攻胡，辟地千里，以河为境……夫秦常积众暴兵数十万人，虽有覆军杀将系虏单于之功……

也就是说，蒙恬率领的秦军突然袭击，一举俘虏了匈奴的首领单于，并且把匈奴人完全赶出了河套平原，开地千里，收复了原赵国的西北领地。残存的匈奴人在王子头曼的带领下撤到戈壁滩附近，继续和秦军展开游击战，逐渐令蒙恬和其部下的30万秦军无可奈何，他们始终无法越过阴山继续向北扩张（这可能也不是秦始皇交给他们的任务）。至于和原燕国领土毗邻的东胡，则始终没有受过秦军的猛烈打击。

这么看来，秦始皇在东北采取防御策略，在西北对匈奴的战争规模也相当有限，所以他在此时才仍然有余力向其他方向扩张。

不过，既然已经统一六国，秦始皇为什么还要打这么多仗？

秦始皇更喜欢遵循秦国固有的政治、经济制度，将其向被征服地区推广。只不过，按照秦国原有的规则，整个国家的主要活力就体现在农耕和战争上。就像秦汉史专家刘三解在《秦砖——大秦帝国兴亡启示录》和《青铜资本：帝制中国经济的源代码》中分析的，秦国的旧有政治、经济制度都建立在秦国不断打仗的基础上，且是通过不断打胜仗、不断缴获大量战利品和可耕地。一旦没有了新的土地可供征服，没有了新的战利品可供瓜分，它的政治、经济体系就会面临大问题。

据岳麓书院所藏的秦简《内史郡二千石官共令第戊》记载，秦始皇刚刚统一六国后，要求各级官员立即清算在战争期间拖欠的有功人员的奖金和借下的民间债务，并尽快予以兑现和偿还。从文件内容来看，秦始皇要求这些债务全部由各县承担，然而地方官府根本没有足够的财力偿还数额如此巨大的债务，于是秦始皇又给出两种解决方案：

第一种，财政困难的县可以通过县御史将自己的缺额上报御史大夫，由中央在各县之间进行调剂，日后再在御史的监督下慢慢还清。也就是说，财政盈余的县要帮助财政困难的县偿还债务。

第二种，各地方官府可以通过丞相上报朝廷，向秦始皇本人申请无息贷款。但是，地方官府必须在一年以后归还贷款，如果不能依期还款，主管官员就要被罚，而且罚金不低。显而易见，所谓罚金等于是一种变相的利息。

在实际执行过程中，没有几个县有能力帮助其他县偿还债务，所以第一个办法只是说来听听罢了。而采取第二种办法的结果就是，秦始皇本人迅速成了全国最大的债主，全天下一千多个县的县令及官府几乎都欠他私人一大笔钱。更有甚者，秦始皇还时常出巡，带着满朝文武去各地视察，所产生的费用也都要由各县用公款支付。于是，天下统一没几年，秦朝几乎所有的县财政都破产了。

依照传统的秦式政治和经济制度，秦朝只要扩张、打仗，就会产生大量债务，不可避免地要拖欠立下军功之人的奖金、伤残军人的补助、阵亡军人家属的抚恤金等；可是一旦停止扩张，这些债务无法还清不说，应当奖励给立功者的田宅更加没有着落。久而久之，整个社会必然怨气冲天。

这么看来，秦始皇在表面上取得了巨大成功，但是他也面临着坏账太多、钱收不回来的窘境。为了解决日渐严重的财政危机，秦始皇又想出两个办法：

第一，扩大货币发行量。

因为秦朝处在金属货币阶段，而用于铸造货币的金属（主要是铜）储量和产量都有限，所以扩大货币发行量的前提必然是货币品质下降。秦半两这种秦国传统铜币的原本重量是 8 克左右，但是在秦汉遗址中，经常能发现一些轻得多的秦半两，有些重量不足 6 克，甚至有的只有 1 克、2 克。以前人们认为，这些重量特别轻的秦半两应该是在秦朝末年刘邦、项羽相争时制造出来，或是在汉朝初年货币发行制度混乱时造成的，属于伪造或改造过的秦朝货币。但是，近年来的考古发现证实，许多重量不足的秦半两就是秦始皇本人在位的时候发行的，例如秦始皇陵的陪葬坑中就发现过许多不到 3 克重的劣质秦半两，最轻的一批才 1.6 克重，它们显然是秦始皇政府用来支付造陵工人的工资的。

联系前文中提到的经济危局可知，秦始皇发行这些劣质货币，应该就是为了清偿统一六国战争造成的海量债务。通过增发货币、用劣质货币让货币的购买力贬值，秦始皇确实在一定程度上缓解了秦国各级地方官府的财政危机，但是这些劣质货币的发行令当初购买国债、在经济上支持秦国进行统一战争的老百姓吃了大亏，同时更令物价飞涨——秦始皇时代某些年份的粮价较他刚刚即秦王位时上涨了六七十倍。这在社会上引起了巨大的反弹，秦简之中数次记载过商人因拒绝接受法定货币而被判处死刑的事。

第二，继续发动扩张战争，以获得更多的土地和战利品。

虽然秦始皇在齐王田建投降之后曾多次表示"兵事毕矣"，但真的停下来，却会给现有的政治、经济制度带来全新的挑战，所以不如继续战争。

但是，这样做有一个弊端：在统一六国之后，天下不属于秦始皇的富庶地区及可耕地已经非常有限，想征服新的土地，他只能向那些较偏远地区发兵，战线拉长，导致战争的代价会比当年进攻六国时大得多。所以，秦始皇只能选择相对适宜农业发展的地方（这在重视农业的秦国人看来就是最富庶的地区）展开下一步扩张计划，首当其冲的就是河套平原。

蒙恬击败了匈奴，占领了大片土地，把大秦帝国的西北边疆从今六盘山一带推进到阴山一带。秦始皇将这块新占领的地盘命名为"新秦中"，也就是"新的秦国土地"之意。

在统一六国的过程中，很多立了功的秦国将士还没能按照秦律获得相应的土地，他们被大量安置到了"新秦中"。不过，为了占领"新秦中"，又有很多秦军将士死伤立功，按照秦律，他们的家庭也应该获得土地奖赏，这时候"新秦中"的土地已经不够分给他们了，于是秦始皇不得不掉转兵锋，更换一个扩张方向。

# 南平百越

夺取河套平原之后，放眼四周，秦始皇可选择的目标就更有限了。

珠江三角洲地区在先秦时期被称为"陆梁"，得了这么个名字，大约是因为此地水网纵横，土地被切割成许多细小的碎块。当地的原住民被称为"越人"或"百越"，虽然是同一个"越"字，不过与长江三角洲地区的越国（勾践统治的那个）相比，他们的经济文化要更加落后一些。这些人住在潮湿的亚热带雨林里，以采集、狩猎和原始农业为生，喜欢赤身裸体，并在皮肤上文身，风俗习惯和中原人相去甚远。

越人习惯于自由散漫的部落生活，素来没有臣服过北方政权，无论是很早以前的虞舜、夏禹，还是春秋战国时期的历代楚王，都无法征服他们。但是这一次，秦始皇还是把扩张目标放在了他们身上。考虑到路途遥远，当地基础设施建设差，他在出兵前做了相当充足的准备。

秦始皇派工程师监禄在南岭山上修筑了著名的灵渠，这条全长 34 公里的人造运河后来成为古代南方的一条交通大动脉。有了灵渠提供的通畅后勤支持，秦始皇命令一位叫屠睢的军官带领由亡人①、赘婿、商人等组成的大军，分五路攻击包括陆梁在内的岭南地区。

从出土秦简来看，秦军的主力成分原本应该是有严格服役期的正卒和更卒等，并不是亡人、赘婿、商人。在秦国，这三者都属于传统认知上的"贱人"，秦始皇为什

---

① 亡人，指逃跑的罪犯和奴隶。

么要派他们去攻打岭南呢？

原来，秦始皇发动的这场针对岭南的远征，性质与其说是"战争"，不如说是"拓荒"。与在战场上击败百越军队相比，秦始皇更想达成的目标，是秦人能够在这些以前连大规模农业都没有发展起来的地区扎下根来，种地生产。为此，秦始皇才决定把内地的"贱人"大量迁到岭南去。以商人为例，他们头脑灵活，没有好勇斗狠的毅力，其实并不适合当士兵，但是在一块欠发达的土地上搞开发，是绝对少不了商人参与的。

秦始皇对商人的态度相当值得玩味。他早年长期生活在大商人吕不韦及其领导的集团势力阴影之下，所以长大以后表现出对商人的强烈不信任，经常出台限制甚至羞辱商人的政策。不过，另一方面，《史记·货殖列传》里也记载了两个秦始皇鼓励商业的例子：

在北地郡乌氏县（今宁夏南部六盘山区），有一位叫"倮"的人擅长畜牧，后来这人卖掉自己的牲畜，换来很多纺织品，并将它们送给戎王，戎王赏赐倮很多牲畜。结果渐渐地，这位乌氏倮的财产多到可以"用谷量牛马"，成为当时有名的富商。秦始皇听闻消息，封乌氏倮为"封君"（关内侯之类的高级爵位），允许他和群臣一起朝觐自己。

在巴郡（今重庆市东南部）有一位叫"清"的寡妇，她继承了先祖的朱砂矿山，家中财产不计其数，无人敢侵犯于她。秦始皇知道了，称她为"贞妇"，给她建造了"女怀清台"，对她十分礼貌。

看起来，乌氏倮和巴寡妇清都是秦始皇鼓励商业发展的例子，但实际上，通过研究古籍和秦简上记载的秦朝制度，我们就能够很清楚地知道，乌氏倮和巴寡妇清在秦朝的成功都不是普遍情况。他们二人有一个共性：都生活在秦朝的边疆地区，而当地居民以少数民族为主，甚至他们自己可能也是少数民族。例如乌氏倮，就有可能是个月氏人，和他做生意的"戎王"很可能是大秦的西域邻居、秦始皇的盟友月氏王。

自古以来，秦国对边疆少数民族的政策就与对中原人不同，总体来说要宽容得多，会给予一些特殊待遇，以至于西汉初年的竹简《奏谳书》中记载，有荆州当地的

"蛮夷大男子" [1] 在已经收到致书 [2] 的情况下，依然引用秦朝的习惯法拒绝服役。

这么看来，在秦始皇的意识里，商人并非一无是处，但是只能在需要与少数民族部落做生意的边疆地区发挥作用，而在中原，为了社会稳定，还是要以农为重。随着秦朝大一统的到来，哪怕是原本商业极其发达的华北和华东地区，民间也不允许大量商人存在了，大部分社会经济活动都要在朝廷的主导下进行——如果巴寡妇清的朱砂矿山不是在巴郡边陲，而是在中原的话，肯定是要被收归朝廷的。在这种政策的影响下，大部分商人成了多余的社会闲散人员，开拓边疆是最适合他们发光发热的任务，商人进入开拓边疆的先锋队也就理所当然了。

在屠睢的指挥下，秦军任务进展顺利，很快占领了岭南，在此地新建了桂林、南海、象郡三个郡，使大秦的版图扩到南海之滨。

占领这些地方容易，长期守住它们却很困难。百越土著原本民风淳朴，只希望能够养活自己，并没有高远的志向，更不善于组织大规模作战，可这次秦军的进攻把他们的好战心搅动起来了。百越人不仅挨了打，还要被迫交出自己最好的土地，又得给秦官府纳税、服劳役，他们难以忍受这种欺凌，于是开始组织起来报复秦军，而华南亚热带雨林的地理环境也为他们提供了打游击战的方便。

百越人平时藏在林子里，与禽兽相处，找到机会就杀出来给秦军迎头痛击。屠睢带着部队被打得三年不敢解甲，始终保持战斗姿态。最终，五路秦军都扛不住了，士兵被击溃，大批拓荒者被杀，甚至连屠睢本人也丢了性命，而在这段时间里，还有更多的人死于他们从未经历过的热带流行病。

屠睢战死的消息传到咸阳，秦始皇大为震惊，他不能理解这次失败，认为只有胜利才能洗刷失利的耻辱，于是在一年后调集了更多的士兵和贱民前往岭南。这次，军队由任嚣和赵佗等军官率领，过了许久才重新占领陆梁地，之后他们又继续南下，攻取了今越南北部的红河三角洲。不过，驻扎在岭南的秦军和拓荒者都是男性，与中

---

① 指少数民族成年男子。
② 类似于入伍通知书。

原的距离相当遥远，赵佗等人便请求秦始皇派 3 万名未婚或丧偶的女性来岭南，名义上说是让她们给士兵缝补衣裳，实际上是准备让她们在这里婚配繁衍。对此，《史记·淮南衡山列传》记载，秦始皇批准了他们的请求，把 1.5 万名单身女性派往岭南，为此引发了巨大的社会骚动。

# 关于长生不老的巨大骗局

与赵佗一样向秦始皇寻求人员支持的，还有另一个人——徐市（又叫徐福）。

徐市是出身于原齐国的方土，秦始皇几次巡游到东方海滨，都与他进行过交谈。徐市对秦始皇说："臣听说，东海里从前有5座大山，分别叫'岱舆''员峤''方丈''瀛洲''蓬莱'，山上不仅住着很多仙人，而且还长有灵芝，吃了可以让人长生不死。但是这5座山都没有底，是漂浮在海上的，仙人们觉得不安全，就请求天帝想办法，天帝便为他们安排了15只驮山的巨鳌。当时陆地上有个龙伯国，龙伯国的居民都是巨人，他们拿巨大的鱼竿钓走了6只巨鳌，岱舆、员峤两座仙山因此飘去了北极，余下的方丈、瀛洲、蓬莱依然被巨鳌驮着。从前，齐威王和燕昭王都曾经派人坐船进海去找这3座神山，向山上的仙人讨要吃了能长生不死的灵芝，但都没有找到。"

秦始皇听了这个故事，很是好奇，于是下诏赐给徐市一些钱，叫他带上礼物，坐船进海去寻找那3座神山。徐市在海里乱转了一圈，空着手回到琅琊来见秦始皇，报告说："陛下，我在海中找到了那3座神山，也见到了仙人。他们问我是不是西皇的使者，我说是，来为西皇求换不死药。他们说：'你们西皇的礼太薄了，只能看看不死药，但是不能拿。'我跟着他们上了蓬莱山，看见灵芝大得像一座宫殿一样，由金龙守护着，光亮都照到天上去了。于是我就问：'到底给您什么礼物，才能获得这灵芝不死药呢？'仙人说：'需要带来良家童男童女，还要带上百工器物，这样才换给你不死药。'"

秦始皇听信了徐市的话，让华北地方的官员们找来3000名童男童女，还有百工器物，都交给徐市，并且建造了能够容纳一座宫殿的大海船，让他带去蓬莱山交换不死药。

就这样，徐市出发了，据说他在海上航行了很久，遇到一块平地，就带着船上的人们在那里住了下来，并在当地称王。

有一种说法认为，徐市到达的地方就是现在的日本。

后人很容易将秦始皇派徐市等人去东海寻找长生不死药的行为视作幼稚的迷信举动，认为除了劳民伤财似乎没有其他意义。但是，原燕国、齐国地区的方士们不断向秦始皇讲述相似的故事，并且《列子》中也有过类似的神话传说，孟子也曾驳斥"齐东野人之语"，认为那是备受正统儒家思想排斥的东北亚沿海地区的民间传说。仙山传说的传播如此广泛，很可能并不是毫无依据的，而秦始皇对此事的高度重视可能也不只是出于迷信。

从环境史角度来看，距今 2.6 万年至 1.4 万年前，地球进入了所谓的"末次冰盛期"，由于大量的海水在两极被冻结成冰，导致海平面比现在要低 130 米左右。具体到东亚地区，整个渤海、黄海以及东海的大部分地区都变成了陆地，今台湾海峡一带更是形成了所谓的"东山陆桥"，台湾岛成了台湾半岛。因为渤海和黄海变成了大陆，所以在当时，山东半岛上的人类和其他陆生动物都可以步行到朝鲜半岛。而在距今 1.3 万年之后，全球气温开始变暖，随着两极冰盖消融，全球海平面逐渐上升，渤海、黄海、东海等地的大陆被上升的海水吞没，朝鲜半岛和山东半岛也逐渐形成。这两块在末次冰盛期往来非常便利的地区从此天各一方，而它们之间的许多山丘被上涨的海水完全吞没，有些则成了孤悬海外的岛屿，例如朝鲜半岛西南部的济州岛就是这么来的。末次冰盛期后宏大的全球变暖事件一直持续到距今约 8000 至 7000 年前才达到最高潮，当时的全球海平面比现在的要高 10 米左右，今天的天津到镇江一线以东的大片陆地处于淹没状态，即所谓"洪泽—镇江海侵"。直到距今约 5000 年前，"洪泽—镇江海侵"终于结束，全球海平面开始下降，陆地面积随之转收缩为扩张。燕、齐等国沿海，当地流传着"精卫填海""蓬莱仙山"一类的传说也就不足为奇了。

秦始皇不是个容易被愚弄的人，他相信蓬莱仙山的存在，可能是因为有现实证据摆在他的面前。黄海和东海的海底至今仍然存在一些远古人类的遗址，还有大量陆生动物的化石，而这还是被上万年来周而复始的台风剧烈破坏后的结果。在秦始皇时代，这类遗迹只会更加丰富和明显。有了这类证据，沿海的方士们说服秦始皇就不困难了。更何况，据说秦始皇本人的祖先是飞廉、恶来，他们就来自山东半岛，只是因战败才被周公强制迁徙到关中地区，所以可能在秦始皇看来，燕、齐方士口中这些荒诞不经的传说，要比儒家那些竹简上写的春秋战国故事更加可信，这也就难怪他会在关中地区的园林里重建微型的东海，并在海中堆建蓬莱等几座仙山了，据说他后来还在陵墓中用水银等物再次重塑了这梦幻般的景象。

燕、齐地区因为没有郡县制的传统，与秦始皇想要达成的理想社会差距最大，但是在信仰上，二者却极为接近——这真是一个割裂的事情。

其实，与修长城相比，蒙恬北伐匈奴、任嚣和赵佗南征百越、徐市等人东寻仙山，才可能真正耗费了秦始皇时期的大量人力物力，一旦这些活动没有收到预期的收益，就会引发系统性的经济危机了。

不过，在此之前，秦始皇必须先尽可能地统一全国上下的思想。

第十二章
## "焚书"与"坑儒"

# 焚诗书

在统一六国之初，秦始皇一方面听信徐市、卢生等人的话，派他们坐船进东海去寻找长生不死药，另一方面又重用法家和儒家人才。鼓吹阴阳家和道家思想的方士们继承了沿海东夷族群的悠久文化传统，儒家和法家学派则更多代表内陆华夏族群的思想，这两股势力意识形态差异巨大，近乎不可调和。

这种思想冲突一直困扰着统治者。秦始皇起初对原燕、齐地区的方士和原鲁国及三晋地区的士人之间的意识形态冲突持"和稀泥"的态度，本着兼听则明的想法，希望他们能够和谐相处，并都能为自己所用。然而，秦始皇最终发现，他不得不在这两派之中选一派站队。

理论上说，一个面积庞大的帝国控制平民，应该比一个面积有限的诸侯王国控制平民要容易，因为它可以调动更大范围的力量，对在局部地区闹事的平民进行有效镇压。因此，大帝国境内的平民一般不敢轻易闹事，而在小的诸侯国内情况则相反。

秦朝的平民即所谓的"黔首"，意思是"黑头"。之所以这么称呼，一种说法指出是因为秦的底层老百姓只能戴黑色的头巾，另一种说法则说是因为秦的底层老百姓穷得戴不起头巾，只能露出黑色的头发。秦始皇对他们其实并不担心，他真正担心的是那些功臣和贵族，因为他们会不断谋求获得更大的权力，有足够的实力从内部分裂国家。他也担心匈奴、百越这样的外部势力，因为他们会入侵秦朝统治相对薄弱的边地领土，危害秦的统治。不过，更大的问题是秦朝内部的意识形态斗争开始激化了。

在秦军征服珠江三角洲的第二年，也就是公元前 213 年，秦始皇在咸阳宫内摆酒与大臣宴饮，庆祝近年来取得的伟大胜利。70多位儒家博士也一起参加了宴饮，依次给秦始皇祝酒上寿。

这时，大臣周青臣上前祝酒，他说道：

"陛下驱逐蛮夷，日月照耀的地方没有不臣服的。陛下又把诸侯国都改为郡县，从此人人安乐，不用再为诸侯之间打仗而忧虑。这样好的制度的确可以传到万世。以前的帝王都不如陛下啊！"

秦始皇听周青臣把自己在内政和军事上达成的两大成就总结得如此到位，内心十分满意，可满脑子儒家思想的博士淳于越在一旁听了却不高兴，当场进行驳斥。

"臣听说从前商、周时的天子会把王族子弟都分封出去，让他们的封国像树枝一样辅助着主干一样的中央。现在陛下广有海内，子孙却只是平民百姓，没有分封出去当诸侯，一旦国家出了乱子，比如出现田常、晋六卿那样的权臣，谁来当树枝辅助您呢？我从来没听说过哪个国家能够不学习古代的治理方法就长久延续，周青臣等人现在当面奉承以加重陛下的过错，不是忠臣啊！"

在这样欢乐的日子里，淳于越偏偏又把分封这个敏感的话题提出来了。他的话一说完，群臣的神色立刻严肃了起来。

秦始皇的统治地位十分稳固，群臣对他百般顺从，但是秦始皇去世后，继位的二世、三世可没有他那样吞并六国的丰功伟绩和巨大名望，到时候群臣就未必会继续顺从了。为了应对这种情况，皇帝可以借助与自己同姓的皇室成员的力量，也就是把儿子、兄弟、叔侄等封为诸侯王，这些诸侯王有了自己的王国，就可以用自己的私人军队和财富帮助皇帝。如果有权臣想架空皇帝，他们就可以起兵讨伐他。

实行分封还有其他优点：分封出去的诸侯王权力很大，能够制衡皇权，而且这种制衡的力度要远远大于郡县长官，可以防止一人独裁，从而避免皇帝过于残暴或者为所欲为。另外，诸侯王代代相袭，常常在一地长久经营，所以会比一般的流动官员（比如郡守、县令）更了解封地里的情况，对民众的控制力度会更强，维护社会稳定的成效也会更好。

基于这些因素，淳于越提出夏、商、周三代能够存世长久就是因为分封，秦朝想要长久也应该靠分封。然而，他没看到分封的弊端：虽然分封出去的诸侯王都是现在皇帝的近亲，但是几代之后血缘疏远，难免就会有野心勃勃且实力强大的诸侯想要参与皇位竞争，或者直接带兵夺权。那时候诸侯王开始混战，天下就又要回到了春秋战国时代的乱局中去了。

秦始皇倒是深知这一点，所以他并没有直接表态，而是在淳于越发言完毕后让群臣谈谈自己的看法。右丞相李斯一贯了解秦始皇的心思，他说：

"从前的五帝政策互不一样，三代的治理模式也不相同，不是他们非要跟过去不一样，只是时势变了，所以他们要变，而且都治理好了天下。现在陛下创建了新模式，显然就是现阶段的最佳政策，不是你们这些抱残守缺的腐儒能够理解的。你说的夏、商、周有什么好呢？当时诸侯并争，各个都招揽游学之士，闹得征战不休，思想混乱。现在天下已定，法令都从中央一个地方出来，士人就应该学习朝廷的最新法令，跟上时代的脚步。可是现在你们却总是用古代的教条来批评现代的政策，扰乱老百姓的思想。"

见李斯这样讲，淳于越也只能选择沉默；宴会便在祥和美好的气氛中继续进行下去了。

宴会结束后，李斯回到家，揣摩秦始皇的想法，认为应该借此好好打击一下儒生，于是写了一份奏章：

"从前天下散乱，诸侯并起，人们喜欢借助古老的东西来批判现实社会，甚至伪造历史传统来证明自己的观点，以便用自家私学来对抗国家政策。如今皇上您并有天下，已经建立了正确的政策规范，可是仍然有人用自己的私学来非议朝廷政策。每当朝廷的政令颁布，这些人就在心中予以否定，在街头嘟囔，甚至带领自己的一帮跟随者大肆诽谤，想靠着批评朝廷政策来抬高自己的身价。如果这种情况不加以禁止，人主的权势就要滑坡了，下面的人就要结党了。所以我认为，除了秦国史官所写的史书，其他史书都应该被烧掉，这帮引经据典的人所使用的《诗经》《尚书》和诸子百家之书也应该烧了，这样他们就没法讨论了。此外，除了博士，天下藏有这类书籍的都要上报郡守，登记烧毁。如果在命令颁布三十天内，还有人不把这些犯禁的书籍上交，就要在他的脸上刺字，充作苦役。"

先秦时期，人们用《诗经》说明为政的道理，比如孟子当初对列国国君谈起如何治理国家时，就屡次引用《诗经》来加强自己的论证；而《尚书》则是先秦君主们的政治讲话发言稿，有着更强的政治属性，孟子也经常引用这本书。

在分封制的时代里成书的《诗经》《尚书》，包含了许多与皇权专制时代不相容的观念和思想，所以李斯认为，如果不对这些书籍加以控制，就会影响当前皇权专制的政治模式，于是提出"焚书"政策。

和后来人们印象里的文化毁灭不同，李斯并不是要用"焚书"政策彻底摧毁传统思想和文化。大概是因为统治集团内部仍然要借鉴这些古书中的治国之道，所以李斯同意淳于越等朝廷博士们继续收藏这类书籍，保留一个官方版本。他只是建议烧民间的书籍，因为，一旦这些书在民间大肆流传，民众便会借题发挥大放厥词，使朝廷被动。

李斯不是第一个对借古讽今、抵触秦国新法令的民众不满的秦国大臣。在秦始皇统一六国的前七年，一个名叫"腾"的南郡太守就曾给下辖各县乡的官吏们下了一个训令：

"古代流传下来不同的乡俗，好恶不同，放在现在，有些乡俗实在是不利于民众且有害于国家的。最新的律法条文已经下达了，可我听说官吏和民众中犯法的现象还是没有停止，原有的乡俗还在保留。如果县令以下各级官吏知道这个情况但不举报，就是知法违法，保护犯罪行为；如果不知道这些情况，那就是愚蠢，不能胜任这个职务！这些都是严重的罪行，我将派人前往各地调查，挑出那些不遵守法令的官吏进行严惩，县令也要负连带责任。"

令太守腾极为不满的违法乡俗，不外乎是欺诈、赌博、非主流宗教、丧葬婚娶等落后风俗。针对这些，太守腾要通过法律强制在短时期内进行改变，这种做法体现了法家一贯的雷厉风行和集权专制。儒家虽然也不喜欢陋俗，但更倡导温和地"移风易俗"，明显会与太守腾秉持的法家治国思想产生激烈的碰撞："道之以政，齐之以刑，民免而无耻；道之以德，齐之以礼，有耻且格。"

这种情况并不少见，而在秦始皇的时代，一些民间学者为了增加自己的影响力，招徕徒众，对官府的做法批评得难免有些用力，在他们口中官府政策处处都不对。在李斯看来，这些学者就是在迷惑百姓。因此，烧掉民间的《诗经》《尚书》等书，就是断掉这些学者可引用的思想根源，就是在源头上对他们的行为进行阻止。在李斯看来，一般的黔首不需要看书，士人可以学习和看书，但不需要看《诗经》《尚书》，只需要看官府下发的文件，社会就万世安稳了。

秦始皇看罢李斯的奏章，给予了肯定的回复。于是，在秦始皇称帝第九年的时候，也就是公元前213年，全国各郡县农贸市场的空地上都点起了火堆，大量竹简木牍被烧掉。

需要注意的是，焚书并不是秦始皇和李斯的创新，而是秦国的传统政策。在《韩非子·和氏篇》里就有这样的记载：

> 商君教秦孝公以连什伍，设告坐之过，燔诗书而明法令。

也就是说，焚诗书在秦国至少是从商鞅变法起就周期性执行的传统政策。

在战国以前，是世袭制的贵族社会，小民的孩子仍然是小民，贵族的孩子依旧当贵族。人们对此习以为常，并不想着攀比。到了战国时代，礼崩乐坏日益严重，固定的阶级秩序开始崩塌，平民逐渐崛起了。平民崛起造成了创造力的提高，这也是秦国获取成功的基石，但是平民的觉醒也意味着不安定因素的增强。作为国家的统治者，当对稳定的需求胜过对发展的要求，那么为了管控自由散乱的平民，秦王就想出了"弱其心智"的办法，焚诗书的政策应运而生了。

按惯例，秦始皇统一六国后本应该也进行一次焚诗书，很可能是出于安抚被征服者的考虑，他才将这一政策的全面推行延迟了九年。

从长远看，秦始皇焚书破坏了古籍，影响了文化传承，但在当时，其造成的社会影响主要还是在教育方面。

秦统一天下之前，东方六国的私学相当发达，学成的学生可以轻松地在各国官府中找到工作。但是统一之后，这种情况发生了巨大变化——传统的私学教育不能适应秦朝的需要。

先秦诸子主要是对君主如何集权、如何平衡贵族和平民的关系、如何汲取社会资源等体制性基础问题进行研究和设计，因为当时尚处在君主制的摸索阶段。可是秦始皇统一天下以后，自有一套运行通畅的高层架构和管理模式，他不需要这么多不同学派的私学学生来充实官府，反之，此时国家最需要的是受过充分法家教育、能够做实事的人。然而与此同时，私学教育界还在吸纳大批年轻人，他们继续学习、探讨那些体制性基础学术问题，可这已经与秦朝的用人需求完全不匹配了。官府中容纳不下这些人，他们就只能留在民间，成为新的不稳定因素。

所以秦始皇和李斯认为，有必要立即关停私学，让年轻的知识分子到官方主办的机构去向官方认证的人员学习最新的文化知识，接受统一的教育，也就是"以吏为师"。既然老师换了，教材当然也要换，于是那些被秦始皇称为"不中用"的诸子百家著作——特别是儒家经典——就遭到了抛弃。

纵观秦始皇的一生，他一直是秦国政治、法律传统的忠实维护者。为了能够尽快统一六国，秦始皇一度采取宽容的文化政策，像他的"仲父"吕不韦一样，接纳各个学派的知识分子。但是，这种宽容政策不可能几十年上百年不变，终有其结束之日。这么看来，秦始皇决定焚书恐怕与淳于越再次提出分封，或是与李斯的提议都不一定有直接的关系，这是他作为秦国传统政策的执行者为维护秦国传统的政治、法律框架做出的必然选择。换言之，秦始皇这么做只是一个时间问题。

# 坑方士

秦始皇以法家思想治国，不断加强君主专制。秦国统一六国后，国家管理更为复杂，秦始皇仍然事必躬亲，甚至亲自与全国各地的郡守、郡御史、县令、县御史等各级官员对接。

秦始皇把国家兴亡全系在自己一人之身，所以，让秦始皇尽可能长久地活下去，对秦朝来说是头等大事，负责研制或寻找长生不死药的方士们也就因此变得异常重要起来。

在焚书开始后不久，前文曾经提到的卢生，也就是那位预言"亡秦者，胡也"的方士，在几次出海后又回来向秦始皇报告：

"陛下，这两年总是找不到不死药和仙人，是因为仙人胆小腼腆，怕恶鬼会害他们，于是东躲西藏。另外，您作为求仙访药之人，生活应该恬淡一些，以符合'真人'的标准。只有'真人'才能遇火不焚，遇水不沉，与天地同寿。人主应该经常微服私访，不要表现得过于招摇，让恶鬼知道自己的行踪。等躲开了恶鬼，仙人自然就来了，您也就可以向他们求不死药了。如果您的行踪都告诉了大臣，消息泄露出去，恶鬼就会知道并跟踪而来，仙人们就不敢来见您。"

卢生这话有两层意思，其一是不断抬高找到神仙的门槛，从而给自己开脱罪责；其二就带有政治意义了。叫秦始皇学做"真人"，带有无为而治的意思；行动间躲着大臣，则是让他做一个"虚君"，名义上是便于求仙，实际上是在减少秦始皇个人对国家的影响。

这番话里似乎透着方士的政治哲学。

为了尽快成为"真人"，得到长生不死药，秦始皇真的开始"微行"，把自己隐藏起来。当然，这样行动可能也有一部分是出于个人安全的考虑，毕竟在此之前，他已经至少遭遇到了三次刺杀。秦始皇内心很清楚，在推行焚书政策之后，自己在社会上的仇人只会变得更多。

为了能够更好地"微行"，秦始皇用天桥、甬道等设施把咸阳城内外的 270 多座离宫、别殿连接起来，平时就在里边悄悄行动，除了身边的人谁也找不到他，甚至他在哪个宫殿居住或工作也不会让大臣们知道。同时，他也不再接见大臣，到了朝会的日子，就从迷宫里派人把自己的决议送到咸阳宫，让在那里等候的群臣们照办。为了避免身边的人泄露自己的行踪，秦始皇又下令，如果有人泄密就会被问斩。

有一次，秦始皇经过甬道去梁山宫（咸阳西北 100 里外一座山里的行宫），他从窗子里看到丞相正带领车队经过山下。吕不韦倒台以后，当时还是秦王的赵政为了避免大权旁落，从此不再设立相国，而是改立左、右两个丞相。六国一统后，右丞相是李斯，左丞相是冯去疾。这次出游的不知是哪位丞相，只知道随行的车驾非常多，规模有点超标。秦始皇对此有些不满，随口抱怨了一下，没想到等再次看到丞相车队的时候，这支车队的规模已经明显缩小，完全符合法定标准了。这下子，本来只是对丞相的奢华作风稍有不满的秦始皇动了真火，他认为肯定是自己的身边人把信息透露给了丞相。据说，因为这件事，秦始皇把他去梁山宫当天在身旁值勤的所有侍臣都杀了。

除了梁山宫这样的山区行宫，秦始皇最重视新首都长安的建设。

后世汉、唐等朝代在今陕西省西安市龙首原上建造的城市也叫"长安"，不过，秦始皇设计的长安城和它们稍有区别。秦始皇认为，真正的帝王之都位置在西周的丰、镐二京处，也就是龙首原西侧的沣河两岸。按他的规划，首先要在沣河东岸动工建设长安新城，一旦按计划完工，这座城市就将从沣河西岸一直绵延到东侧的龙首原，面积几乎是汉长安城的两倍。

为了让城市更宏伟，秦始皇又设计了一座标志性建筑，也就是他新皇宫的前殿。

这座宫殿规模太大，建造起来极其复杂，直到秦始皇去世也还没有完工，后来天下大乱，财政极度紧张，宫殿就更建不完了。因为这座宫殿没有被秦始皇正式命名，所以民间都管它叫"阿房"，也就是"那座大房子"的意思。

现在，中国考古学界只发现了这座宫殿的基座，即便如此，它也已经是有史以来规模最大的单体建筑基座了。考古勘探结果表明，经过 2000 多年的自然和人为破坏，阿房宫前殿遗址东西仍有 1270 米长，南北有 426 米宽，基座现残存高度约 9 米。而按照司马迁在《史记·秦始皇本纪》中的记载，阿房宫的规模要更宏伟：

> 东西五百步，南北五十丈，上可以坐万人，下可以建五丈旗。

秦代的 1 步约等于现在的 1.3 米，1 丈约等于 2.3 米，所以按这个说法，阿房宫前殿的东西长约 650 米，南北宽约 115 米，基座高约 11.5 米，而顶层平台大约 1 万平方米，可以容纳 1 万人。

据《三辅黄图》和《三辅旧事》记载，由于秦始皇害怕被刺杀，阿房宫的正门是用磁石做的，可以防止刺客带铁制兵器进宫。前殿之外，阿房宫还配套建有上天台、祭地台等几座规模较小的建筑，似乎已经基本完工。以阿房宫为中心，秦王朝的宫殿群向四个方向铺展开来，东到骊山温泉，西到秦人老祖宗的龙兴之地雍城，北过咸阳原，南到终南山，基本遍布关中核心地区，总共"覆压三百余里"。总的来看，关中地区有宫殿 300 所，关外 400 所，计有 700 多个大大小小的宫殿项目。

除了宫殿，秦始皇还一直忙着在骊山给自己修陵墓。

如今的骊山秦始皇陵高 65 米，底边长 500 米，不过这已经是 2000 多年来受自然力量侵蚀和人为破坏后残留的高度了。据说在三国时期，秦始皇陵还高达 120 多米，底部周长 2000 多米。虽然现在这座人造土山上面草木青翠，但是其土壤的汞含量异乎寻常地高，这似乎证明了司马迁所说秦始皇在墓中用水银做人工湖，以便容纳东海仙山模型可能是真的。此外，据说秦始皇陵里面还有用人鱼膏做的蜡烛，能够长明不灭。从科学角度讲，人鱼膏可能是鲸鱼脑油，每立方米的鲸鱼脑油可燃烧 13 年。

建造秦始皇陵消耗了不少民力和财力。现代考古队在秦始皇陵周围发现了许多随葬坑，坑里有不少工匠尸骨，可以明显看出他们是在施工过程中死亡的——他们的健康状况大多不尽如人意，有些则可能是被工头虐待致死的。更加悲惨的是，他们获得的工钱大多都是非常糟糕的劣币，如前文所说，在这里出土的一些秦半两每枚只有1.6克重，仅及秦昭襄王时期的秦半两重量的1/4，市场购买力可想而知。

花费大量人力物力来建造陵墓，可见秦始皇对阴间相当重视。在他的内心深处也许从未相信过自己能够永生不死。不过能多活几年也好，可以有时间让他的秦王朝脱胎换骨，所以他依然不惜耗费巨资，派遣许多方士携带重礼入海去寻找仙人，只为得到传说中的长生不死药，为此花费的金钱数目甚至比建造阿房宫和秦始皇陵还要多。

尽管秦始皇想尽了办法，腼腆的仙人们还是不肯向他献出长生不死药。久而久之，方士们无法再蒙蔽秦始皇了，他们的危机感越来越强。终于有一天，卢生对另一个方士侯生说：

"始皇帝这个人刚愎自用，以诸侯的身份吞并天下，认为从古至今谁也不如他，想让全世界的人都对他唯命是从。他摆着70个博士不用，专门信用狱吏，丞相和大臣们都得按他的既定决策办事。他还喜欢靠刑杀来建立自己的权威，下面的人都畏罪不敢提建议。久而久之，皇帝听不到别人的批评，日益骄横，而下面的大臣畏畏缩缩，靠欺骗和献媚以求自保。他又规定，占卜预言不正确就会被处死，所以虽然有300个星气占卜家，却都惧怕受罚而不敢端言他的过错。同时，他没日没夜地看奏章，天下之事不论小大皆决于他自己，如此贪于权势！这样的人不适合当神仙。"

卢生抱怨秦始皇抓权太多，不让臣下参与，加之此前他让秦始皇藏在宫殿里，试图把秦始皇和群臣及日常政务分离，让他成为一个"虚君"，可见他也是有政治主张的，而且大致接近道家。

虽然政治理念不同，不过卢生对于秦始皇的这些批评并非全是诽谤。从他的话里看，秦始皇之前把民间的书烧了，不许民间的人思考，现在甚至也不许官员思考了，大臣们只要照他的旨意按章办事就行了，甚至连星气占卜家也不敢规谏。

之所以专门提一嘴星气占卜家，是因为这类人在古代挺重要。当时的人们笃信天人感应，他们把星空分成若干星宿，以对应人间的若干地域。客星（超新星、彗星、流星）突然在哪个星宿出现，月亮及其月晕在哪个星宿出现，或者恒星的亮暗形状出现何种变化，都意味着人间出现了各种各样的问题：或许是臣子不称职，或许是后宫出现阴谋，或许是君主的某方面道德出了问题……总而言之，人间的变化会与天上的星象对应，如果君主有失德和错误之处，上天就会有所感应，从而通过星象异动表示对君主的警告和不满。其中，最严重的异动就是日食了。

星占家就是通过观望星星、月亮、太阳的运动来预测和分析人间政事的人。他们每天晚上都要观测星空，一旦找到机会，就把星象变化与当下政治联系起来，有选择、有偏向地进行分析，说给人君听，从而劝他改过。这么看来，星占家其实相当于谏官，本来应该"端言皇上的过错"，但是在秦始皇时代，迫于秦始皇的强权，怕死的星占家们只能闭口不言。

秦始皇的强硬作风其实来源于法家思想，特别是集法家之大成的韩非。在法家发展的早期，商鞅学派提出民众只要傻乎乎地出力气给官府干活就好，到了中晚期，韩非就更进了一步，认为连大臣的话也不能听了，大臣们同样只要傻乎乎地出力气给皇帝干活就好。至于君主，则应该独制，从而避免被大臣蒙蔽和夺权，这样才能掌控整个天下，把江山千秋万代地传下去。

卢生不喜欢秦始皇的独裁作风，更不想因为找不到仙药而被秦始皇惩罚，所以在发表了一番抨击言论后，他就和侯生一起跑掉了。

直到这时，秦始皇才发现自己被骗了，又听说自己遭到方士们的非议，他的愤怒可想而知。

虽然带头的卢生、侯生此时已经找不到了，但会不会还有像卢生这样诽谤自己的人呢？疑心既起，秦始皇便派人在咸阳明察暗访，特别是要在文学方士中间调查，终于探听到一些"妖言"。所谓"妖言"，就是短小的、利于传播的话，带有对秦朝统治不利的预言性质，和卢生的抱怨不完全一样。比如当时有童谣"阿房，阿房，亡始皇"，这就是一则"妖言"。

愤怒的秦始皇召集群臣，说道：

"去年，我收缴了天下的书，把不中用的都销毁了，然后召集了天下的文学方士来到咸阳，以便宣扬太平，炼制长生不死药。但是我最近听说，方士韩众偷着跑了，而徐市等人花费了我大量的黄金还是弄不来长生不死药，只是一天天地为了挣钱找出各种理由来搪塞我。我赏赐给卢生等人很多钱，现在他们却反过来诽谤我，影响了我的声誉。我也曾经派人暗中访察过这些在咸阳的文学方士，发现其中竟然的确有人传播妖言，来迷惑黔首的思想。你们讨论一下，接下来应该怎么做？"

最终，秦始皇决定下重手整治：没有散播过妖言的文学方士，要指出那些散播妖言的人；散播过妖言的文学方士，他们的同党也要连坐。一顿搜捕，最终找出了460多个"犯禁"的人。秦始皇毫不犹豫，当即下令把他们全部坑杀，以阻止对他统治不利的"妖言"继续传播。

这件事后来成了秦始皇的"罪证"，被称作"坑儒"。

不过，说秦始皇"坑儒"并不准确。司马迁在《史记》中总结秦始皇做的这两件事情，用的词是"焚诗书、坑术士"，另一个汉朝人伍被也说是"杀术士"。至于"坑儒"一词，大约是从晋朝时候才开始出现的，目的大约是想抬高儒家的地位，意在说明秦始皇是因为坑儒才亡国了，现在的皇帝得重视儒者。

从实际情况看，秦始皇并非专意要坑杀儒者，而是主要从钳制言论角度出发的。他这次处决的人应以直接涉嫌欺君的道家和阴阳家学者为主。因为"文学方术士"和"诸生"这两个概念在先秦时也包括儒生，所以受害者里可能会有几位儒家学者，但是并不占多数。排查并没有在朝廷中枢70位儒家博士之间进行，他们的弟子也基本没受牵连。不过，思想言论被钳制，民间办学被禁止，儒家多多少少也受到波及，很多儒士的确对秦始皇恨之入骨。

第十三章

# 山陵崩

# 始皇帝归天

像所有中年男人一样，年近 50 岁的秦始皇感到自己的健康状况不断恶化。而随着秦始皇身体变差的消息在社会上流传，各种骇人的异象也开始层出不穷。

首先是出现了所有天象中最为可怕的"荧惑守心"，也就是地球与火星、心宿连成一条直线的现象。这样的现象，从地球上来看就像火星飞进了心宿，而从星象学的角度分析，它意味着帝王将要遭遇巨大的灾祸。

接着是东郡（今河南省东北部）落下了一颗陨石，而且不知是谁，竟然还在陨石上刻下"始皇帝死而地分"这七个极为不祥的字。秦始皇闻讯大怒，派御史逮捕了陨石周围所有的居民，严加审问还是没有查出罪魁祸首，便命令把这些人全部处死，并销毁了这块陨石。

更奇怪的事发生在公元前 211 年秋季，一位使者路过华阴的时候，被一个神秘人拦下车队，那人交给他一块玉璧，并对他说："帮我带到滈池（长安工地）去交给君主。"又说："今年祖龙死。"使者不敢怠慢，立即前往长安把玉璧交给秦始皇。秦始皇一看，正是他 8 年前渡过洞庭湖时为了平息风波扔进湖水的那块玉璧（一说就是传国玉玺）。他看着这块玉璧，细想着"今年祖龙死"的预言，沉默了很久才说："可恶的山鬼，也就知道一年之内的事情罢了。"

虽有种种怪相，经过占卜，秦始皇还是决定再次出巡。在此之前，他的长子扶苏因为在"焚书坑儒"等政策上有不同意见，被秦始皇派往上郡监管蒙恬的北方边防军。

公元前 210 年初，秦始皇带着左丞相李斯、上卿蒙毅、中车府令赵高等人以及他心爱的小儿子胡亥一同出巡了。他们先来到了今天的湖南一带，在九嶷山祭祀过虞舜，然后前往长江三角洲，在会稽山祭祀夏禹，似乎是想借此平息山鬼的怨气。

南方的山鬼是否对秦始皇有怨气，我们不得而知，但是南方人肯定是对秦始皇有怨气的，为首的就是项家叔侄。当秦始皇的车队抵达长江三角洲时，自吴县（今江苏省苏州市）来的项梁和项羽跟大伙一起围观了秦始皇的车驾——自从上次项梁被抓后逃脱，他就带着侄子项羽潜藏起来，最终一路来到这里。

见了秦始皇的赫赫仪仗，年轻的项羽说道："彼可取而代之！"他还要胡乱放言，被叔叔项梁及时制止了。

项羽敢在围观秦始皇车队的人群中这样乱叫，而且没有被举报逮捕，大概也是仗着项家子弟宾客很多，人多势众。但是能说出这样的话，可见其心胸，项梁自此开始格外重视这个侄子。

坐在车队里的秦始皇不知道这个插曲，他结束了在长江三角洲的巡视，随即转而北上，去往他最熟悉的海滨旅游胜地琅琊山，方士徐市正在那里等候着他。

先前，包括徐市在内的一众方士多次入海求不死药都一无所获，这一次也不例外。不过，为了向秦始皇讨要经费，徐市还是找到了一个新的借口：

"我们已经看到蓬莱岛了，不死药就在岛上，但是海中有大鲛鱼阻拦，我们上不了岛！希望陛下派一些擅长射箭的士兵护送，见到大鱼就射死，这样我们才能登上岛为您求得仙药。"

徐市这番话的本意，很可能是想向秦始皇索要一支真正的军队，以便帮他征服朝鲜半岛南部或其附近的某个岛屿。毕竟，仅仅靠着乳臭未干的 3000 童男童女，徐市也干不出什么大名堂。但是，听了他的请求的秦始皇却另有想法。

秦始皇在山顶观海已毕，又忙碌了一天，当夜就梦见一个形状像人的海神，这海神竟带着军队跟自己打了起来。次日，秦始皇把随行的博士召来占梦。这些博士了解秦始皇的心思，学会了方士们的"齐东野语"，便顺着前一天徐市讲的话敷衍秦始皇说：

"这个海神是个恶神，会化作大鱼蛟龙出现。把恶神除掉，也就是除掉大鱼，善神就会应您的祈祷而来了。"

听几人都这么说，秦始皇兴奋了起来，决定亲自去和所谓的海神较量一番。于是他率领水师驾帆出海，绕着山东半岛航行了数百里，终于在今山东省烟台市附近的洋面上看见一条巨大的鱼（或许是某种鲸），并亲自用连弩射杀了这条大鱼。连弩就像是古代的一种机关炮，可以连续发射弩箭，但是射程不远，只宜近距离群发。由此可以猜想，秦始皇肯定是把船开到了离这条大鱼很近的位置才进行射击的，可以说非常危险了。

演完这场秦朝版的"老人与海"，秦始皇终于把自己折腾病了。

秦始皇亲手除掉了大鲛鱼，徐市摆出一副信心满满的架势，再次乘船出海去寻找长生不死药了。秦始皇则不打算在原地等待徐市，在徐市带着药返回之前，他想先去从前的娱乐之都，也是自己的出生地邯郸，放松一下疲惫的身心。

这时已是夏季，49 岁的秦始皇躺在御用马车里，通过可以推拉的铜制车窗，他看见外面的大地上红日升腾。

在前往邯郸的路上，秦始皇的病情开始恶化。在一些随行人员的劝说下，秦始皇把上卿蒙毅派回会稽郡，让他代表自己向山川祈祷，以便平息山鬼们的怨气，之后带着胡亥、李斯、赵高等人慢慢行至沙丘。

沙丘此地并不像它名字显示出来的那么荒凉，恰恰相反，这里是一个风景旖旎的地方，位于今河北省邢台市一带。这里是从前商纣王建酒池肉林的地点，相当于一个动植物苑囿和楼台宫殿游览区，距离纣王的都城不远。后来，赵武灵王在这里重建了王宫，并将其作为自己退位后的疗养圣地，只是没想到最终爆发"沙丘之变"，因为几个儿子之间的争斗，他被活活饿死在这里。

正因为有了商纣王和赵武灵王的先例，沙丘宫一向被视为不吉利的地方。后来这个地方更是被称为"困龙之地"，历代帝王都要绕着走，避之唯恐不及。

秦始皇没想这么多。走到平原津时，他感觉身体不适，就临时决定入住附近的沙丘宫，然而这一住就再也出不来了。

纵观秦始皇前 49 年的人生，其实是极其顺利的。站在列祖列宗多代巨人的肩膀上，他一举吞灭了已经失去半壁江山、奄奄一息的韩、赵、魏、楚等国，对燕、齐二国形成压倒性优势，最终顺理成章地在一代人的时间内解决了几百年都没能解决的统一问题。建立起大一统的秦朝后，秦始皇的统治最初也没有遭到太大挫折，即便他继续与匈奴、百越作战，又多次派舰队渡海寻找长生不死药，秦朝也依旧稳固，统一货币、文字、法律、度量衡等改革措施也能顺利推行。

但是问题就出在这里了，秦始皇的项目制定没能量入为出，目标太多，野心太大，而且不顾全国各地的不同情况，片面采取"一刀切"的政策，终于引发了严重的经济危机。他被迫采用货币贬值等措施补救，经济危机得到了暂时缓解，但是又在其他方面引起了更广泛的问题。最终，秦朝停止了对外扩张，大批功臣和死伤士兵家属无法获得法定的抚恤，派到各地的官员面对的是早已破产的地方官府，全国自下而上逐渐离心离德。此外，知识分子们对秦始皇的意见也很大，因为"焚书"和推广"以吏为师"，他与士人阶层产生了不小的摩擦。

对于秦朝来说，秦始皇去世的时间不算是最理想的，但是也绝不是最糟糕的。

虽然在秦始皇生前没有出现全国性的大规模动荡，但是汉朝初年的人们普遍相信，如果他继续统治下去，大崩溃是迟早的事情。人们还认为，秦始皇有一个扭转乾坤的机会，那就是任命一直与他政见不合、意识形态倾向于儒家的长子扶苏作为继承人。如果扶苏登基，必然会修正秦始皇为政上的失误，放弃一些得不偿失的边疆土地，暂缓正在建设的大型工程项目，同时开放言路，允许人们提意见和参议政事。经过这样的调整，秦始皇末年风雨飘摇的局面也许就可以柳暗花明、二度逢春了。

然而，秦始皇在沙丘宫中性命垂危之时，扶苏并不在他的身边，侍奉在侧的是左丞相李斯、中车府令赵高和小皇子胡亥。

# 沙丘政变

按照《史记·秦始皇本纪》的说法，秦始皇生前留下了遗嘱，要求正在河套平原指挥北方军队的长子扶苏返回咸阳参加自己的葬礼。言外之意，秦始皇希望由扶苏来继承皇位。这一遗诏被交到了负责管理玺印的中车府令赵高手里，而赵高的另一重身份是秦始皇小儿子胡亥的老师。

作为秦始皇身边的近臣，赵高在木板上抄好秦始皇的遗诏，捏着只有二寸见方的传国玉玺，蘸了印泥，向木板盖了上去。这块木板还要拿另两块木板夹持住，外面用丝绳捆上，为了防止邮递员在路上私拆，丝绳打结处要再压上封泥。为了避免有人毁坏印泥而拆信，按照当时的通行作法，赵高再次拿出玉玺，在封泥上边扣了一个印。这样一来，遗诏就绝对保密了。秦始皇看到印泥盖好，觉得万无一失了，这才放心地合上了眼睛。

作为中国历史上的首任皇帝，秦始皇第一次把中国的广袤国土真正统一到一起，可谓"功盖五帝，泽及牛马，人迹所至，无不臣者"。然而就是这样一位英豪，却没有死在咸阳或长安的豪华宫殿中，而是在沙丘的离宫里安安静静地去世了。他走后，留下的是一个风雨飘摇的王朝。

左丞相李斯等随行官员都在场听到了秦始皇的遗诏，于是在秦始皇咽气后，他们准备一面返回咸阳，一面迎扶苏回京来主持葬礼，并登基继位。不过，由于秦始皇死在外地，返回首都还需要一段时间，为了政局稳定，他们商量后一致决定先对外保密，也就是"秘不发丧"。

秦始皇去世时，镇守首都咸阳的是右丞相冯去疾和御史大夫冯劫这对父子，同时还有秦始皇的其他十多个儿子，至于秦军的主力，一部分在北方长城防线跟随扶苏和蒙恬抗击匈奴和东胡，另一部分则跟随任嚣和赵佗等将领在遥远的岭南攻击百越。这样看来，当时大秦朝廷可谓相当空虚。

这样的安排符合秦始皇的战略部署：把"老秦人"派到秦朝新征服的各处领土上去，把被征服的东方六国精英迁到首都咸阳附近，最终实现全国政治、文化的大融合，秦始皇本人则可以时常带着半数朝臣巡视各地，以确保对局势的完全掌控。

秦始皇没有料到自己会死得这么早，因此接下来局势的变化就无法完全按照他的计划来进行了。

表面上看，秦始皇死后，扶苏一派的实力最强。

扶苏是秦始皇的长子，秦始皇去世时他大约 30 岁。虽然扶苏的母亲身份不详（其他秦朝皇子的情况也一样），但是其威望显然高于其他皇子，政治、军事经验也最为丰富，但由于在"焚书坑儒"等问题上与父皇意见不合而被派到北方前线，与大将蒙恬一起执掌北方长城军团这一秦朝最强的军事力量。

扶苏的助手蒙恬是秦朝大将，他的祖先来自齐国，具体地说是今山东省临沂市附近。该地居民在先秦时期以精通兵法闻名，据说兵圣孙武的后代孙膑和齐国另一位名将司马穰苴都来自这里，临沂市的银雀山大墓更是在 20 世纪末出土了很多汉代的竹简兵书，可见此地自古兵学文化之盛行，堪称中国军事家之乡。蒙氏家族很早就移民到了秦国，此后几代人都为秦国效力，依靠家传的兵法得以在秦国担任高级将领，蒙恬就是如此。但是，蒙氏家族一向以军事能力见长，从未担任过丞相、御史大夫一类的高级行政长官，蒙恬的弟弟蒙毅担任的上卿已经是家中最高官职了，所以在朝廷中枢里他们不算政治经验丰富的。

扶苏的竞争者是秦始皇的另外十几个儿子，其中秦始皇的小儿子胡亥是竞争力最强的一个，虽然他尚未成年，也缺乏政治经验，但是很受父皇的喜爱。在扶苏被派到北方监军以后，秦始皇出巡时总是把胡亥带在身边。秦始皇晚年，身边都是李斯这样善于察言观色、领会皇帝意图的官员，因此在胡亥身上下注的大臣越来越多。

作为胡亥的老师，赵高自然非常希望秦始皇能够把皇位传给胡亥，然而他拿到的遗诏却是让扶苏继位。赵高与蒙恬、蒙毅兄弟早就有过节，他推算，如果扶苏继位，那么蒙恬、蒙毅兄弟肯定会得到重用，负责传遗诏的自己即便一时得到奖赏，以后也不会有什么好下场，所以他动起了别样的心思。

赵高的官职是"中车府令行符玺事"，本来就负责在皇帝出巡期间掌管传国玉玺，此时又手握秦始皇遗诏，在短期内拥有了近乎无限的权力。他深知自己必须抓住这一机会，让之后的政局尽可能朝对自己有利的方向发展。

对赵高本人来说，最好的解决方案是利用职务之便销毁秦始皇的遗诏，另造一份让胡亥继位的假遗诏，然后借胡亥之手把扶苏、蒙恬、蒙毅等人全部干掉。幸运的是，为了政局稳定，所有随行官员都同意暂时秘不发丧，等到返回咸阳以后再公布秦始皇的死讯，这就为赵高实行计划提供了充足的时间。

在确定秦始皇咽气以后，赵高便去找了他的学生——还不敢公开服丧的皇子胡亥。当着胡亥的面，赵高拆开秦始皇的遗诏，给他看了里面的内容。

胡亥看完，愣愣地说："这是理所当然的啊。我听说，知子莫如父，知臣莫如君。父亲去世，大哥接班，不是很正常吗？"

赵高说："现在天下的权柄就在你我手中。我只要把信的内容改了，说是让你继位，然后再重新封上封泥、加盖印玺，天下就是你的了。"

胡亥听了大惊："可是，我作为弟弟跟哥哥夺权，属于不义；父皇去世了，我篡改他的遗嘱，属于不孝；我的本事一般，才能浅薄，勉强当皇帝，属于无能。我连做三样缺德的事情，即便篡夺了皇位，天下人也不会服气的！"

胡亥能说出这番话，可见他平时所学的并不全是法家赏罚趋利的学说，"孝""义""德"三个字在他的口中铮铮作响，体现的全是儒家的核心观念。再加上亲近儒家的扶苏，这么看来，秦始皇其实并不排斥让贵族子弟接受儒家思想的教育。就算秦始皇搞过所谓的"焚书""坑儒"，但他打击的主要是民间杂乱的思想言论，没有彻底灭绝儒家的意思。

作为皇子胡亥的老师，赵高一定也没少研习儒家经典。他听了胡亥的发言，笑道："控制别人与受制于人，岂可同日而道？从前商汤和周武王杀了他们的主子，天下却称赞他们是在行大义；卫国国君杀他父亲，孔子照样认可他，也没有说他不孝。你就不要犹豫了！"

胡亥看老师赵高把孔子都搬出来了，内心就开始动摇，考虑良久终于喟然长叹，答应了赵高。但是考虑到孝道，他又对赵高说："如今我父亲的尸体还在那里停着，丧礼也没有办，在这时就实施计划恐怕不好吧？""孝"不是只有儒家提倡，整个秦王朝都是非常强调"孝"的，比如在云梦出土的秦法令竹简里，同样是打架犯罪，如果是子女打亲长，就要格外严判。

对于赵高来说，孝道可没有性命重要。他对胡亥说："时间不等人啊，我们现在就要行动。"

说服了胡亥，赵高下一个要争取的对象是左丞相李斯。

李斯本来是楚国人，最初投靠到秦国丞相吕不韦的门下。吕不韦倒台后，其门客幕僚大多结局悲惨，不过聪明的李斯早就改换了门庭，追随了秦始皇（那时还是秦王政），之后历任郎官、长史、客卿等职。李斯作为新移民，还有曾经在吕不韦门下效力这样的黑历史，按理说在秦国政坛上并没有什么根基，但是他非常善于揣测秦始皇的意图，在统一六国后接连提出全面推广郡县制、统一文字、"焚书坑儒"等建议，都很符合秦始皇本人的想法，所以才在秦始皇晚年被升为了左丞相。

原本能够对赵高的计划造成威胁的还有右丞相冯去疾和上卿蒙毅，可前者远在咸阳，后者又在秦始皇去世之前被派去南方的会稽郡祷告山川，他们都恰好不在秦始皇的身边，如此一来，李斯就成了这一行人中官职最高、权力最大的一个，赵高想要篡改秦始皇的遗诏，最后的关键只在李斯一人。

假如丞相李斯给扶苏发一封信，揭发赵高捏碎封泥、篡改诏书的阴谋，扶苏带着边防兵杀过来，轻而易举就能诛杀赵高。为了自己的性命着想，在劝说完胡亥之后，赵高就赶快出门去找李斯了。

沙丘的离宫建在高高的平台上。从离宫大门进去，是空旷的庭院，左右点着柴燎，火光熊熊。站在庭上，凭着火光向远眺望，落寞的大地夜凉星稀。赵高悄悄穿过红光摇曳的庭院，转弯走进李斯所在的宫室。

面对李斯，赵高开口说道："如今皇上已经驾崩，要我授书给公子扶苏。我打算把诏书改了，让胡亥当接班人。"

李斯神色大变，惊叫道："你疯了吗？这么做是大逆不道！"

"不必这么激动，这事只在君侯与我之间就能定下。"

"你这是亡国之言啊！不要再提了。"

"只要你答应了，改一份新诏书，一切就算定了！"

经过几番辩论，李斯还是表现得很强硬，但是这并没有令赵高气馁。经过这些年，李斯已经磨平了锐气，早就不是那个写《谏逐客疏》的年轻人了。做的逆龙麟的事少了，苟且顺应秦始皇的事多了，秦始皇一死，他就没了主心骨，所以赵高自认为有把握说服他。

赵高说："请问，能力、功劳、谋略、在百姓中的口碑，还有与扶苏的关系，君侯与蒙恬相比谁强谁弱？"

李斯想了一会儿，回答道："这些方面我似乎都不如蒙恬。"

赵高继续说道："公子扶苏继位以后，必定任用蒙恬为丞相，那样的话，我猜测君侯你就不能怀揣侯爵的印绶荣归乡里了。"

听过这话，李斯沉默了。

确实，一旦扶苏称帝，重用蒙恬，李斯就将身处尴尬的境地，保不齐要让出丞相之位，甚至会被当作秦始皇晚年错误政策的替罪羊。但李斯又想，自己已经年迈，即便扶苏、蒙恬当权，也不至于对自己下死手，要不一切都听天由命吧。他疲倦地吐出一口气，说："老夫奉皇帝的明诏，听从天命，未来的事情顺其自然，并无二话可讲。"

"您的见识什么时候这么短浅了？"赵高继续劝，"现在的您看似很安全，其实很危险。您连自己的安危都不能自主，怎么能算是圣人？"

"够了，你不要再说了。"李斯停了一会儿，又说："你这不是作为人臣该打的主意。从前晋献公更易太子申生，晋国三世不安；齐桓公兄弟争位，爆发流血冲突；纣王杀了自己的亲戚，社稷变为废墟——这都是上天在惩罚他们的逆天行为。我李斯不过是个凡人而已，如何能拧得过上天的意志和力量？"

赵高从这段话中感觉到李斯的立场稍有松动，于是说道："只要我们通力合作，扶立胡亥是很容易的，从此便可以保您富贵无边，永远当侯爵。如果您不听我的，等扶苏、蒙恬来了，我跟胡亥是没前途了，您自己也得被蒙恬挤下位，一旦失去权力，不要说您自己，连您的子孙也都难保！"

李斯没有话可讲了，因为赵高的分析很有道理，所以经过翻江倒海的思想斗争，最终还是屈服了。不过，与其说李斯是屈服于赵高的胁迫，不如说他是屈服于自己对丞相一职的留恋和对荣华富贵的欲望。

在欲望面前，人会变得软弱。李斯走至宫台凭栏处，不禁垂泪叹息道："我年纪大了，又不能死，只好活着，活着就要为下一步做打算。背叛先帝的遗嘱，能把我家族的命延续下去吧。"他是真的感觉到生死皆难的沉重了。

既然答应了赵高，就没有什么好犹豫的了，一直擅长见风使舵的李斯便积极配合赵高的计划。他们把秦始皇的遗体用盐和咸鱼包裹起来，以此掩盖气味，然后以最快的速度返回咸阳。之后又成功地用类似的话术说服了右丞相冯去疾等朝廷大臣，让他们接受伪造的诏书，立胡亥为新皇帝，进而命令镇守北方边境的扶苏和蒙恬自杀。

# 扶苏为何而死

《史记·秦始皇本纪》中关于沙丘政变的这段记载非常详细，但是正因为过于详细，反而让后人疑惑：司马迁从哪里看来的赵高、李斯和胡亥三人如此隐秘的谈话记录？还是说司马迁和古希腊史学家修昔底德心有灵犀？

修昔底德曾说："在这部历史著作中，我援引了一些演说词，有些是在战争开始之前发表的，有些是在战争期间发表的。有些演说词是我亲耳听到的，有些是通过各种渠道搜集到的。无论如何，单凭一个人的记忆是很难逐字逐句记载下来的。我的习惯是这样的：一方面使演说者说出我认为各种场合所要求说的话，另一方面当然要尽可能保持实际所讲的话的大意。" [1] 可见在修史者笔下，不免有增补、润色的地方。

这么看来，我们只能说《史记·秦始皇本纪》的有关记载反映的是汉朝初年社会上对沙丘政变的主流观点，带有鲜明的反秦特别是反胡亥和反赵高的色彩，虽然详尽，却未必符合事实。

当时也存在一些其他的说法，例如出土的汉代初年竹简文献《赵正书》中就说，秦始皇临终时向李斯口述遗诏，要求立胡亥为皇储。相比《史记》，这可能更接近于秦始皇去世前后秦朝官方的版本。

不过，秦始皇既然已死，他的本意如何其实已经不重要了。如果非要说，从他生前的所作所为来看，秦始皇的本意更可能是根本不立皇储，因为他还在等徐市从东海

---

[1] 修昔底德著，徐松岩译：《伯罗奔尼撒战争史》第一章 22.1，上海人民出版社，2017 年。

仙岛带回长生不死药，然后健康地统治天下成千上万年呢。

秦始皇的高度集权作风，使得国家治理完全系于他一人，一旦他本人去世，他的任何一位继承人都难以接手那异常繁重而复杂的工作，整个国家的政治系统会出问题，很多事情的处理方式都无法延续，最后只能推倒重来。这时候，朝廷就会成为各方势力的博弈场，只不过赵高抓住了好时机，在博弈开始前就占尽了先机。

本来，如果扶苏、蒙恬和蒙毅中哪怕有一人跟随秦始皇抵达沙丘，或是留守在咸阳，赵高的计划都会受到较大的阻力，但是他们偏偏都不在场。秦始皇晚年主动调离扶苏，格外宠爱胡亥，每次活动都带上胡亥，这是众所周知的事情，而秦始皇在病重时命令蒙毅离开自己身边前往会稽，很可能也有调虎离山的意思。在这种情况下，没有人会怀疑胡亥的地位，几乎所有朝臣都会在胡亥身上下注，与之结成利益联盟。所以说，赵高拥立胡亥的计划其实符合秦朝朝廷中枢内大部分官员的利益，能顺利推行也就不足为奇了。

现在，有了大部分朝臣的支持，赵高的计划其实只剩下一个风险：扶苏和蒙恬孤注一掷，率领北方军团从长城一带南下，攻打咸阳，挑起内战。但是要想这样做，扶苏和蒙恬必须先知道秦始皇的死讯，做好出兵准备。这需要时间，而赵高和李斯根本就不打算给他们机会。

秦始皇在军队中建立了严格的管理制度，所以李斯和赵高用一纸诏书（可能再加上虎符），就将蒙恬的军权转移给了他的副将王离。

同样是军事世家出身，王离一直是蒙恬的主要竞争对手，而且他的家族是秦国本地的，所以在军队中的民意基础更为扎实。王离的祖父王翦为秦始皇征服了楚、燕、齐等诸侯国，是推动统一进程的最大功臣。蒙恬、蒙毅兄弟的父亲蒙武当初是王翦的副将，蒙恬本人也只在父亲去世以后才参加了统一战争中的最后一场灭齐之战，而且因为齐王田建没有抵抗，所以其实不曾打过什么恶仗，然而现在他却压在王离头上，王离心里多少有点不平。

从王离的角度来看，即便他伙同蒙恬辅佐扶苏打下咸阳，赢得内战，获利最多的也是蒙恬，自己顶多不过取代目前蒙恬的位置，成为新的北方军团司令。可现在胡亥一纸调令打压了蒙恬，已经给了他这个职位，所以出于个人利益考虑，王离也会选择支持胡亥即位，协助李斯、赵高集团拘捕扶苏和蒙恬。

除了王离，扶苏和蒙恬在政坛上还有很多明面的和潜在的敌人。因为秦始皇晚年多次显示出不喜欢扶苏的倾向，官员们纷纷见风使舵，导致作为扶苏助手的蒙恬在政治上能打的牌只剩下他的弟弟——上卿蒙毅，可惜蒙毅在秦始皇去世时偏偏发挥不了作用。

这是秦始皇生前的各种政治部署必然导致的结果，李斯和赵高颁布的秦始皇遗诏是否真实，胡亥是否属于篡位，已经不重要了。

公元前 210 年，胡亥即位，是为"秦二世"，他命令扶苏、蒙恬、蒙毅自杀。

在《史记·蒙恬列传》里，蒙恬临死前这样说：

"我家从祖父到孙子，已经连续三代为秦立功了。现在我统率着 30 余万士兵，虽然已经被囚禁，也还有造反的能力。不过我还是要坚守臣子的节操，即便明知必死，因为我不敢辱没祖先的教诲和先帝的恩德啊。"

蒙恬真的还有能力反抗已经登上皇位的胡亥吗？这并非易事，因为首先一个问题就是北方军团人人都有后顾之忧——即便蒙恬不顾及自己在咸阳的家属，众多士卒也要考虑到家人的安危。

与春秋战国时的其他诸侯国相比，秦国历来极少爆发内战，就是因为它一直在执行严格的家属连坐政策。换句话说，军人一旦发动叛乱，他们留在后方的家眷就会被杀光。这种政策延续到了统一六国后。所以，在胡亥以新皇帝的身份命令王离取代蒙恬后，诏书一到达长城前线，扶苏和蒙恬马上就会失去指挥权。这样一来，扶苏和蒙恬仅存的活命机会就是立即设法逃往长城以北的匈奴领地。但是匈奴刚刚被秦军重创，对蒙恬恨之入骨，很可能不会收留他们。而且，当时北方草原上已经因为匈奴屡次被秦军打败而出现了"东胡强而月氏盛"的局面，连匈奴领袖头曼单于都得把太子冒顿送到月氏去当人质，所以即便匈奴人同意收留扶苏和蒙恬，凭实力也庇护不了他们多久。

综上所述，赵高之所以能够说服李斯等大臣拥立胡亥，逼看似兵权在握的扶苏、蒙恬自杀，是秦廷各方力量出于自身利益理性考虑的结果。无论秦始皇遗诏的真实性如何，根据他晚年进行的政治部署，胡亥上位都是必然结局，而且还是死亡人数最少、造成波动最小的结局：即使把扶苏、蒙恬以及他们的家人都加起来，再算上胡亥后来处死的兄弟姐妹，总共死了几百人；如果让扶苏当皇帝，蒙恬、蒙毅兄弟当最高执政官，胡亥、赵高等人肯定保不住性命，而鉴于蒙氏兄弟与朝中其他官员的固有矛盾，李斯等许多秦始皇晚年的宠臣也必然会被贬斥甚至处死，再进一步则很可能会爆发伏尸百万、血流漂杵的内战。

相较而言，胡亥登基称帝，似乎可以维护秦始皇留下的绝大部分朝臣，延续了秦始皇晚年的各项政策，看上去像是一个除了扶苏、蒙恬集团的少数成员之外，能让天下官民皆欢喜的结局。

然而，达成这个结局还需要考虑一个问题：胡亥能否担得起皇帝的重任，对天下进行有效的、成功的统治？

# 下篇
# 后秦始皇时代

第十四章

**揭竿而起**

# 秦二世的屠刀

秦二世胡亥当上皇帝时才 21 岁左右，正值大好年华，当时的咸阳城内肯定没有人能够想到，仅仅 2 年后他就会被逼自杀。实际上，在结局到来之前，秦二世有好几次机会都可以扭转秦国家和个人命运，只是他都错过了。

登基后，胡亥听了赵高的劝说，清洗掉了与扶苏、蒙恬兄弟关系密切的老臣，之后又将目光转向各郡县大吏。

赵高向秦二世进言：

"您应该赶紧找些罪名，把各郡县的官吏们都除掉，然后把那些出身寒微的人提拔起来。远在地方上的人弄到了中央要职，穷的人被赐予了财富，这样他们就会对您感恩戴德、忠心耿耿，您的皇位也就牢不可破了。我们还可以修改法令，把法网变得细密，条律变得苛刻，这样就好寻这些地方大吏的过失了。实在不行就实施连坐，比如只要有一个小吏犯事被抓，通过株连，就可以把县令也给法办了。同样，这个办法也适用于郡守和朝臣。"胡亥听后连连拍手称赞。

胡亥开始像秦始皇一样巡游天下，只是速度更快，在短短三四个月内就从咸阳走到了江东，再从江东一直向北走到辽东，成为第一个亲自到过东北的皇帝，也是隋炀帝之前唯一一个到过东北的大一统政权的皇帝。按照赵高的建议，胡亥一边巡游，一边给地方官员挑毛病，随后将其就地革职以至诛杀。他们这样做，是因为秦朝的中央官员和地方官员俨然是两个集团，秦二世胡亥是近几年全面倒向他的中央官员们拥立的，但是很多地方官员还是从前扶苏得宠时被秦始皇任命的，与扶苏、蒙恬兄弟关系密切，因此必须被清洗。

接下来，胡亥和赵高仓促地让他们亲信的人顶替这些地方官员的位置。这些人上位后，为了巩固自身权势，并在胡亥面前表现自己，加重对百姓的压榨，加上他们不熟悉当地情况，一时间闹得民怨沸腾。

造成秦朝统治者与被征服地区老百姓上下离心的主要原因，是秦朝法律与原六国文化之间的冲突，其中最重要、影响最广泛的一种冲突，就是秦朝法律鼓励父子、夫妻、兄弟、邻居等相互检举告发，而原六国法律通常都不支持这种行为，甚至不把涉案人员的亲属视为有效证人。秦国能够推行"什五连坐"法，是因为秦国自古就是小家庭结构，男子成年之后必须与父母分家，否则赋税加倍。社会"原子化"的结果就是秦国不存在东方式的大家族。在东方各国被秦征服之后，这些大家族在理论上会被秦律迅速拆解，但在实际工作中，人们的观念根深蒂固，秦朝官吏很难雷厉风行地完成秦始皇交给他们的任务，摧毁下辖的所有大家族势力，所以他们通常都是睁一只眼闭一只眼，用文过饰非、欺上瞒下的手段度日。

以秦朝区区十几年的寿命，根本来不及彻底整合原六国的社会组织，如果强行改造，只能制造越来越激烈的官民对立。偏偏秦二世登基以后，执法更加严格，他在巡视时找到了地方官员工作不到位的地方，就将其惩办，新换上来的官员因此不敢不严格执行秦法，于是官民对立更加激烈，而这些新官员又没有办法解决矛盾，直至自己离了衙门就寸步难行。

此外，天下官民之所以在秦二世刚刚登基不久就与他离心离德，还有一个让汉朝儒家学者讳莫如深的重要原因。

据《晋书·礼制》记载，西晋时的尚书杜预以为："古者天子诸侯三年之丧始同齐斩，既葬除丧服，谅暗以居，心丧终制，不与士庶同礼。汉氏承秦，率天下为天子修服三年。汉文帝见其下不可久行，而不知古制，更以意制祥禫，除丧即吉……秦燔书籍，率意而行，尢上抑下。汉祖草创，因而不革。乃至率天下皆终重服，且夕哀临，经罹寒暑，禁塞嫁娶饮酒食肉，制不称情。是以孝文遗诏，敛毕便葬……"也就是说，秦始皇生前受儒家学说影响，笃信以孝道治国的理念，所以立法规定，当皇帝死后，全国上下都要像死了父母一样，为皇帝服丧三年。在这三年内，所有人都要穿麻布丧服，停止结婚、性爱、喝酒、吃肉、听音乐等活动。

这个规定对社会底层的贫苦民众影响不大，但是严重影响了中上层，尤其是精英集团的生活和利益，还摧毁了全国的养殖业、酿酒业等行业。特别是三年不许结婚和发生性行为的规定，直接导致在秦始皇死后，从公元前 209 年到前 207 年的这三年内，全国人口出生率暴跌到接近于零，可谓"千日无孩"，以致二三十年后的汉惠帝和汉文帝朝廷不得不面临无人可用的局面。汉文帝发现这一问题后痛定思痛，规定自己死后全国民众只需要服丧 36 天，这样汉朝的统治才得以巩固和延续。

秦二世作为秦始皇的好儿子，坚定地推行父皇"不称情"的荒唐居丧制度，导致他登基后不久全国官民便对秦朝统治更加不满。此事对于致力于把秦朝描绘成"反儒政权"的汉代儒生来说非常尴尬，所以他们一直避而不谈，直到汉朝灭亡以后，西晋学者杜预才将此事公之于众。

不过，在效仿秦始皇巡游的过程中，秦二世胡亥还是做了两件有意义的事情。一是他发现秦朝境内居然还有一块名义上独立的土地，也就是黄河北岸的卫国，于是下令废除卫国国君，将卫国变成了秦朝的一个县，从而彻底完成了大一统。二是他在巡游过程中发现，某些地区民间依然存在使用战国时期诸侯国货币的现象。因为在秦国早期的扩张过程中，秦半两比秦军更快地征服了东方六国，因此秦始皇虽然提倡统一货币，却觉得没有必要再专门出台法令来禁止东方六国货币的流通，结果就在市场上留下了一些缺口，残留的六国货币依然流通不止。这些战国货币上面的文字令秦二世看得很不舒服，他下令"复行钱"，也就是统一全国的货币，严格禁止除秦半两以外的其他货币流通。

等朝中官员和地方官吏都变成了自己人，胡亥感觉自己的皇位稳了很多，但还有一个隐患——他害怕自己的兄弟来争夺皇位。于是在返回咸阳以后，他再次听信了赵高的进言，将刀尖转向了自己的血亲。

秦始皇的 24 个儿子（即"皇子"，汉朝贬低秦朝，把这些皇子都贬称为"公子"），有 6 个在咸阳东郊的杜县被处死，有 12 个被处死在咸阳市内。所谓"咸阳市"，就是咸阳的农贸市场。当时做生意的不许沿街设摊开铺，百姓只能在被围墙围起来的专门地方做买卖，这个专门的地方就叫"市"，市里店铺成排，很是热闹，而秦始皇的皇子们就在热闹声中被扒光衣服按在案子上砍头。

皇子将闾兄弟 3 人因没有罪名，被胡亥囚禁在皇宫里，随后被迫拔剑自杀。算下来，秦始皇的儿子已经死了 21 个，加上之前自杀的扶苏，就是 22 个。在胡亥本人之外，还活着的一个是皇子高（公子高）。

从前，皇子高比较受秦始皇的宠爱，经常和秦始皇一起吃饭、坐轿，受宠程度仅次于胡亥，所以早就被胡亥记恨上了。听说胡亥杀光了其他兄弟，皇子高预料到自己会死得更惨，于是上书，请求给秦始皇殉葬。

秦二世见此非常高兴，笑着对赵高说："这个人真是走投无路了，自己来求死。"

赵高也高兴地说："这些人整天担心着自己的安危，哪还有心思奢望做皇帝。"

皇子高在骊山给秦始皇殉葬，胡亥并没有就此收手——秦始皇的女儿们也遭到了他的嫉恨。

秦二世胡亥生怕自己的姐妹想当女皇，或者与丈夫一起来反对自己，就把 10 位公主在杜县磔死了（割裂手足致死）。不过，有一个公主没有被惩办，她就是丞相李斯的儿媳妇、新任三川守①李由的妻子。李斯是秦始皇一朝的重臣，得秦始皇看重，他的儿子娶公主是秦始皇本人亲自拍板同意的；而改朝换代后，李斯又是拥戴胡亥称帝的头等功臣，他的儿子飞黄腾达，晋升三川守，也是情理之中的事情。此时的胡亥和赵高一来将李家视为自己人，二来也慑于李斯的权势，所以才没有对这位嫁进李家的公主动手。

除掉了兄弟姐妹，秦二世的皇位坐稳了，最大限度上避免了王室内乱，但也成了真正的孤家寡人。不过他不在乎，而是又开始为另一批人烦恼，那就是秦始皇留下的大批嫔妃宫人。这些嫔妃掌握着秦朝皇宫里的许多秘密，年纪也大都长于秦二世，引不起秦二世的兴趣，于是他想了一个特别简单的处理方法：给秦始皇生过子女的嫔妃

---

① 三川守，洛阳及其周围地区的郡守，也是秦朝最重要的一个郡守。

宫人，子女犯了死罪的，都应该被连坐处死；没有给秦始皇生过子女的嫔妃宫人，如果放出宫会产生不好的社会影响，不如到骊山去给秦始皇陪葬。就这样，嫔妃宫人要么遭到了处决，要么被迫自杀，宫中顿时一空。

近年来，在秦始皇陵周围的随葬坑里发现了一些年轻男女的尸体，从骨骸看上去他们健康条件良好，没有干重体力活或骨折后痊愈的痕迹，不像是修皇陵的劳工，但尸骸却被砍碎。考古学家认为，他们很可能就是被秦二世杀害的兄弟姐妹和秦始皇的嫔妃宫人。


秦二世登基之初还算勤政，他效法秦始皇，凡事都亲力亲为。从秦二世这时的一些言行来看，他似乎很担心其他人看不起他的执政能力，思维则较多地受墨家影响（他看过关于大禹亲力亲为和俭朴生活的书）。

墨家总是直来直去，缺乏综合考量与辩证分析，因此往往极端化，比如说他们认为，既然厚葬费钱，那就干脆直接取消葬礼，挖个坑把已故亲人的尸体草草掩埋就算完。秦二世干了不少这样直来直去的事，比如几乎干掉了自己的所有亲族，比如在短期内处决了大批贵族和高官，再比如从本就守卫力量匮乏的中原各地抽调 5 万名精兵到咸阳周边驻扎，并且要求他们自带干粮，官府不再无偿提供饮食。中原各地的防卫力量变得更加空虚，而本来就对秦朝统治日益不满的各地军人们被调入关中后，对自己得到的待遇也更加不满意。

秦朝统治到这时本来就问题一堆了，秦二世偏偏重锤出击，于是朝廷很快就像一架突然失去许多关键零件的机器，开始失速并渐渐停止运转了。

秦二世胡亥的所作所为究竟要为秦朝的崩塌负多少责任，这一问题后来在社会上引起了热烈的讨论。汉朝初年的主流意见认为，秦朝的体制早已无法继续运转了，秦始皇只是因为早死了几年才没有看到秦朝的崩溃，而胡亥的一系列操作只是加速了崩溃的进程而已。同样是在西汉初年，也有持相反意见的，比如《过秦论》的作者贾谊就认为，虽然秦二世刚登基的时候，百姓已经被秦始皇弄得疲惫不堪，家家户户饥寒交迫，但这时如果对百姓稍加安抚，他们就会非常知足，对新政权感恩戴德、大加颂扬。只不过胡亥似乎连一点儿安抚百姓的政策都不肯施行，甚至还在加紧压迫民众，这才导致起义爆发。这么看来，秦二世要对秦朝的灭亡负主要责任。

虽然贾谊的论证过程和结论不乏争议，但是他说的有一点我们可以完全肯定，那就是秦始皇晚年，全国老百姓已经被他折腾得疲惫不堪，甚至连大部分官吏也都挣扎在温饱线附近，并没有享受到大一统带来的成果。更糟糕的是，等秦二世上位，他及他手下的大臣们觉得，折腾老百姓的政策还可以加速推进。

秦始皇新死，尸体已经装进了秦始皇陵的地穴里，必须抓紧埋葬。时间紧迫，秦二世决定暂停阿房宫工程，把建造阿房宫的役夫们都派去增援骊山的皇陵工地。经过大批劳工加班加点的工作，秦始皇终于得以下葬。完事之后，秦二世又说，凡是秦始皇发起的项目都不许停工，于是骊山工地上的工人们又回到阿房宫，继续建造宫室。

役夫们拼死拼活修造出来的秦始皇陵，是中国大地上有史以来最大的坟墓，也是世界上规模最大的陵墓之一，堆起来的坟山高 100 多米。在秦始皇陵的顶上长着苍翠的树木，坟墓周围还建造了华丽的宫殿祭庙，全国各地进献的贡品都被摆放在庙里。这些宫殿祭庙围成内外两城，其中外城的周长足有 6000 多米。

据司马迁说，秦始皇陵用工多达 70 万人。其实从目前发现的秦始皇陵的规模来论，当时应该用不到这么多工人——整个陵园的占地面积有 25 万平方米，并不能满足 70 万人同时在里面施工。

古代东亚常有一些规模浩大的工程，如良渚文化（仅控制长江下游一小块地区）的莫角山，按现在的规模估计用土约 228 万立方米，而在 4000 多年前建造时它肯定还要大得多；再如汉武帝的茂陵，建于秦始皇陵的 100 多年后，用土约 85 万立方米；就连日本的仁德天皇陵，据估算也用土约 140 万立方米。

如果与"世界七大奇迹"之首埃及胡夫金字塔比起来，秦始皇陵的工程量则要逊色很多。胡夫金字塔用了 260 万立方米经过切割的石灰石，看上去比秦始皇陵的用土量少，但是石灰石的密度是黄土的 1.8 倍，更不用说建好金字塔还要对石灰石准确切割、运输、安装了。

秦始皇陵的原始用土约 300 万立方米（因水土流失只能大致估算），与中国、埃及、日本等地的古老陵墓相比，它的规模确实大，却不能算大得特别夸张，甚至可能远小于商纣王兴建的传奇建筑"鹿台"——《史记集解》称它"大三里，高千尺"。既然不是大得异乎寻常，就更无须同时动用少见的 70 万劳工了。要给这么多工人长期提供食宿，本身就可能把秦朝早已不堪重负的财政拖垮，秦始皇并没有愚蠢到这个地步。

考虑到建造秦始皇陵前后 39 年的漫长时间，再加上通过研究秦简得到的对秦朝徭役和刑徒制度的了解，笔者认为，所谓 70 万工人建造了秦始皇陵的真相可能是这样的：

在秦朝，除了个别爵位高和需要优待的人员外，徭役是全民都要履行的社会义务，它主要分三种，即更卒、正卒和戍卒。其中，更卒每年服役 1 个月，服役地点主要在家乡附近；正卒主要用于应对战争或大工程，通常服役 1 到 2 年，如限定时间内任务未完成则要延长；戍卒服役期通常为 1 年，主要是去边境巡逻。此外，秦朝法律细密，百姓动辄犯法，沦为刑徒。如果不触犯死罪，刑徒遭受的处罚包括罚款、在身上刺字、剃头发，此外还要加服劳役，时间大多在 1 到 3 年，最长不超过 6 年。

修建秦始皇陵的一部分工人是义务服役的自由人，大多数都只工作 1 年左右，工期最短的（关中本地的"更卒"）只有 1 个月，而长期做工的工人大多为各地的刑徒，一般也就工作 2 到 3 年，最长不过 6 年。这就意味着，在建造秦始皇陵的前后 39 年内，工人是在不停地更换的，平均每年只有两三万人在这里工作，这就与陵园 25 万平方米的规模相符了。70 万这个数字，很可能是 39 年来累计的全部"用工量"，也就是秦始皇陵项目部人事档案里登记有 70 万号工人，只不过他们并非同时在此工作，甚至还有一些曾经多次来服役的工人，因此存在重复统计的现象。

秦始皇陵真正震撼人心的并不是它的规模，而是它精致的内部结构和精巧的随葬品，它们反映了当时最高的科技和艺术水准。

据司马迁说，秦始皇陵里停放的棺材是铜的，有里外三重，之间放着各种奇珍异宝，包括吃饭用的鼎、喝酒用的樽和丝绸衣服等。棺椁的基本结构与周代王墓相似，只是要比它们大得多。大铜棺椁停放的墓室非常空旷，虽然在地下，却有 5 个足球场那么大，地面有用水银造的百川、江河、大海，还有仙岛、宫室、台观，穹顶有用各种宝石制成的日月星辰。此外，墓室里还摆放着人鱼膏做的蜡烛，据说可以长明不熄。为了防止陵墓被破坏或被偷盗，布置了众多弩机。秦二世还把吕不韦主政时期就在建造的"象人百万"从地上挪到地下，埋入秦始皇陵以东 1000 米处的土坑中，作为秦始皇的陪葬品，亦即现代人认知中的所谓"兵马俑"。

　　不过，诸如此类的"高科技"并不需要动用大批劳工，它们需要的是少数真正出色的工程师和艺术家。正如前文分析的那样，建造兵马俑大约只用了 1000 名艺术家和熟练工匠，同样，秦始皇陵其他复杂的地下工程和艺术随葬品也不需要数以万计的普通工人。整体来看，秦始皇陵在其 39 年的建造历史上，很可能大多数时候都维持着一支由 2 万名左右的普通工匠和 2000 名精英工匠组成的施工队伍，这对拥有约 4000 万人口（甚至可能更多一些）的秦朝来说，造成的社会冲击本来不会很大，至少绝不会像良渚人修建莫角山、古埃及人修建胡夫金字塔、日本人建造仁德天皇陵一样对当时的社会造成严重冲击。然而，到了秦二世上台的时候，与他的种种政策形成合力，秦始皇陵这类工程可能就成了压死骆驼的最后一根稻草。

# 绝望的戍卒

胡亥滥杀无辜、劳民伤财，却因此感觉皇权在自己手中握得愈加稳固。这时候，在秦朝首都以东 1500 公里的中原腹地，一群绝望的戍卒向他脸上狠狠给出一拳。

在淮河上游陈郡阳城县（今河南省登封市）的闾左里，生活着一位性情阴郁的中年男子，他名叫陈胜。

当时，城镇居民都是住在一个个有围墙的小区里，这种小区叫作"里"，里有里门。因为有时"里"也被叫成"闾"，"里门"因此也叫"闾门"。所谓"闾左"，大致相当于现代的老旧小区，只不过这种小区里面都是平房，少有楼房。

陈胜是原楚国人，家里不富裕，汉代学者贾谊这样描述他家的装修情况：用一口没底儿的大瓮支成窗子，家里没有青铜器和铁器，门板也没有金属的门枢，只是用绳子把门板捆在门框上——每次开门，都需要提扛着门转动。

根据司马迁在《史记·陈涉世家》中的讲述，陈胜少年时会跟朋友一起做佣耕，就是去附近有地的人家里帮忙种地，可以拿工钱。有一次他耕了一会儿就走到垄上发呆，然后长吁短叹，对工友说："未来咱们一旦富贵了，不要忘了互帮互助啊！"

他的朋友讥笑他说："你不过就是个佣耕的，能有什么富贵呢？"

陈胜说："燕雀安知鸿鹄之志哉？"

故事讲到这里，我们先来具体分析一下陈胜的身世。

首先，陈胜虽然家贫，却不是普通的底层百姓。古代有社会地位的男人在成年时是要举办加冠仪式的，行加冠礼的一个主要环节是给自己起一个"字"。陈胜的字是

"涉"，这就说明他的出身并不低贱。

其次，史书上说陈胜会写字，后来起义时鱼腹书中的"陈胜王"等语就是他亲自写的，可见他受过教育。

最后，起义前夕，陈胜在与吴广的谈话中总能说出一些普通老百姓不应该知道的政治新闻。后来带着起义的队伍来到陈城，他发现从前信陵君魏无忌的门客张耳、陈馀都隐居于此，而他之前曾多次听说过张、陈的大名，于是就想去见这二人。这些都说明他的见识不是一般百姓可比的。

以往，一些学者根据《史记》上的佣耕两字，就认为陈胜是农民。其实，"少时尝与人佣耕"恰恰说明他成年以后就不再为人佣耕了。在秦朝，城外靠着城墙根的田野叫作"负郭之田"，田主往往是城里人，他们不会自己下地耕种，而是需要雇人佣耕，尤其是在农忙时节。因此，对于陈胜佣耕的合理推测是：陈胜本是城里人，只是在经济困难或工钱高的农忙时期才会出城给人种地。他显然是个自由人，也没有违法犯罪的记录，很可能来自因秦始皇征服六国而没落的东方小贵族家庭，在秦始皇的统一战争中受到了严重的利益损害。

陈胜拥有较高的社会地位，却不得不和底层百姓一样在田间劳动，发挥不了自己的特长，心情自然十分郁闷。所以他才在田间休息的时候，发出了"苟富贵、毋相忘"的自我宽慰和愁叹。

结束了"少时尝与人佣耕"的经历以后，陈胜怀着鸿鹄之志，开始了自己的奋斗。他或许是在兼并战争中立了功，或许是跑到哪个有点身份的人手下当了门客受到了赏识，又或者是娶了一个有钱的媳妇，总之最终在地方上有了一点点影响，到了需要征发戍卒去守边境的时候，他做了个名为"屯长"的军官。

屯长是军队里的低级军官，手下有50名士卒，打仗时不需要亲自去斩首，而是按所带队伍完成的总任务数来进行考核。当时，官吏也要服一定时间的兵役，叫作"吏推从军"，不过到了军队以后可以不从小卒做起，而是直接担任相应级别的军官。与屯长相对应的地方官吏职务差不多是吏。既然陈胜在被征发时当了屯长，也就意味着他在此之前应该在乡里做着同级别的小吏工作。

秦二世元年七月，也就是公元前 209 年，陈胜作为屯长，领着官府征发的"闾左九百人"，也就是 900 名经济条件普通的城镇居民，去渔阳（今北京市密云区西南）戍守。渔阳是当时秦朝的北方边境，往北就是燕山山脉，上面建造着燕长城，长城以北的荒野里生活着东胡等游牧民族。

前文说过，戍卒是秦朝三大徭役制度中的一种。要想成为戍卒，首先得服过几次更卒和正卒的劳役，积累了一些经验，能够独立处理简单的紧急事务，这样才有资格被派到边境上去巡逻。所以，陈胜等 900 人应该属于拥有多次服役经验、军事技能娴熟的"精兵"了。

这一行人在北上前，先在蕲县的大泽乡（今安徽省宿州市埇桥区大泽乡镇）集结。当时秦朝的地方基层是县、乡、邑三级编制，乡往往也是有城墙的，类似于一个小镇。总之，大泽乡并不是个普通的自然村落，它的行政级别比邑高。

在这个政局动荡的时期，陈胜本来就不愿意去渔阳戍边，偏偏临出发时又暴发了洪水，将他们一行人前进的道路截断了。

此时陈胜应该已有 30 多岁，他望着窗外聒噪不已的雨阵，愁得不行。于是他找到同行的另一位屯长吴广，想要商量出个对策。这位吴广也不是普通人，他字"叔"，所以应该也是士人阶层出身。吴广在群众中颇具威望，应该和陈胜一样，是县里派出来的基层官吏，负责协助总带队的尉官把这 900 人送到渔阳去。

见到吴广，陈胜开口说："现在暴雨不停，道路阻断，我们到北方时多半已经迟到，按照法令要被处死。如果逃兵役，被抓住也不过是个死，不如逃走，反了大秦。"吴广认为有道理，同意跟随陈胜干这一票。

接着陈胜又说："你和我名气都不大，号召力不强，得找个有名气的人，这样响应者会更多。我听说，秦二世是始皇帝的小儿子，本来不应当继位当皇帝，而应该是公子扶苏继位，但公子扶苏因为数次进谏，被始皇帝派到了北方带兵去了。百姓都知道他很贤德，但是大多不知道他已经被秦二世给杀了。此外，从前的楚国大将项燕爱惜士卒，楚人都很爱他。如今有人说他战死了，有人说他没有死，而是逃亡了。百姓们都爱戴扶苏、项燕，并且以为他们还活着，如果我们诈称是扶苏、项燕，那么应该会有很多人跟随。我们可以把初步的目标定在陈城（今河南省周口市淮阳区），我在那里有好几个老朋友，他们可以帮忙。"吴广同意了。

于是在雨停后，陈胜、吴广直奔大泽乡城外的一片大湖，抓来一些鱼，然后把写有"陈胜王"的帛书塞进鱼嘴里。当天做饭时，士兵们在鱼肚子里看见了帛书，一连几条都是如此。楚人素来信鬼神之说，他们认为这是上天派鱼使者送来了给陈胜的委任状，纷纷传阅。

有帛书还不够，士兵们仍然犹豫不决，不知道是将这些大逆不道的东西传播出去还是将它们毁掉。为了激起士兵们的决心，陈胜又想了个主意：让吴广到外面学狐狸叫。

按照陈胜教的，吴广躲到军屯附近一个废弃的祠堂里，学着狐狸的声音反复喊道："大楚兴，陈胜王！"军屯里的士兵听见后，更加坚信了这是上天的旨意，次日清早便纷纷传说陈胜是被选中的王。

虽然在经过战国时代的洗礼后，贵族阶层基本已经解体，但社会上仍有身份贵贱的概念存在。陈胜没有显赫的背景，就只能靠鬼神给自己增加光环。

不久，吴广又借机激怒当时带队的两个尉官，尉官生气地用木板打吴广，吴广的惨叫声一直传到了营房外面，引得外面的士卒都跑来看。由于用力太大，尉官的剑从剑鞘里滑出了小半截，吴广见状，起身捉住剑把，一把抽出，反手就将这名尉官杀了。另一名尉官见状要杀吴广，陈胜见机出手，和吴广一起把这位尉官也杀死了。

这下可出大事了，围观的士卒当即呆住，陈胜趁机发表了一次演说：

"大家都看到了，两名尉官无故虐打吴屯长，我们忍无可忍，才将他们杀了。现在正在下雨，等雨停了咱们出发，即便再赶，跑到渔阳估计也已经晚了。按照秦法，未按期报到是要被斩首的，就算这次咱们没有被斩首，去戍边也没有什么好下场，不是被胡人杀死，就是被冷风冻死、没饭吃饿死、得病病死、干活累死。壮士不死则已，死就要谋得大名！你们不愿意在有生之年成为王侯将相吗？你们的人生追求仅仅限于追求温饱和戍守边疆吗？王侯将相难道只能从父辈继承而来吗？难道我们就不能立功当王侯吗？各位只要不计生死，跟我一起起事反秦，斩将夺城，我保证各位都能裂土封王，出将入相！"

众士卒被陈胜的赤诚感染了，又加上之前帛书、狐叫显示出的"天意"，一致表示愿意跟着陈胜、吴广干。他们拿两个尉官的脑袋当祭品祭祀上天，之后陈胜自立为将军，吴广自称为都尉，定国号称"大楚"。

《史记·陈涉世家》中对陈胜、吴广起义的记录并不完全准确。首先，陈胜的这篇"演说词"就不完全符合秦朝的法律现状。

现代出土的云梦睡虎地秦简中有《徭役》等篇，其中说服役人如果故意不按期前往服役地，确实要被惩罚：迟到3天到5天，应该被官员斥责；迟到6到10天，应当缴纳1面盾牌作为罚款；迟到10天以上，罚2面盾牌。这么看来，处罚力度是相当轻微的。而且秦律中还有"水雨，除兴"的规定，也就是说，陈胜等人如果因为遭遇暴雨而错过服役报到期，是完全可以免受惩罚的。

虽然秦朝法律里也有军人迟到应该被判处死刑的条文，但那是战时法令，而大泽乡事件发生时秦帝国并不处于战争状态，陈胜等戍卒要去的渔阳前线也没有战事报告，所以这篇陈胜演说词是对秦朝法律制度的歪曲。

作为屯长和戍卒，吴广及其他人都曾经多次服役，对于秦朝的法律规定应当多少有所了解，不至于轻易去做造反这样真正要被杀头的事。再说，就在半年前，秦二世本人还经过渔阳去辽东地区巡视，足可见当地的交通和工作条件没有那么差。

真相只有一个：这批戍卒的造反与暴雨没有什么关系，他们就是存心要造反。

另外，《史记·陈涉世家》看起来是把两个关于陈胜、吴广的传奇故事糅合在一起了。假称扶苏、项燕的故事和"大楚兴，陈胜王"的故事内核完全不同，甚至存在明显的矛盾，本应该是没办法融为一体的。

《史记》说，起兵之初，陈胜自称是扶苏，吴广自称是项燕，他们定下"大楚"这个国号。但是，提楚国大将项燕也还罢了，扶苏作为秦朝皇子，是无论如何都没法与"楚"这个国号联系起来的。种种迹象显示，一开始，陈胜并没有立即建国号，吴广也没有学着狐狸叫什么"大楚兴，陈胜王"，他们更可能是先借扶苏和项燕的名义起兵，前者是为了争取秦朝的官吏，后者则是用来争取本地的民众——他们所在的正是楚国故地。

陈胜、吴广的计划推进得十分顺利。

正如陈胜分析的那样，大泽乡暴动发生时，许多地方官吏与豪强因为地方财政破产和服丧三年等原因，都对秦二世胡亥心怀不满，他们中的一些人看来很乐意相信陈胜是真的太子扶苏。有了这些地方官吏的帮助，又托秦始皇拆毁各地城墙的福，陈胜、吴广得以率领 900 戍卒长驱直入，迅速占领了大泽乡，然后又向西去进攻大泽乡的上一级单位蕲县县城，当即就把蕲县攻下来了。这时的陈胜兵多将广，于是决定分路出击，每攻下一座县城，就将当地的驻军吸纳到自己麾下。很快，他们就杀到了中原重镇陈城。这时，陈胜已经会聚了战车六七百乘、骑兵千余人、步兵数万人。

陈城作为楚国的旧都，是一个大城，本来进攻难度应该很大，但是县令和主管军事治安的县尉都不在城中，只有掌管民政的县丞指挥士卒与陈胜军战斗，加上没有城墙防御，陈胜军轻而易举地把守军打败了。

陈、蔡本是楚国北边的两个诸侯国，因为与楚国邻近，在春秋末期被楚国吞并，尔后逐渐被楚国同化。楚国失去郢都后，一度还迁都到陈城，可见当地人已经完全"楚化"了。后来，秦始皇派李信带兵对楚国发起总攻，楚国贵族昌平君就在陈城抵抗秦军，拖住了李信的部队，导致李信军被楚将项燕击败，秦始皇只好换了宿将王翦来攻打陈城，昌平君又在这里抵抗了很久。虽然这已经是 15 年前的事了，但陈城此地确实有反秦传统，于是陈胜、吴广的起义军刚刚占领陈城没几天，军中的政治气氛就发生了微妙的变化。

陈城的局面平定后，陈胜召集当地的三老、豪杰来开会。三老是指县下面各乡的长官，豪杰是指本地的大地主、大商人等。

陈胜、吴广在召见他们的时候，很可能依然自称是公子扶苏和项燕。不过，看到这座古老的楚国都城里反秦气氛非常浓厚，他们决定直接公开自己的真实身份。

听到陈胜亲口宣布自己并不是要从胡亥手中夺回皇位的扶苏，而是来历普通的平民百姓，陈城里的三老、豪杰肯定都大吃了一惊，但是他们很快也都接受了现实，甚至还因此窃喜，纷纷表态说："陈将军亲自披挂甲胄，手持武器，率领士卒征讨残暴的秦国，重新建立楚国社稷，这是存亡继绝的大功，将军凭此应该当楚王！"

这时，有两个人挺身而起，公开表示反对，他们是张耳和陈馀。张、陈二人虽然没有丰厚的有形资产，却是闻名遐迩的大贤人，都曾在战国时代魏国贵族信陵君魏无忌的门下做门客。陈胜生平数次听说二人的贤名，一直未曾得见，如今一见本该非常高兴，却没想到这两个人在会上唱出反调。

"秦国无道，破人国家，灭人社稷，绝人后世，现在又征敛无度，疲费民力。将军瞋目张胆，万死不顾一生，是为了给天下除去残害之物。假如刚刚到了陈城就在这里称王，那就显出您的私欲来了。"

陈胜一愣，问："那二位的意见呢？"

"希望将军不要称王，而是继续引兵西征，同时派人搜求六国诸侯的后人，立他们为王，从而为将军树党，为秦国增加敌人。敌人多，秦军力量就会分散；盟友多，您的力量就会加强。如此一来，没人与您交兵，也没有哪个城能抗拒您，您便可以一直向西去诛灭暴秦，直至占据咸阳以令六国诸侯。诸侯原本已经被灭，现在因为您而复立，肯定对您感恩戴德，必然听从您的领导，如此您的帝业可成！如果独自在陈城这里称王，恐怕天下人不会拥戴您。"

张耳、陈馀并不是反对陈胜当皇帝，而是希望他分阶段推进计划，先复立六国诸侯，后攻入咸阳，最后在诸侯的推举下登上皇位。他们的话里可能还表达了另一层意思，即陈胜不应该在此时公开放弃"公子扶苏"这个在社会上依然颇具号召力的头衔。为了争取秦地军民的支持，不妨等到打下咸阳，推翻了胡亥后再宣布。

陈胜听后有些迟疑。复立六国王族的后人当王，自己得到的盟友固然多了，但这也意味着未来自己不能独享天下。他刚刚打下的陈城位于中原的中心，可以向东南西北任意发展，一旦复立了六国旧贵族，他的发展空间可就很有限了。

归根结底，陈胜并不想重做春秋战国时期诸侯林立的旧梦。这样想的不止他一个。经过秦始皇统一六国的这场翻天覆地的大变迁，所有人的心里都明白，那个旧时代已经回不去了，大家只是都想借助群众对新制度的不满情绪，再利用旧制度的华丽包装来吸引更多人帮助自己成为下一个秦始皇。

所以，难道陈胜自己称王就不能成功吗？

可以成功，但难度恐怕会很大。起事如果有公义的目的，比如代表扶苏夺回皇位，或者为楚国复国，众人就会来协助他。起事如果只是为了自己当王，而他又没有出众的身份背景，众人就可能会离开他，以后要么就是没有人来帮忙，要么就是仿效他自立门户。陈胜在事业的起步阶段就改变了自己的战略计划，果决地扔掉了"皇子扶苏"的伪装，从此以后，他的身份便不过是个自称"楚王"的普通人，这样一来，人们就会认为他的反秦事业只是一起普通的暴力事件或戍卒哗变罢了。《淮南子》一书中说："举事以为人者，众助之。举事以自为者，众去之。"说的就是这个道理。

陈胜没有想明白这一点，出于自身考虑，他还是否决了张耳、陈馀的倡议，决定放弃假扶苏的头衔，宣布复立楚国，改国号为"张楚"。到这里，陈胜自称"楚王"，又因为他姓陈，所以人们也称他为"陈王"，具体全称则是"陈王胜"。

这下子，陈胜算是正式举起了反秦起义的大旗。

# 王侯将相宁有种乎

陈胜在称王以后被一群人包围着，其中有从前旧贵族的门客，有曾经的县令（张耳早年做过魏国的外黄县令），有陈城辖区的乡级长官三老，还有当地的豪杰。随后，魏王室的后裔魏咎也投奔到了这里。由此看来，陈胜的这个政权，更像是豪强、官吏的政权。

因为陈城是楚国的旧都，反秦的社会氛围历来特别浓烈，所以陈胜称王的消息一传出，就激励了周围许多郡县的百姓，他们把当地的郡守、县令都杀了，响应陈胜。陈胜在短期内取得了巨大的成功，开始轻视秦军，于不断派部将四处出击略地、发展地盘的同时，他自己却坐在陈城的宫殿里，从此再不出宫。这可给新生的张楚政权埋下了巨大的隐患。各地依然忠于秦朝的势力很快发现陈胜根本不是扶苏，也无意全力攻打咸阳、与胡亥争夺皇位，那他的兵变就和普通叛乱没有什么区别了。

陈胜毕竟不傻，他也知道，在自称楚王以后，他的扩张就不会再像以前那样顺利了，所以眼下急需真正有军事才能的将领。在各路兵马中，陈胜对向西进击关中的军队最为关注，谁来做西行军的主将，需要仔细斟酌。

前面说过，陈胜的副手吴广在大泽乡起兵时，起初自称项燕，以图提高号召力。但是项燕当时才死了 16 年，社会上亲眼见过项燕的人还有不少，相当巧的是，陈城里就有一个。这个人名叫周章，在战国时代曾经侍奉过楚国的令尹春申君黄歇，后来又在项燕的军中担任"视日"，负责通过观测天时来占卜和预测战事，以供将军参考。在曾经亲眼见过项燕的周章面前，吴广就不能再冒充项燕了，这大概也是陈胜、吴广决定在陈城公开自己身份的主要原因之一。

陈胜知道周章有军事经验，就叫吴广和他各自率领一队军马，向西进攻洛阳和函谷关，最终目标是拿下咸阳，推翻秦二世。为了让大家信服吴广，陈胜还特意加封吴广为"假王"（代理国王）。陈胜说："假王吴广在军中，就跟我这个真王在军中一样。"

除了西进，陈胜还派出部将去攻打东南方的九江郡；又派原魏国人周市北上，去中原东部攻取原魏国的地盘；至于张耳、陈馀这两位大贤人，陈胜没有接受他们立六国之后为王的建议，但是仍然重视他们的才干和广泛的人际关系，让他们以左右校尉的身份，护卫自己的老朋友陈城人武臣，率领 3000 兵马向北方去赵地攻略土地。

由于担心将士们被派出后就不受自己的控制了，陈胜又派了一些自己信得过的人去军中当护军，起到监视、牵制作用，防止他们在外出攻略地盘后自立为王。这些护军往往是陈胜信得过的老朋友，比如在武臣军中的邵骚。

看来陈胜的用人之道是只相信自己的老朋友，当然，这些老朋友得有政治觉悟。

有个陈胜的老熟人来陈城投奔他，看到这里的宫殿，感叹陈胜生活奢华，后来又四处散布陈胜年轻时在民间的一些事迹，以显示自己与陈胜的亲近关系。陈胜听了那些话反而觉得很难堪，于是想办法杀掉了这个老熟人。这以后，陈胜手下的官员们说话就小心多了。

张耳、陈馀本以为自己的名望足以做将军，现在不仅建议没有被采纳，还只能给名不见经传的武臣、邵骚当副手，不免有些失望。不过他们还是陪同武臣、邵骚北上了，一干人在白马津渡过黄河，进入原赵国地区。

陈馀从前长期游历赵地，与诸县的豪杰地主交往很多。这次陈馀找到他们，分析利害，赵地豪强们都觉得陈馀的话确实有理，于是毫不犹豫地动用自己的资源人力支持陈馀，以至于陈馀在很短的时间内就筹集了数万名士兵，加上原有的 3000 楚兵，可谓战力雄厚。不到 1 个月，他就打下了 10 座原赵国城镇。但是，就算凭借陈馀的社会关系，也还是有数十座赵地城池仍然拒绝投降，而且还紧急重建早就被秦始皇拆掉的城墙，准备进行抵抗。

在武臣军进攻范阳县（今河北省定兴县）时，当地的城墙已经造好了。从前，范阳令替秦人办事时特别卖力，常用苛法峻刑虐待百姓，本城的一个纵横家蒯通看准了形势，找到他说："我听说您要死了，特意先来吊问！"

范阳令大怒，但是不待他发作，蒯通又说："值得庆幸的是你遇上了我。"

范阳令不解，追问蒯通。蒯通回答说："秦朝的法令一向严苛，足下担任范阳县令 10 年，杀人不可胜数，然而却没有人反抗，这是因为大家都畏惧秦朝朝廷。现在天下大乱，秦国的政法已经瘫痪，想杀您的人难以胜计，所以我特来吊问您啊。"

范阳令听后有些害怕，蒯通再接再厉："如今，诸侯都已经反秦，武臣将军的大军将至，你却一意孤行坚守范阳，所以城中少年都争着要杀您，想持您的人头开城投奔武臣将军。现在，您赶紧派遣我去见武臣吧，我可保你转祸为福。"

于是，蒯通带着官方凭证出了城，作为范阳令的代表去到武臣军中。他对武臣等人陈述道："我看足下的方针，是必须打胜仗然后才能获得土地和城池，我以为这是错误的战略。如果你听我的话，就可以不攻而得城，不战而略地，传檄而定千里。"

武臣问他是什么意思，蒯通说："现在范阳令即将遭到贵军进攻，想整顿士卒，守城鏖战，但又胆怯怕死。以我来看，他这样的官僚是愿意投降的，只是害怕像前面被攻下的那 10 座城池的守城官吏一样被你们诛杀。另外，城中少年也都在准备刺杀范阳令，这是个好机会。当下之际，您何不拜范阳令为侯爵，让他献城归降？这样，他成了您所置的官吏，少年自然也就不敢再杀他，然后您就可以让他乘坐朱轮车，驱驰于燕赵大地之上，帮您大肆宣传。燕赵诸城看见了，都会不战而降的。"

武臣、张耳、陈馀等人都觉得这个办法可以一试，于是蒯通又拿着委任书和侯印回去找范阳令。范阳令对这样的投降条件十分满意，立即出城投降。

赵地其他城池里的秦国官员看见范阳令投降后即得封侯，还乘着富丽堂皇的红轮车子在各城池边上来回溜达，于是立场大变，30 余城都不战而降。就这样，在不到 1 个月的时间里，赵地大部归了武臣。

赵地的形势发展得这么快，少不了豪杰、官吏甚至少年起身反秦，可见这是全民的起义，是六国人反秦国人，而且在这个过程中，城里人起的作用更大。实际上，这更像是秦朝基层官吏和六国人民联合反抗秦朝中央的一场全民战争。

到了八月，被陈胜派到各地攻城略地的将领们回去报功，可他们面对的却是"司过"朱房、胡武等官吏的调查和诬陷，最终往往要被处死。张耳、陈馀见此情况，劝武臣说："陈王当初从蕲县起事，刚到陈城就自称为王了，可见不是只有六国王族之后才可以称王。将军您以3000人攻下赵地数十城，赵地这么大的地盘，也是需要一个王来填镇的啊！而且陈王听信谗言，您要是回去的话，恐怕脱不开灾祸。"

武臣觉得张耳、陈馀说得有道理，于是自立为赵王，复立赵国。此时此刻，他的想法倒是和陈胜一样了：既然你能称王，那我也一样能！这可是真正的"王侯将相宁有种乎"。赵王武臣以张耳为赵国的右丞相，邵骚为左丞相，陈馀为大将军。

武臣自立的消息传来，陈胜气得当场就命人去抓武臣、邵骚、张耳、陈馀的家属，要把他们全杀了，然后再调兵去攻打赵国。但是，上柱国（楚的武官之首）蔡赐说："现在我们的重点敌人是秦国，秦国未灭我们就以赵国为敌，那就是又生出了一个秦国啊。不如顺势暂立武臣为王吧。"

陈胜依蔡赐的意见，派人祝贺武臣成为赵王，但把武臣的家属都软禁在了宫里，又封张耳的儿子张敖为成都君，以安抚张耳。同时，陈胜催促赵王武臣赶紧发兵南下，配合此时正在西进的周文攻打秦国。

当初张耳、陈馀建议陈胜先封六国后树党羽，以便反秦成功，陈胜不听。在北攻赵地时，陈胜又只让张耳、陈馀当个校尉，所以张耳心中早已对陈胜有了不满。现在虽然得知自己的儿子被封了爵位，张耳也没有想就此帮助陈胜，反而劝武臣说："大王在赵国为王，并不是楚王的本意，来祝贺您只是他的计策。楚灭秦以后必发兵来打赵，所以您不如不向西发兵，而是派人北上去略燕地，扩大我们的国土。到时候，楚王即使战胜了秦，也不敢对赵国怎么样。如果楚打不过秦，赵还可以趁着秦、楚两弊，得志于天下。"

武臣觉得有理，于是派自己的部将韩广北上燕地去扩张地盘。韩广在战国时是燕国上谷郡的小吏，对燕地的情况比较熟悉，因此很快就占领了整个燕地。但是旧有的政治规矩已经被颠覆，武臣能干的事，韩广一样能干。没多久，燕地的人就推举韩广当了燕王，复立燕国，脱离了赵国。

赵王武臣闻讯大怒，北上去打燕国。在与燕军的战斗间隙，武臣不知为何乔装成老百姓低调出行，而燕国的侦察兵偏偏又都是他的老部下，于是武臣就这样被俘虏了。

燕国抓获赵王武臣之后，要求赵国分割一半的土地来交换，赵国派了十余批使者去谈判，都被燕国杀掉了。这时，赵军里边有一个炊事兵说："我能把赵王从燕国救回来！"其他人听了都笑话他。炊事兵回答："我就去说几句话而已，时间不会太久，晚上我就赶着车把赵王带回来了。"

这名炊事兵真的借了辆马车赶去了燕垒。见到燕国大将，他说："你知道我们相国张耳和大将军陈馀的目的吗？张耳、陈馀并不想救回赵王，他们是知名的大贤人，凭着自己的名号，轻而易举占领了赵地数十城，他们岂能满足于只当个大臣？自然也是要称王的！如今你们囚禁了赵王，张耳、陈馀正希望你们杀了他，这样他们就可以自立为王了。到时候，张、陈两王就会以杀赵王之罪北上讨伐您。燕国本来就弱小，您能抵抗得了吗？"燕将觉得他说得有理，就同意把赵王武臣放了。到了晚上，那炊事兵果真赶着马车把赵王武臣带了回来。

赵王、燕王那边纷纷扰扰乱作一团，楚王陈胜倒是放下心结又任命了一个王，即早期跟随他起兵的魏咎，此人真的有魏国王室血统。

原来，被陈胜派去攻略魏地的大将周市基本占有了原魏国地盘。周市是原魏国人，听说陈胜已经承认武臣为赵王，就劝说他也立魏咎为魏王。陈胜一开始不同意，周市就说服赵王武臣和齐王田儋一起给陈胜写信，甚至出动军队，逼着陈胜让魏咎当了魏王。

周市是个很有能力和想法的人，田儋能够成为齐王，也与他有关。

周市出征，一路打到了狄县（今山东省淄博市高青县）。田儋是当地豪强，趁着人心扰乱，就带着自己的堂弟田荣、田横及众多家丁杀了狄县县令，然后出城击退了周市。周市战败后退回中原东部，专心攻打魏地。田儋则迅速控制了齐地，自封齐王，齐国复立。随后两家改善了关系，田儋支持周市立魏咎为魏王，齐、魏也就此结成了盟友关系。

就这样，齐、魏、赵、燕、楚五家诸侯都已复立。不过，新立的诸侯王里只有魏咎、田儋是战国王族之后，而田儋其实也只是王族的远支余脉。

# 江东项氏

当中原和燕、赵、齐等地在短期内相继脱离秦朝廷控制之时，与秦国首都咸阳相距最为遥远的江东，自然也掀起惊涛骇浪。

东南方的会稽郡包括今江苏省东南部、浙江省北部和上海市，是个大郡，郡治就在苏州。驻守苏州城的会稽郡郡守名叫殷通，此人作为会稽郡的最高行政长官、秦朝的封疆大吏，或许是经济上早已破产的原因，脑子里竟然全是造反的念头。看到反秦力量迅速壮大，他急切地想要加入，以获得更大的发展机遇，可是他不太懂打仗，于是便向城里的知名人士项梁求助。

殷通说："现在，长江以西①都已经反了，这是上天要亡秦啊。我听说先发则能控制别人，后发则会被别人控制。我想早点发兵反秦，叫你和桓楚做将军。"

项梁听了郡守的话，面上装得略略一惊，然后说："我固然愿意。不过，您应该知道桓楚目前不在城中，他犯罪以后便逃亡到大泽里，只有我侄子项羽知道他具体在哪儿。"

殷通便说要寻项羽。项梁出去对项羽说："待会叫你过去，你就说认识桓楚，并且可以把他找回来。然后，等我说'可以了'的时候，你就拔剑把郡守杀了。"

项梁回到堂上，对殷通说："我跟我侄子说了，他答应会去。"

殷通很高兴，叫项羽进来叙话。项羽进堂，跟别人一样跪坐在席子上，向殷通

---

① 战国秦汉时的说法，其实就是江北的意思。

行礼。

殷通问他叫什么，多大年纪，是否认识桓楚。项羽说："项羽拜见府君，24 岁，我跟桓楚是很好的朋友。"

殷通说："好，我这就叫人写信，赦免他的一切罪过，你拿着信把他找回来。既然你是他很好的朋友，那他一定会相信你的。希望你不要让我失望。"

项羽答："诺。"

殷通安排人写信，这时候项梁觉得时机已到，便看了一眼项羽，说："可以了。"项羽当即从地上跃起，在半空中拔出腰带上的宝剑，以迅雷不及掩耳之势砍断了正在低头口述文件的殷通的脖颈。堂上门下顿时大惊，里里外外的守卫全扑了上来，项羽挥剑和守卫们展开肉搏。虽然项羽从前学剑术半途而废，但凭着自己身高力大勇气壮的优势，竟然也一连击杀了数十人，郡府内一时间血流成河。与此同时，项梁把殷通的郡守印绶从他的遗体上摘下来，挂在自己腰间，然后走到案后跪坐下来，派人去召集城中素来与他交好的官吏们。

项梁指着地上郡守的尸体，对这些官吏说："我已经杀了秦朝长官，现在要反秦，就看你们怎么选择了。"之前，项梁在殷通手下主要负责组织徭役、丧事，得以与这些官吏们相识，官吏们向来佩服项梁的能力，于是一起表示愿意追随他反秦。

至此，项梁控制了会稽郡，这时距离陈胜起义仅仅过了两个月。

会稽郡的情况与陈城那里差不多，主事的都是豪强与官吏。项梁自任郡守，从会稽郡各县中收得了 8000 精兵。项梁叫项羽做了裨将，以熟悉的豪强分任这 8000 精兵的将官。

在司马迁的叙述中，会稽郡之所以能够在几天时间内就脱离秦朝的统治，靠的完全是项梁的谋略和项羽的勇猛。事实上，会稽郡在春秋战国时代是吴越领土，被楚国统治的时间并不长，被秦朝征服就更是没几年了。虽然秦始皇曾多次前往会稽巡游并举办祭祀仪式，但也没能消除当地人的反秦意识。尽管《史记·项羽本纪》说项羽一个人击杀了数十名卫兵，但是种种迹象表明，项梁、项羽叔侄在起兵时帮手极多，根本无须依赖项羽的单打独斗。在此之前，他们长期铸造伪币，利润率极高，在矿山、交通、市场等各领域都有许多值得信赖的熟人。他们在地方上的权力和影响之大，恐怕并不亚于太守殷通本人。

至于被项羽击杀的会稽郡守殷通，他在听说中原多地发生反秦起义后，第一时间想到的竟然不是如何加强会稽郡的防务，而是跟着一起起兵造反，这一态度在秦朝各地的郡守、县令中绝非个例，而是相当普遍。造成这种现象的原因正如前文分析的那样，在秦始皇时代，由于不合理的财政政策，各郡县官府一直处于破产的状态，郡守、县令们的工作压力极大，经常要面对根本无法完成的经济任务，也深知自己不受当地百姓的拥戴。秦二世登基以后，出于政治目的又清洗了一大批地方官员，又强制天下人都为秦始皇服丧三年，导致地方官员人人自危，成了最讨厌秦朝制度的人。一旦秦朝灭亡，他们就不用偿还欠秦始皇和秦二世父子的巨额贷款，也可以享受各种娱乐活动了。

不过，既然会稽郡守殷通愿意加入反秦行列，项梁为什么还要让项羽杀了他呢？原因很简单——活着的殷通对他们并没有什么用。

殷通本来就已经是郡守级别的高官了，如果加入反秦行列，肯定要谋求比郡守还高的政治地位，不是裂土封王就是三公九卿，这与项梁他们的利益可就有了大冲突。另外，秦朝的郡守实际并非全权管理郡内所有事务，而是侧重于军务，对基层各县的影响力比较有限。杀了殷通，项梁可以取得他手中的郡兵，而留着他，并不能对各县形成有力的调动。

总之，对于反秦起义的核心成员来说，殷通这种人只会是大麻烦，他们的政治地位很高，但是在本地号召力并不强，在基层官府和军队中影响力也有限，忠诚度还可疑，所以不如杀掉立威。县令以下的基层官吏则大多是本地人，既在本地社会有威望和动员能力，又不像外来的郡守、御史等高官同本地人存在文化冲突，仇怨比较少，因此反而容易成为反秦起义的领导者。越到后来就越能发现，在秦朝末年的起义中，县令以上级别的高级官员几乎全部被杀了，县令以下的基层官吏则往往混得风生水起。

陈胜、吴广在大泽乡起兵后，短短两个多月内，原东方六国的领土就乱成了一锅粥，而秦朝在那里设置的郡守、县令几乎都没能组织起有效的抵抗，更别说组织镇压了。

当然，相比进攻东方，西进咸阳才是重中之重。周文的西征军就是在七月出动的，目标函谷关。

秦国本土是东西长 300 多公里的渭河大平原，平原南面是庞大的秦岭山脉。黄河自北向南流动，然后在今天山西省的西南角向东拐去，从高空看如同一个 L。L 形的竖段部分把如今的陕西省和山西省左右分开，所以黄河是这块平原东部的屏障。L 形黄河的横段部分，以北是位于今山西省南部的中条山（东西走向），以南是秦岭东段的崤山山脉，中条山和崤山隔着黄河对望，锁住了陕西大平原的东口。

这么重要的地形当然要好好利用。在战国时，秦人在崤山北部修建了一道关卡，作为秦国的东大门。因为这个关卡在长长的如书函般的山谷道路里耸立，所以叫"函谷关"。函谷关以东的六国地区，被称为"关东"；而函谷关以西是秦本土的渭河大平原，因秦的政治中心在这里，所以被称为"关中"。"关中"的概念，实际上就是函谷关以西的意思。

要想打到函谷关其实并不容易，因为函谷关以东还是山，那是一条东西长 200 多公里的狭长的豫西走廊，走廊的西口就是函谷关，东口则有荥阳城扼守。

在周文兵临函谷关的同时，吴广的军队也从陈城出发，向西北方向行军 200 公里，来到了豫西走廊的东口荥阳城。和其他中原城市一样，荥阳城墙也在秦始皇晚年被拆掉了，不过由于地形狭长，一旦出现治安危机，只需要在城东面修一面城墙，就可以挡住来自东方的攻击。此时的荥阳守军正是这样做的，他们临时修建的这堵城墙（或者叫关卡），就是后世所谓的"虎牢关"。

自从和陈胜起兵以来，吴广攻打的一直都是没有城墙的城镇，当地军民也没有什么抵抗意志，可以说他几乎没有打过什么硬仗，心理上也把攻城看得很容易。到了荥阳城外，他一味督军攻坚，一连拖了几个月都毫无进展，把属下的将官们气得半死。

不过，吴广在荥阳坚城下消耗，客观上却为周文创造了机遇，让他避免受到荥阳的秦军的牵制。周文没有受到秦军的干扰，一路顺畅西行，不但没有太大消耗，反而在沿途不断收编地方县兵，抵达关中东大门函谷关的时候，麾下竟已有士卒数十万，战车上千乘。

函谷关是秦始皇留在关中仅有的两座没有拆毁的关卡之一（另一座是关中西南方的武关），本来是最后的屏障，但是当地守军听说起义军被荥阳的秦军拦住了，就放宽了心，完全没想到还有一支起义军能绕出崤山直接攻击他们，所以他们未能组织起像样的抵抗就被周文的军队缴了械。

就这样，周文的西征军一举攻克函谷关，长驱西进，一直打到了距离咸阳城仅仅几十公里的骊山脚下，和刚刚完工的秦始皇陵近在咫尺。

前所未有的恐慌笼罩着秦二世统领下的大秦朝廷！

第十五章

**章邯东征**

# 临危受命

周文能够轻易地打到咸阳郊外，是因为秦二世的情报分析完全失败。

其实，陈胜在楚地造反、在陈城自立为楚王的这类消息很快就有地方官员向秦二世汇报了，秦二世听说陈城被占领，就召集博士和比博士职位低的诸儒生问："听说楚地的戍卒攻下蕲县，还打进了陈城，你们有什么想法？"

有 30 多位博士和低级儒生就上前说："人臣无将，将即反，罪死无赦。"建议秦二世立即派军队去讨伐。

这个"人臣无将"是儒生们从《春秋》中自己发挥出的词，意思是作为人臣，一旦怀了篡位的心思，就已经算是涉嫌篡位了，因为"君亲无将，将而诛焉"——心里面想篡位也是不可以的，只要想就得杀了。

儒家学者把自己的这段发明写在《公羊传》里，作为对《春秋》的解释，以此建立起新的价值观：对君权要绝对服从，不可觊觎，想想就是犯罪。这其实是战国儒生对《春秋》一书牵强附会的解读，专门倡导忠君思想，实际上已经是对孔子思想的偏离，更是和主张反抗"独夫民贼"的孟子思想唱反调。不过，这样的理论很受秦始皇的喜爱，秦二世也并不反感。

然而这次，秦二世听了博士们的话却发怒了。原来，仅仅几个月前，他本人亲自去陈城视察，看到的还是一片国泰民安的景象，怎么自己刚结束巡游返回咸阳，陈胜这帮人就在陈城造反呢？

这时，有一位叫叔孙通的候补博士见风使舵，说："这不是造反，只是一些鼠窃狗盗之人而已。现在明主在上，怎么可能有人敢造反呢？只要叫郡县去捕盗就行了，没有调集正规军去打的必要，他们不足为忧。"

秦二世听乐了，又挨个问没发言的博士和儒生们，他们有的说是造反，有的说是盗贼而已。问完一圈，秦二世把所有说是造反的人全给抓到监狱里去了。

后来，有东方的使者来，秦二世问东方情况怎么样，使者为了保命，就胡说道："那些都是普通的盗贼，郡守、郡尉已经把他们抓到了。"秦二世十分满意，随即又赏赐叔孙通，让他这个候补博士转正为博士。

叔孙通升官以后，难免受到其他儒生们的攻击，于是他解释说："你们没看见我险些没能逃脱虎口吗？我这么说是都为了保命啊！"然后他就在儒生们的白眼下从咸阳跑回了老家山东薛城，此后一直在家里躲着。其实，秦朝用的儒生大多都是叔孙通这些人，他们早已练就了对皇帝察言观色、曲意奉承的本事，因此才能在朝廷上享受高官厚禄，后世的儒家官员也往往如此。

不管外面形势怎样，秦二世就是坚定地认为大泽乡起义是群盗，是一般性的社会治安问题——按照秦法，五人以上就算群盗。按照这样理解，朝廷根本不用发兵，靠各郡县的治安系统就能解决。何况，按使者的汇报，闹事者已经都被抓捕归案了。

自欺欺人的秦二世高兴了，但也错过了扑灭起义之火的最佳时机。直到听说周文的大军已经杀到函谷关内，秦二世才又急急忙忙召集文武官员开会，质问大臣们为什么不如实禀告他。

面对皇帝的怒气，群臣都闭紧了嘴巴，个个噤若寒蝉。说真话的当初是有啊，可他们现在还在监狱里待着呢！

这时候，一位叫章邯的官员鼓起勇气，主动要求发言。

当时，章邯担任的是"少府"一职。"少"就是小的意思，少府就是小金库的意思，这是替皇帝管理私房钱的官职。

国库里的钱皇帝不能随便动，那是用于养军队、修长城、救济灾民、给百官发俸禄的，但是皇帝会直接占有一些良田，还有肥美的山林水泽，关中地区近一半好地方都属于皇帝的私家园林，园林里盛产的木材、矿石、水产品和各种野味，这些东西都可以卖个好价钱，而这些财富全都进了皇帝的小金库，用于皇室的日常开销，或是修宫殿、修皇陵等工程。章邯作为少府，就负责管理这个小金库。由于是给皇上管钱，章邯的级别格外高，不仅位列九卿，而且和秦二世的私人关系显然也不错。

危急关头，章邯壮着胆子向秦二世建议：在眼下兵力不足，不如动员骊山脚下的刑徒来迎战周文的大军。秦二世也无计可施了，只得批准了大管家章邯的建议，临时任命章邯为将军，让他去动员骊山刑徒。

骊山是秦始皇的皇陵所在，在 39 年的工期内，前后有超过 70 万人次在此工作，不过同一时间工作的更卒、刑徒等总数通常不超过 2 万人。此时，秦始皇陵已经竣工，留在那里从事收尾工程的刑徒不会很多，即便加上管理人员和更卒等级别更高的，按理说也就剩下几千人。

考古学家在骊山发掘出一些刑徒死后留下的墓志铭。墓志铭是瓦制的，和骸骨埋在一起，它体现了各个刑徒的生平：他们通常是犯了小错被处以罚款，但是没钱缴纳，只好干苦力顶债。按照当时的官府规定，可以用劳役来顶自己的欠款，每劳动 1 天可得 8 个钱，如果吃国家提供的工作餐，就只得 6 个。从墓志铭上看，这里的刑徒有的欠官府 1000 多个秦半两，有的欠七八千，最多的一个刑徒欠了 1 万多。

如今天下大乱，这帮人被临时调用，编成平叛军，而他们的罪、欠下的款全都一笔勾销了。这些人被召集到工地边上，领取武器，披甲荷载，跟在章邯将军身后准备出征。

这么多人要领武器，武器从哪里来呢？

在秦兵马俑遗址里，考古学家几乎只能找到过时的青铜武器，而当时已经开始成为主流的铁制武器却杳无踪影，迄今只发现了一件铁矛头和一个铁箭头。不仅如此，许多兵俑都有在被摆放好之后又被扰乱的痕迹，甚至有一整排兵马俑被齐刷刷地推倒，似乎是为了方便破坏者通行。

对此，过去主要有两种解释：一是认为这是后世盗墓贼所为，但是很难理解盗墓贼放着更值钱的青铜器不拿，而专门拿容易生锈且不值钱的铁器，并且在初次洗劫得手后不返回来继续洗劫；二是认为这是周文起义军攻打骊山时洗劫所为，但是这同样不能解释为什么他们不去动青铜器，而且为什么不对包括兵马俑在内的各种随葬品造成更彻底的破坏，而是让大多数脆弱的陶制雕塑完好无损地继续留在原地。

秦兵马俑遭到破坏的种种迹象都表明，这是一场一次性的洗劫，而且目标就是陪葬坑中的铁制武器。洗劫者应该非常熟悉陪葬坑中的情况，所以洗劫大概发生在秦始皇下葬后不久，那时铁制兵器还没有明显的锈蚀。这么看来，洗劫者的真实身份就呼之欲出了，正是秦始皇陵的施工队，也就是少府章邯和他的部下。他们这么做的目的就是在紧急情况下获取尽可能多的武器，来与正在逼近骊山的周文起义军决一死战。取走所有适合作战的铁制武器之后，他们作为秦始皇陵的建造者，又细心地把兵马俑陪葬坑掩盖上了，从此 2000 多年，这里没有被盗墓贼发现过。

# 昙花一现的起义高光

周文从陈城西趋函谷关，一路上不断收编秦朝各县官府的兵，部下军队的规模迅速膨胀，这么看来，周文的军队其实更接近于正规军。相对而言，章邯临时组建的刑徒军队从各种角度来讲都只能被称为乌合之众，虽然这些刑徒多是杀人放火的好手，但是打仗靠的是严密有序的组织。

不过，章邯率领的绝不可能全都是刑徒。不久前，秦二世刚从中原各地征调了 5 万正规军进京，有理由相信，章邯获权可以支配这支部队的一大部分。此外，咸阳周围各县大概还能拼凑出一两万县兵，而咸阳日常还有一两万宿卫军——这是秦朝唯一真正的职业军队，不同于其他军人的服役期最多不超过 6 年，他们的服役期很长。仓促之间，驻守边境的主力大军来不及赶回咸阳，章邯能够指挥的部队顶多就是如此而已。临时武装的几千骊山刑徒虽然可能为恢复自由而激动，但是他们毕竟缺乏军事经验，顶多可以作为游击队或敢死队迟滞周文军向咸阳的推进，而真正的恶战还是得由正规军来打。

在这场骊山脚下的恶战中，周文暴露了他的弱点——作为视日官，他缺乏指挥大兵团作战的能力。章邯虽然也没有多少军事经验，但是日常指挥上万工人施工，管理能力很强，而这在很大程度上和军事指挥是相通的。

周文的另一个问题是，他手下的部队大多是秦朝的县兵，他们听信了陈胜、吴广等人的政治宣传，满以为推翻篡位者秦二世的统治易如反掌，所以一旦遭到坚定的军事抵抗，士气就容易被打散，临阵反戈也有可能。

结果可想而知，周文输掉了这场关键的较量，他手下的大批将士转而投靠了章邯，残部只能溃逃。

对于周文在关中战败的结局，陈胜并非没有准备。半个月前，他果断承认了武臣的赵王地位，显然试图借此说服赵军西征，配合周文迎战章邯。如果赵国兵能够参战，形势也许会不同，因为赵国兵员的素质历来公认是高于韩国兵的，而周文的部下大多都是在原韩国领土上招募的。但是，赵王武臣在张耳、陈馀的劝说下拒绝发兵，反而北上攻打燕地，这样一来，孤军深入的周文就注定了要面对失败的命运。

逃出函谷关以后，周文一直跑到曹阳亭（今河南省三门峡市灵宝市境内）才稳住阵脚，然后收集败兵，休整了 1 个多月。400 多年后，汉献帝君臣在摆脱李傕、郭汜的控制以后，也是沿着这条路线去投奔东方诸侯的。

利用周文在曹阳亭休整的这段时间，秦二世从关中各地调来大批正规军补充给章邯，章邯所部很快变得兵强马壮，开始出关东征。秦二世交给章邯的命令，自然是干脆利落地消灭所有擅自称王的反贼。

在曹阳亭，周文没能等来陈胜或武臣的援军，却等来了章邯的追兵，毫无悬念，他又一次被打败，只得向东退至渑池。才安顿了十几天，章邯又衔尾追来，在黄河峡谷边全歼了起义军，周文自刎而死。

从九月攻破函谷关，到十一月在渑池败死，周文的高光时刻只延续了两三个月。

陈胜对功败垂成的周文爱莫能助，因为他正在忙着处理大泽乡起义中的三号人物葛婴。

葛婴的老家是大泽乡以北不远的符离县，他跟随陈胜起义，在打下大泽乡所隶属的蕲县以后，又带一部分军队向东进攻，先是渡过淮河，然后攻到东城（今安徽省中东部的定远县境内）。

因为离开陈胜最早，消息不够灵通，所以直到这时，葛婴仍然沿用陈胜自称扶苏的旧政策，四处宣传他们起兵的目标是要推翻篡位者胡亥，拥"扶苏"当新的皇帝。但是他看到淮河流域人心思楚，思来想去，最后还是在东城立了一个原楚国的小贵族襄强当楚王。葛婴这么做，自以为是为了大局考虑，起义成功后可以让"假扶苏"陈胜当皇帝，襄强当皇帝之下的楚王。他万万没想到，不久后陈胜在陈城也自立为王了，且名号同样是"楚"。

这下可就尴尬了。葛婴明白，天底下不能同时有两个楚王。再三犹豫之后，他选择杀死襄强，回到陈城向陈胜道歉，但是陈胜不肯原谅，还是处死了他。最先响应陈胜起义的人就这样成了牺牲品，陈胜在楚地的号召力大受损伤，他的部下士气严重下滑。

葛婴拥立襄强当楚王，是陈胜起兵之初并没有建国号为"大楚"或"张楚"的有力证据，所谓"大楚兴，陈胜王"，自然也就是子虚乌有的文学创作了。

# 陈胜败亡

一个月之内，周文、葛婴、襄强三大楚地名士全都死了，反秦势力的发展势头遭受严重的挫折。带着胜利之师挺进中原的章邯当然不会放过这一天赐良机，他在消灭周文军以后，将目光首先转向了依然在苦苦攻打荥阳坚城的"假王"吴广。

当时，守卫荥阳城的是李斯的长子、秦始皇的驸马爷、三川郡守李由。李由和他的部下虽然没有多少军事经验，但是对秦二世和丞相李斯忠心耿耿，抵抗起来十分卖力。吴广长期不能攻破荥阳，而章邯的援军已经开出函谷关，朝他步步逼近了。

眼看己方即将面对章邯和李由两支秦军的夹攻，身为总司令的吴广却没有其他方略，部将田臧就私下向诸将提议，干脆杀掉吴广，然后集结主力部队迎战章邯。

这时众将都对吴广的指挥水平产生了质疑，便一致同意田臧的提议，于是他们假造了陈胜的命令，借机杀了吴广，并将吴广的头颅送至陈城陈胜处。陈胜看到后大吃一惊，但是他明白现在不是惩罚田臧的时候，便派使者任命田臧为楚国令尹、上将军，让他全权负责抵挡章邯的兵锋。

田臧留下李归等将领继续围着荥阳，自己则率各部精兵到荥阳北面的敖仓去迎战西来的章邯。敖仓是中原地区主要的物资存储基地，谁都不愿意放弃。此地不像荥阳那样易守难攻，章邯凭借绝对的实力优势，很快就击破了起义军，斩杀了田臧，然后继续南下，直奔荥阳，最终与李由夹击李归所部，将其全部歼灭。

就此，章邯解了荥阳之围，基本肃清了函谷关以东最重要的三川郡地区的起义军。在与李由的部队会合后，章邯的声势更大，他决定乘胜追击，直捣起义军的大本营——陈城。

身处陈城的陈胜当然早就收到了田臧等人败亡的消息，看到秦军离自己越来越近，不由恐慌起来。但是，因为他早前把所有逃回来的将领都处死了，所以没有将领愿意再返回陈城，当章邯大军来到陈城外的时候，陈胜突然发现，自己手下连一位有真正军事经验的将领都没有，于是被章邯轻易击溃。陈胜重用的上柱国蔡赐和博士孔鲋（孔子的八代孙）等几个书呆子都死在了乱军之中，陈胜本人在匆忙之中紧急突围。他先往西跑，很快就被秦军围住，打光了身边最后一支卫戍部队，之后又掉头顺着淮河的第一大支流颍水向东南跑，跑了一整天都没有遇到友军，又改往东北方向，朝着老战略基地蕲县行进。

前文分析过，陈胜虽然接受过一定的军事训练，但是没有指挥过大部队，对于该怎么打仗其实是茫然无知的。在他起兵之初，秦朝各地官府手忙脚乱，都没有组织起有效的抵抗，各地的城墙又都被拆掉了，这才让他的势力得以迅速扩张，势头看上去很猛，但是这不能说明他的战略有多么高明。随着章邯率领秦军主力出关东征，陈胜的部队一遭遇劲敌，马上就暴露出不擅长打硬仗、打恶仗的缺陷，之前扩张得有多快，这时就溃败得有多快。

所谓"主将无能，累死三军"，在溃败过程中，因为对主将指挥强烈不满，陈胜军中开始不断爆发内讧。这也是没有办法的事，毕竟大泽乡起义的早期参与者普遍是戍卒出身，政治、军事素质都不太高。

当时给陈胜驾车的车夫名叫庄贾。他本来对陈胜忠心耿耿，但是在拉着陈胜东西南北地跑了好几天后，陈胜不仅不体贴，还突然改了主意，执意让他绕道到蕲县去，导致他的不满情绪日渐增长。终于，在走到下城父（今安徽省亳州市一带）的时候，双方动手打了起来，庄贾用马鞭子把陈胜活活勒死了。事后，庄贾也不再去蕲县了，而是把陈胜的遗体装在马车里，跑回陈城去找秦军请赏。

纵观陈胜的一生，憋屈了 30 来年，好不容易辉煌一下，可仅仅半年便结束了。尽管如此，他也仍是历史留名的英豪。

陈胜选择带头起义，敢为天下首倡，挑战秦二世的统治，足可以看出他的勇气和见识。如果不是十分了解大泽乡当地的社会状态，他的起义就毫无成功的可能，一开始就会被秦朝严密的连坐制度镇压；如果不是足够了解人心，他在陈城就不能结交武臣等好友，也不能说出"天下苦秦久矣"这样的话煽动士卒；如果不是有一定的游历和见识，他也不会选择假借扶苏、项燕的名头起兵。不过，陈胜的经验和才能毕竟都很有限，称王后政治路线多次变化，令部下无所适从，面对秦军主力的攻击时更显得力不从心，连战连败，最终死在对他彻底失望的自己人手里。

司马迁总结说，陈胜的失败是因为太好面子，生活奢靡，又不肯接受别人说他的旧事，执法太严，为此还杀了自己的一位老朋友，导致其他很多老友都离开了他。其实，陈胜的主要部下大多都是对他比较忠诚的，即便是最后杀死陈胜的庄贾，也将对他的忠心保留到了最后一刻。陈胜的主要问题，恐怕是碰到了章邯这个对手，哪怕他和吴广等人能打败章邯一次，也不至于最后一溃千里。

在陈胜的起义军中，唯一一位投降秦军的高级将领名叫宋留。宋留奉陈胜之命，攻占了在今天河南省南部的南阳郡，本来要从这里向西，从关中的东南大门武关攻入秦地，以配合进攻函谷关的周文、吴广大军。但是，就在他攻打武关的时候，突然传来周文、吴广战败而死的消息，连南阳郡也被秦军收复了，宋留的军队于是军心大乱，连忙向东撤退。途中宋留又听说陈城陷落，陈胜也被杀了，便在南阳投降了秦军。章邯把宋留送回咸阳，秦二世下令在市场上把他车裂了。

因为章邯连续立下战功，还干掉了陈胜、吴广等一众起义军首领，秦二世把中原各路兵马的指挥权都交给了他。看上去，彻底平定东方各地似乎指日可待。

不过，陈胜手下并不是完全没有能人。在这个反秦形势陷入黑暗的时期，原陈胜王宫里的涓人（大内主管）吕臣把散兵游勇组织起来，称为"苍头军"。这支部队没有头盔，只用青色或灰色的头巾裹头，轻装上阵。他们趁着章邯去南阳打宋留之际，突然反击陈城，并将其占领——不知道是不是因为陈城的城墙在被秦始皇拆毁以后一直没有重建，所以根本没有办法防守，谁来都能够攻破。

吕臣进入陈城后，抓住了杀害陈胜的叛徒庄贾，并将其处死，算是给陈胜报了仇。但吕臣和他的苍头军没能在陈城风光多久。章邯听说陈城再度失守，非常重视，立即发兵反击。吕臣无法抵抗，带着部分苍头军突围南下，一路跑到了长江边。在这里，他找到一位得力的帮手——鄱阳湖里的大盗英布。

英布此人多次犯罪，所以被处以了五刑中的墨刑，或称黥刑，也就是在脸上刻字，像文身一样，社会上的人因此称他为"黥布"。在秦国，脸上刻字是一种耻辱，但英布被刻完字却高兴地笑了，他说："我年少时，看相的人说我'当刑而王'（会被处以刑罚，然后被封王），就是指这个吧？"这话传了出去，听到的人都一起嘲笑这个乐观的犯罪分子。

英布生长在淮南地区，具体说来是今安徽省六安市。他受了黥刑以后就被送到骊山给秦始皇修陵墓，在那里，他专和刑徒中的豪猾之徒交往。后来，英布趁监管不力之际和一些同好逃脱控制，穿越了半个秦朝版图，一直跑到了他比较熟悉的长江边上，在鄱阳湖一带干起了群盗的勾当。从这里也能看出来，秦始皇晚年的社会治安实在已经很成问题了。

听说陈胜起义的消息以后，英布就以鄱阳湖盗贼首领的身份公然跑去见鄱阳县的县长吴芮。吴芮原来也是楚国人，而且有少数民族（可能是越人）血统，很痛快地答应了和英布一起叛秦，还把自己的女儿嫁给了他。两人合兵一处，凑了几千人，只是还没过江，就听说陈胜、吴广已经败亡了。

吕臣就是在此时从陈城跑到了长江边上，与英布他们取得了联系的。双方在江淮流域又拼凑出了1万多兵马，之后大举北上，几个月后击败了章邯部下的两个校尉，又一次占领了多灾多难的陈城。

这是起义军第一次在战场上击败章邯的正规军，标志着反秦战争开始进入第二个高潮。

# 劲敌项梁

这时，陈胜生前派到长江下游的另一位将领召平刚刚与会稽郡的项梁、项羽叔侄会师。召平为了拉拢项梁，以陈王胜的名义伪造了一份任命状，任命项梁为楚国的上柱国（楚的武官之首），之后让他立即渡江西进，迎战秦军。于是，公元前 208 年，项梁、项羽叔侄和召平等人带着 8000 江东子弟，渡过长江北上了。

在长江和黄河之间还有一条淮河，项梁的军队过长江后，向北走到淮河南岸的东阳县（今江苏省淮安市盱眙县附近），在那里遇上了一支比他们规模更大的反秦武装。

原来，东阳县当地一群经常从事违法勾当的年轻人听说陈胜起兵反秦，就杀了东阳县令以作响应。同时，他们找来原县令的助手陈婴，拥护他当领导，并且也想让陈婴称王。不过陈婴听从母亲的劝导，不敢称王，而是选择先与北上的项梁、项羽、召平会师，再讨论下一步的行动。陈婴的母亲想法很对，因为一旦称王，就等于宣布自己是个独立势力，不再依附于其他力量，这样往往会引来强大的敌人。元末谋士朱升给朱元璋提出的"缓称王"策略，就是这个道理。

项梁收编了陈婴的两万人，带着他们一起进入淮北，途中不断有淮河流域的好事者加入，例如未来的大将军、淮阴人韩信。正好这时吕臣和英布又被章邯赶出了陈城，正在向东撤退，双方相遇后，英布和吕臣也选择加入，做了项梁的部将。此外，还有一位名字不详的蒲将军，也带着部队投到项梁的麾下。于是，项梁就有了十几员将领和六七万兵，而且其中很多都有同秦军交战的经验，堪称是迄今为止反秦军队中战斗力最强悍的一支。

拥有了这支强悍的军队，项梁并没有立刻向西奔向中原寻章邯的主力部队决战，而是谨慎地选择继续北上壮大队伍，于是他来到了下邳、彭城一带（今江苏省徐州市附近）。彭城里也有几万反秦义军，但是他们可不想"缓称王"，在得知陈胜的死讯以后，很快就立了原楚国贵族景驹为楚王。不过，彭城真正的权力掌握在跟随陈胜在大泽乡起兵的秦嘉手里，其余如董缎、朱鸡石、郑布等将领，也大多是陈胜的老部下。

秦嘉原本的计划是与老同事吕臣夹击章邯军——这时章邯已经推进到定陶（今山东省菏泽市定陶区），但是他等来的却是项梁、项羽、召平、陈婴、韩信、英布、吕臣、蒲将军等一大批人。看到对方的实力明显在自己之上，已经立景驹为楚王的秦嘉感到有些不妙了。他来到彭城东郊，提出谈判。

项梁不愿意接受景驹当领导，就宣称还没有可靠的消息证明陈胜已死，景驹的楚王身份是非法的，之后派英布发动突袭，杀死了秦嘉，景驹则逃到魏地投奔魏咎和周市，最终死在了那里。

景驹和秦嘉生前实际上已经把原楚国东北地区的各势力整合得差不多了，却在两天之内就被项梁打败，这让他们的部下感到手足无措，后来大多还是选择投靠了项梁，其中就包括朱鸡石、刘季（刘邦）、张良等人。

朱鸡石被项梁派去迎战章邯，战败逃回被项梁处决。刘季则向项梁哭诉，说自己刚刚起兵反秦，老家丰邑的领导雍齿就在周市的引诱下背叛了楚国，倒向了魏国，因为秦嘉生前没能提供援助，自己一直收复不了丰邑。项梁正因为魏王魏咎接纳景驹而气恼，闻讯立即给刘季拨了 5000 兵，帮他反攻丰邑，赶走了雍齿。

雍齿被刘季赶出丰邑以后就向西逃跑，本来想要去投靠魏咎和周市，不料走到途中就听说章邯已经攻下了魏地，魏咎自焚，周市、景驹和前去救援的齐王田儋都战死了，魏咎的弟弟魏豹和田儋的堂弟田荣率领残兵突围到了东阿（今山东省聊城市东阿县）。雍齿大惊，思来想去，只好渡过黄河北上，去投靠赵国。

此时的赵国国王，已经从武臣换成了赵歇。

原来，武臣被燕军释放时，被迫承认燕国独立，并和燕国签署了和约。但他不甘心就此蜗居在河北平原上，于是又派大将李良向今天的山西省一带进军。李良本来是武臣的老上级，而且官职不低，至少达到了县令的级别，但是因为加入反秦义军晚，只能当武臣的下属，所以心中一直愤愤不平。这次，李良领命出发，带兵刚走到太行山上的井陉口（今河北省石家庄市井陉县）就被秦军拦住，无法前进。秦军将官早就对李良有所耳闻，以秦二世的口气给他写了一封没有盖封泥的公开信，内容大致是这样的：

> 李良将军，从前你曾经侍奉过我，得到过显贵的官职，现在你却误入歧途，加入了叛贼。若你能诚心反赵归秦，我就赦免你全家，并且再次给你显贵！

李良拿到这封信，当然不敢轻信，但是作为机会主义者，他确实觉得自己在反秦义军中没有什么政治前途。此时，正好传来两个消息，在李良心中天平的一端重重地压下了一颗砝码。

第一个消息是章邯已经开始东征，他在距离井陉口不远处的曹阳亭消灭了周文军，随后又在荥阳携手李由消灭了"假王"吴广的军队，反秦起义开始步入低谷，第二个消息更让李良觉得害怕——河套平原上的王离大军也在朝井陉口步步逼近了。

原来，在发现项梁从江东北上、赵军又攻入今山西地区之后，秦二世仿佛突然意识到东方的反秦武装比他预料的更为强大，于是下定狠心做出一项重要部署：镇守长城防线的大将王离放弃河套平原的"新秦中"地区，率军南下，平定腹地的叛乱。

前文说过，王离是秦始皇前期头号名将王翦的孙子，秦二世登基以后，命令长城防线的秦军总司令蒙恬自杀，将当地号称30万人的部队尽数交给裨将王离指挥，因此王离对秦二世可谓忠心耿耿。他接到秦二世的命令之后，立即率军撤离河套平原，向东南方挺进，很快就扫荡了今山西地区的各路反秦武装，逼近了井陉口的李良军。

按照《史记·张耳陈馀列传》中的说法，大敌当前，李良思来想去，借口兵力不足，返回邯郸去向武臣要救兵。当李良到达邯郸郊外时，遇到了赵王武臣姐姐的车队，因为对方态度不尊重，于是将她杀害，又一路杀进邯郸王宫，把赵王武臣和左丞相邵骚都杀了，然后投降了秦军。赵国的右丞相张耳和大将军陈馀因为在邯郸城内外耳目众多，幸运地逃走了。

这个说法存在过多的戏剧成分：向武臣要救兵，根本用不着李良亲自出马，况且他怎么会撇下前线部队返回邯郸？赵王的姐姐在城外被杀，邯郸城肯定会立即发现并组织防御，李良及其随从怎么可能在这时候轻易地攻进王宫？真相更可能是李良在章邯、王离的双重压力下，认定反秦起义必败无疑，这才被秦军策反。他攻入邯郸不是因为武臣的姐姐在路上对他不尊重，而是早有预谋，这才能在杀人后迅速占领王宫，将武臣全家一网打尽。

不管怎么样，武臣稀里糊涂地被李良杀死了，张耳、陈馀则带着少量随从逃到了邢台。这时候，有门客为他们分析武臣败亡的原因：

"您二位和武臣都是外地人，作为外来户，在本地没有根基，这是武臣败死而没人搭救的原因啊。所以要想在赵国立足，得有一个本地的人，最好是由从前赵王族的后人来担任国王，这样赵国人才会响应，您二位的地位才能稳固。不然等秦军一来，人心就更散了。"

张耳、陈馀觉得很有道理，于是到处打听，很快找到一个原赵国王族的后人，名叫赵歇。张耳、陈馀把他接到邢台，立为新的赵王，即"赵王歇"。张耳照旧当相国，陈馀还是大将军。

就在李良造反杀害武臣的同时，王离大军越过太行山，攻入赵地。其实武臣生前就听说王离大军正在向自己逼近，于是派使者去齐国求救。齐王田儋是个热心肠，当时虽然已经决定亲自去魏国帮助魏军抵抗章邯，但是在得到武臣的求援信以后，依旧紧急抽调了一支部队，交给大将田间，让他去救赵国。等田间率领的齐国援军抵达赵国时，武臣已经遇害，他便与张耳、陈馀合作，帮助赵王歇把李良杀得大败，顺势夺回了邯郸，随后共同抵御王离大军，使气势汹汹的王离整整 7 个月没能前进一步。因为这件事，陈馀后来一直将井陉口视为自己的福地，全然不料他最终会葬身于此。

李良兵败以后，在赵地无法立足，又迟迟等不来王离的援军，只好南下投奔章邯。他前脚刚跑，雍齿就步其后尘，从被章邯围攻的魏国来到了赵国。

这就是赵王歇登上王位以后发生的事情。

话说另一边，刘季刚赶跑雍齿，收复了丰邑，就被项梁召回到薛城（今山东省枣庄市薛城区）。他到了这里，才发现楚地的诸侯、名将济济一堂，仿佛要有大事发生。

果不其然，项梁见人来得差不多了，便公开宣布已经确认陈胜死亡，而章邯的大军在占领魏地以后正在围攻距此不远的东阿，双方的决战已经不可避免。鉴于目前的局势，项梁决定立即集结全部精锐去救东阿，但是在此之前，有必要先立一位真正合法的楚王。

这时，项梁在居巢（今安徽省巢湖市西北）物色到的谋士范增站了出来。范增当时已经70多岁了，因此在那个人口平均预期寿命只有30来岁的时代显得格外有权威。

范增的演讲内容大致是这样的："陈王败亡，是理所当然的。从前，六国的国王并没有什么罪，之所以被秦国灭了，只是因为秦国兵力强罢了。特别是我们楚国，楚王最没有罪。从前的楚怀王还被秦人诓骗，被扣押在秦国，死在了那里，我们楚国人一直哀怜他。去年陈王起兵，当即就复立了楚国，但是他自己当楚王，没有立楚国王族的后人当楚王，所以我说他肯定不能长久。为什么不立个楚王后人做王？现在的民望还是在楚王族的，难道不是吗？项将军以8000子弟从江东起兵，现在刚过淮河，就有了10万之众。为什么各部义军蜂拥而来追附项将军呢？就是因为项家世世代代是楚将，大家觉得他忠于楚国，能立楚国的后人为王。我们做大事，必须有个高尚的政治目标，最正义的莫过于为了楚王家族反秦复国。陈王胜只求自己当王，所以势不能久，而我们应该找到楚王族的公子，立他为王，这样一来眼下的形势才能有转机。"

众人都纷纷赞同范增的意见，项梁于是命人去民间寻找楚王后人。两三天后，车马带着一个中年人来到薛城，此人自称是楚怀王的孙子，名叫熊心，40岁出头，楚国灭亡以后躲到了民间，现在在一个富户家里给人放羊。

项梁等人对熊心鉴定了一番，认定他的王族身份没有疑问，于是立即拥戴他为楚王，依旧称"楚怀王"。楚怀王封项梁为武信君，英布为当阳君，陈婴为上柱国。

范增劝项梁立熊心为楚怀王，其实已经是张耳、陈馀立赵歇为赵王以后 5 个月的事情了。显而易见，赵歇被立为赵王后，赵国在独自抗击王离大军和李良叛军时展现出的顽强战斗力，给各支反秦力量留下了深刻的印象，"立原六国王室后裔为王"一下子成为主流思想。但是，这并不能改变这些被匆忙立为王的原六国王室后裔傀儡的性质，他们仅仅是反秦武装的领袖们用来动员群众的宣传工具，楚怀王熊心当然也不例外。

见楚、齐、魏、赵、燕五国都有了各自的王，战国七雄之中唯独韩国还没有复国，作为原韩国相国的后代，张良找到武信君项梁，说："您已经立了楚国王族之后，现在韩王的诸公子中有个横阳君公子成是个贤人，可以立为王，这样楚国的朋友就更多了。"

项梁于是派张良找来公子成，立他为韩王。韩王成尽管还没有任何领土，却当即建立了自己的小朝廷，以张良为司徒。项梁分给韩王成 1000 多士兵，张良就带着韩王成和这些兵，往西方征略韩国旧地去了。

在张良为韩国奔忙的时候，项梁本人点齐包括项羽、英布、刘季在内的 10 万大军，向着已经被章邯围攻了两个多月的东阿城前进。

东阿城下，章邯和项梁上演了秦末战争中的第一场巅峰对决，双方都久经沙场，毫无保留地投入了全部力量。最终，在守城的魏豹和田荣的配合下，项梁军撕开了秦军的包围圈。这是章邯本人东征以来的第一次失利，不过他很快收拾了败兵，退守到定陶，让战线不至于一溃千里。

项梁击败章邯，解了东阿之围，救出了魏豹和田荣，威震天下。就在战场上，他正式加冕魏豹为魏王，随即命令东阿守军与自己一起西进，去追击秦军。但就在此时，田荣却不辞而别。

原来，齐王本来由田荣的堂兄田儋担任，由于田儋在临济被章邯击杀，齐国王位突然空缺。一些好事者找到了齐国的末代国王田建的弟弟田假，拥戴他为齐王，田假又任命自己的亲戚田角担任相国。田荣听说这个消息，连夜带着队伍从东阿回国，赶走了齐王田假，并立田儋的儿子为新的齐王，自己当了相国，掌管整个齐国地区的军政大权，他的弟弟田横则担任大将军。

田假战败后逃到了薛县，投靠了楚怀王，田角则逃到邯郸，投靠了赵王歇。此前率领齐国援军来赵国协助抵抗王离军的大将田间是田假和田角的亲戚，所以赵王歇和张耳、陈馀果断决定接受田角的庇护请求。田荣想追杀田假、田角、田间，碍于救命恩人项梁的面子，不敢强求，但也不再发兵援助项梁。项梁派使者向田荣要援军，田荣答复说："只有给我田假的人头，我才出兵。"同样，田荣也让赵王歇杀掉田角、田间，还用动物做寓言说："被蝮蛇咬了手，就得砍断手；被咬了脚，就得砍断脚，否则就要害死人命了。如今田假、田角、田间三人对于楚、赵没有手足亲情，为什么不杀？假如以后秦国又得志于天下，我们这些被咬来咬去的家伙就要连坟墓都保不住了。"但是楚怀王和项梁都不肯答应田荣，因为田假毕竟是一位真正的原六国王子，杀了他影响不好。田荣也有脾气，继续拒绝出兵援助项梁等盟国军队，因为留着田假君臣对他的统治实在太不利。

田荣不顾反秦斗争的大局，以杀死自己的竞争对手为出兵击秦的先决条件，这无疑削弱了反秦力量，客观上是在帮章邯的忙。与此同时，秦二世还在关中不断派遣各地的部队东进增援章邯。

项梁派遣手下最能打的刘季、项羽两部，对定陶附近的秦军进行牵制性进攻。他们先攻下了定陶北方的城阳（今山东省菏泽市北），之后又转到西方的濮阳，与项梁的主力军共同进攻章邯，迫使章邯又逃回濮阳。项梁志得意满，决定对定陶附近的秦军进行大包围，于是又派刘季、项羽去攻打定陶西南方的雍丘（今河南省开封市杞县）。

当时，据守雍丘的是秦国丞相李斯的长子、三川守李由。李由虽然曾经在荥阳守住了吴广的猛攻，但那是因为吴广不懂军事，只会一味蛮干。章邯或许知道李由不是打仗的料，或许是受了李斯的叮嘱，因此把李由放到了自己的后方，没想到还是被项羽、刘季这两位楚军悍将盯上了。雍丘不是什么重镇，被秦始皇下令拆毁的城墙可能也尚未重建，因此两军交战之后，秦军很快被击溃，李由当场被刘季手下的将领曹参斩杀。这是反秦义军在东阿、濮阳击败章邯之后，取得的又一个重要胜利。

在这一阶段的并肩战斗中，刘季、项羽两人之间建立了难得的情义。可是他们并不知道，当他们在雍丘攻打李由时，另一支秦军已经抵达定陶附近了。

秦二世在得知章邯攻打东阿受挫以后，明白他一定遇上了劲敌，于是调集所有境内武装，全力增援濮阳。项梁军这时候孤悬在定陶坚城之下，项羽、刘季等悍将又不在身边，随着章邯获得援军，前线的两军实力对比急转直下。

令尹宋义对项梁说："打了胜仗后，如若将领骄傲、士兵怠惰，必定会失败。现在士兵已有些怠惰了，而秦兵却在一天天增多，我替您担心啊！"但是项梁见自己的楚军连连取得胜利，便不以为意，反而又派宋义出使齐国，再次去向田荣寻求齐国援军。宋义在途中遇到齐国的使者高陵君，向他分析说："您将要去会见武信君吗？我觉得武信君必会失败。您慢点去当可免遭一死，快步赶去则将遭受祸殃。"

从七月到了九月，中原罕见地下着连绵不止的雨，连续三个月天上都看不见星星。项梁继续耗在定陶城下，趁着雨停的短暂工夫屡次攻城，导致部队越来越疲惫。

九月的一天，一直雌伏在濮阳城中的章邯获得了秦二世新派给他的大量秦军。他已经得知李由战死的消息，明白自己必须立即打赢这场仗，否则多半就要全军覆没，到时候即便能够冲杀出去，也要面对秦二世和李斯的严惩。于是他冒着漫天的大雨，出城突袭定陶城外的楚军。

濮阳等地的秦军动向被大雨有效掩盖了。距离定陶20里时，章邯命令军士衔枚，战马的嘴也都捆上，趁着夜色迅速向项梁在定陶城下的营围推进。项梁等楚军将领由于连日冒雨攻城，人困马乏，大多在自己的营房睡觉，完全没料到外面会突然涌来潮水般的秦军。很快，项梁大军被章邯杀得血流成河，项梁也在突围时被一批秦军围攻，最终倒在了血泊之中。

第二天，刚刚与吕臣的苍头军会师，正在进攻陈留县（今河南省开封市祥符区）的项羽、刘季得到项梁兵败战死的消息。面对这突如其来的噩耗，三人五内俱焚。平静下来之后，他们决定立即放弃对陈留的围攻，一起领兵向东撤退，沿途收拢项梁的溃兵。

定陶往东 150 公里，就是楚怀王的大本营薛城了。听说项梁在定陶败亡，楚怀王觉得继续待在薛城不安全，于是南下 100 公里，撤到彭城办公。项羽、刘季、吕臣三人半路闻讯，也就带兵赶到彭城屯驻。

在彭城，楚怀王麾下有 3 支主要部队：第一支是上柱国陈婴所部，原先驻扎在薛城，负责拱卫京师；第二支是吕臣的苍头军，一部分在跟随项梁、吕臣、英布作战的过程中损耗，另一部分则跟随在吕臣的父亲吕青身边，配合陈婴拱卫京师；第三支就是项羽、刘季从前线带回来的野战军，也包括项梁的残部。

项羽在彭城附近清点项梁残部，吃惊地发现居然跑回来不少人，例如项梁的主要谋士范增以及当时还不算知名的小军官韩信等。主帅战死了，这些人却活着，按照军法本应严惩，但项羽为了顾全大局没有深究。不过可能也是因为这件事，他在日后对这些人虽然表面上礼遇，实际上却十分戒备，很少采纳他们的意见。

尽管在项梁败亡以后，各路楚军都惊恐地向彭城退却，但是章邯却没有乘胜追击他们，反而把兵锋转向了北方，渡过黄河去攻打赵国，这让楚怀王、项羽、刘季、吕臣、陈婴等人暂时得以喘息。

章邯之所以突然出此"昏着儿"，似乎是因为咸阳宫廷这时出了乱子。

第十六章
**巨鹿大战**

# 李斯之死

武信君项梁在定陶的败亡，标志着反秦起义进入了第二个低谷。

我们先把目光转回咸阳。这时候的咸阳城里，同样血流成河。

赵高自从获得秦二世的宠信以来，就一直在清除异己。可他滥杀了那么多人，也在害怕有人会去和秦二世诉冤，于是为了遮掩自己的罪行，他就劝秦二世不要上朝。

"陛下，天子之所以是贵人，就因为话少，群臣都见不到他的面，只听见他的声音。'朕'这个字，意思就是不发言，只暗示。况且陛下年纪尚轻，国家的事未必都懂，一旦说错了，大臣岂不笑话您？所以您应该深居禁中，找一些懂事的大臣和我一起为您出谋划策，然后再回复大臣。这样大臣就不敢轻视您了，天下也会称您是圣主。"

秦二世觉得赵高说得有道理，此后就躲在禁中办公，遇到大臣们上奏请示问题，就跟赵高一同商量，然后再回复下去。其实这也是在仿效秦始皇晚年的那一套，不过李斯等人经常找不到皇帝，还是渐渐有了不满。他们觉得，秦二世这么干，等于是与赵高等近臣组成了一个小朝廷，架空了其他大臣。赵高知悉李斯的不满情绪后就开始提防李斯，渐渐地，这两位拥立秦二世的重臣不再合作无间，产生了裂痕。

为了教训李斯，赵高故意对他说："丞相，现在关东群盗非常嚣张，皇上还在沉迷建造，我的身份太低贱，说话没分量，您作为丞相，一定要劝谏陛下啊！"

李斯正有进谏的想法，赵高顺势为他安排了面见秦二世的机会。

一次，秦二世正在宫里娱乐，赵高看他玩得正高兴，就派人去通知李斯前来进谏。李斯不知有诈，立刻穿戴整齐进了宫。

见到秦二世之后，李斯立刻声泪俱下地谏言："现在关东群盗并起，数千人为聚，不可胜数，我们发兵攻击，杀死的不计其数，可是仍然不能控制局势。群盗之所以如此之多，都是因为我们赋税太重，百姓苦不堪言。这些年来，我们北有长城工程，南有五岭拓边，还在建造阿房宫，都消耗了大量人力和物资，希望陛下可以暂缓这些工程。这不光是我的意见，右丞相冯去疾和御史大夫冯劫也是这个意见。"

李斯为了把握住这次宝贵的上奏机会，把冯去疾和冯劫父子这两位同僚也拉了出来。按照《汉书·冯奉世传》的记载，冯去疾、冯劫父子是原韩国上党郡守冯亭的后代，冯亭将上党南方给秦国的行为间接引发了长平之战，他们同时也是汉初名人冯唐的祖先。他们和李斯一样，属于秦始皇登基前不久才入籍秦国的他国人才，在秦国本土社会的影响力并不大，富贵荣华系于皇帝一身，所以反而更受秦始皇、秦二世父子信赖。不过，现在他们开始和秦二世唱反调了，这引起了秦二世的警惕，恰好他正在观赏文艺节目，被李斯扫了兴，于是气愤地回答道："这些都是先帝定下来的事情，我怎么能改呢？先帝一定天下就外攘四夷、戍守边境，有什么不对的吗？建造些宫室以威服天下，让臣民看见先帝遗留下来的功业，让他们景仰和顺服，这不也很好吗？现在我刚刚继位两年，群盗并起，你们这些人不能禁断盗贼，却要中断先帝经营的项目，既对不起先帝也对不起我！你们这样的人，难道还算称职吗？"说完就将李斯赶走了。

李斯走后，赵高趁势对秦二世说："丞相之所以这么说，是因为当初在沙丘丞相也是出力了的。如今陛下登基两年，李斯仍然官居原位，他是希望您嘉赏他，封他为王，裂土一方啊！另外，他的长子李由是三川郡的郡守，守着我们函谷关的东大门，但是听说李由跟反贼们互有文书往来，想来丞相是因为对自己不能封王心生怨气，所以阴谋串通楚盗吧。他和陈胜可都是楚国的邻县之人呐！"

秦二世大吃一惊，将信将疑，派人多次跑到三川郡，调查李斯的长子李由暗通楚盗的事情。李由在官场多年，也不是等闲之辈，很快就发现了这一情况，报告了父亲。

李斯听说此事后，察觉到秦二世对他的忠诚有所怀疑了，于是想起从前秦二世对他说过的一番话："我读法家先贤韩非子的书，说尧帝住的是茅草屋，吃的是粗米野菜；大禹爬在泥巴里疏九河，民工都没他那么劳苦。可是我对此有不同意见，难道当皇上就是为了苦形劳神吗？这是下等人该干的事情。帝王是能够安定天下、治理万民的，可尧帝、大禹这些人，连自己的身体、利益都保证不了，怎么能治天下呢？我应该做的是永远享有天下，不发生灾祸。你们作为臣子，怎么帮助我实现这一点啊？"

眼看着山雨欲来了，为了保住自己的爵禄，李斯决定讨好秦二世。他针对秦二世从前的这个话题写一篇文章，题目叫作《督责术》，内容大致如下：

> 怎么才能成为一个成功的帝王呢？一定要能行督责之术。尧帝、大禹这些人，因为不能行督责之术，使得自己沦落成了老百姓的奴隶杂役，每天苦形劳神，天下成了他们的桎梏。有本事的上等人不是这样的，他会督责，也就是奉行重刑主义。一定要轻罪重罚，人们一看对轻罪的惩罚都这么严酷，就不敢继续犯罪了，天下也就太平了。
>
> 高明的上等人一定要排除三种人对他行督责之术的干扰，第一种是整天倡导节俭仁义的人，第二种是天天谏说论理的人，第三种是性烈刚直的人。这三种人如果在陛下您的身边或者在社会上活动，您就没法督责下去了，所以对于这三种人一定要闭目塞听，让他们没法产生影响。陛下您把臣子们督责的都没有二心了，天下也就太平无事了，君主地位也就更加稳固了，国家也会变得富强，然后您就可以恣意享福了。这岂不是比尧帝、大禹高明得多吗？这样才叫明君呐！而且，群臣百姓被您这么督责，哪里还敢图谋造反呢？

秦二世看了李斯的这篇文章，高兴多了。他顺从建议，严厉推行督责术，提出"税民深者为明吏，杀人众者为忠臣"的督责标准。经过一番"努力"，秦二世终于把整个秦朝变成了一个大监狱和大屠宰场，一时间"刑者相望于道，而死人日积于市"。

这是陈胜、周文败死，起义初步被章邯镇压以后的事情。群臣百姓与秦朝之间的矛盾，由于李斯的这份奏章被进一步激化了。

李斯原本是要减损项目和兵劳役，这本来是缓解危机的救急之法，但他为了讨好秦二世，从劝谏进言者一下子变成了为虎作伥者，可谓是一棵极"优秀"的墙头草。

可惜的是，李斯的文章并没有扭转他的命运，他与赵高的关系逐步恶化，没有和解的可能性。赵高无中生有地向秦二世提出三川郡李由可能勾结反秦势力，这让李由的父亲李斯感到套在自己脖子上的绳索越来越紧了，他打算拼个鱼死网破。

有一天，秦二世正在甘泉山上的林光宫里看角抵戏（摔跤比赛），李斯前来求见，秦二世不见。李斯没办法，只好给秦二世写信，信中举了古代权臣的例子来攻击赵高："宋国有个司城子罕，把国家的行刑大权揽在一身，国人们都怕他，最后他劫持了国君；齐国的田常富可敌国，他向老百姓布德施惠，攫取民心，最后篡弑了姜姓齐国的君位。现在赵高的淫威赶上了司城子罕，富有程度如同田常，恐怕他要造反啊！"

秦二世对此不以为意，回道："赵高只是一个洁行修善的普通人，靠自我努力和忠心获得现在的郎中令职务，我是信任他的。您岁数这么大了，我不依赖年富力强的赵高，又该依赖谁呢？"之后，秦二世甚至主动提醒赵高要小心一点。

赵高是个做戏高手，他对秦二世说："我被丞相杀了后，他就可以无所忌惮地实行田常篡齐的阴谋了。"

听了这话，秦二世想了想，认为赵高是自己最可信赖的老师，两相比较之下，还是李斯篡位的可能性比较大，于是下令将李斯交付有司审查。

不过，按照新出土的汉初竹简《赵正书》上的记载，李斯被捕和赵高没有什么关系，而是因为胡亥突然搞了一堆反秦始皇的政策改革，诸如"自夷宗族，坏其社稷，燔其律令及故世之藏"之类，令李斯、子婴等旧大臣十分不满，这才最终导致双方决裂。李斯上书，疾言厉色地指责秦二世："所谓变古而乱常者也，王见病者乎……逆天道而背其鬼神，社稷之神零福……"秦二世被惹怒了，这才抓了李斯。

司马迁应当读过《赵正书》之类的材料，他之所以没有采信，可能是因为这里的秦二世形象与在诏令碑刻中处处颂扬秦始皇、提倡孝道的秦二世形象全然相反，令人难以置信。不过，也不能完全排除秦二世在后来局势绝望的情况下，修改了一些原有制度规则的可能（例如放松了"三年之丧"禁令，允许民众适度参与角抵戏等娱乐活动），只是目前的证据还不充足。

李斯被抓还有另外一种可能，鉴于李斯的倒台与他的长子李由的败亡几乎同时发生，所以这也可能是秦二世和赵高应章邯的请求做的。

从司马迁的记载可以看出，赵高指控李斯的主要证据是李由暗中勾结起义军，这样严厉的指控肯定不能空口无凭，那么证据从哪里来？有可能就是章邯从前线提供的。李由勾结起义军的可能性基本为零，只是他后来明显与章邯不和，故而一直分道行动。以李由的身份，章邯如果要想扳倒他，就必须先扳倒其父李斯，而在急需用兵之际，秦二世和赵高肯定是要全力支持章邯的，那么李斯的倒台也就不可避免了。

无论怎样，针对李斯的逮捕令是下发了，右丞相冯去疾、御史大夫冯劫因为一再跟着李斯劝谏，涉嫌结成秘密的政治联盟，也一并被抓进监狱、调查审问。当时的士大夫都很看重自己的人格和尊严，所以冯氏父子见官吏来就服毒自杀了，临死前说："将相是不能受辱的。"

冯氏父子祖上做过太守，李斯就不同，他是布衣出身，对生命和尊严的看法比较变通。于是，李斯怀着还能得到赦免的幻想被捕入狱，在狱中被戴上了桎梏。桎和梏是两种木板做的刑具，犯人的双手要背在身后，用桎夹住双手，用梏固定两脚，这样就像一只被夹住的老鼠，动弹不得，也就没法越狱了。李斯的家人、亲戚、宾客也全戴着桎梏入狱，并且遭到拷打，号哭之声此起彼伏，彻夜不绝。

赵高是李斯案的钦定主审，依照他的命令，李斯拖着没有寸肤完整的残体在监狱里写起了回忆录。他总结自己 30 年官宦生涯里的种种功劳，希望秦二世看到以后能够宽赦自己。

李斯很会写文章，他不敢直接陈说自己的功劳，而是将它们化为七宗罪孽：

第一，帮助秦始皇统一六国。

第二，北驱匈奴，南定百越。

第三，尊崇诸大臣们的爵位，使他们亲近效忠皇室。

第四，修建宗庙社稷，凸显君主的贤明。

第五，统一度量衡。

第六，修治驰道。

第七，缓和刑罚，减轻赋税，以完成君主获得民心的愿望。

李斯写到后面，被自己30年来苦心积虑、忠心耿耿创下的历历功绩感动得直哭。这封信写得情真意切，如果被秦二世看到的话，即便他是铁石心肠也会心软的。遗憾的是，秦二世根本不可能看到这封信，因为赵高见李斯的这封认罪书名义上是交代罪行，实际上是夸耀自己的功劳，觉得他认罪态度不老实，就把它拦截了下来，然后对李斯使用肉刑，累计"棒掠千余"。李斯当时已经六七十岁，到了最后实在禁受不住，只好按照赵高的意思，承认自己和长子李由串通楚地的盗贼谋反，试图谋朝篡位。

按照秦朝法律，像李斯这样级别的高官犯案，秦二世应该要派人来复审。李斯知道这一点，他写下认罪书是为了暂且保命，希望能在复审的时候翻案。赵高也明白这一点，于是动起了脑筋。

赵高把自己的门客分成前后十几组，让他们伪装成秦二世派来的御史、礼官、侍中等来提审李斯。李斯信以为真，对假御史说自己是被屈打成招的。等假御史一走，赵高作为主审法官，就又把李斯榜掠一通。下次换了一个人来，李斯口中喊冤，结果又被打一顿，如是者十几回。后来，秦二世派的真御史来了，李斯以为他又是赵高派人假扮的，为了不再挨打，就口称服法，不再喊冤了。

李斯的谋反死罪就这么定了下来。赵高的这种伎俩正是法家提倡的"术"，李斯作为法家的代表人物，还曾向秦二世提过"督责术"，现在可谓是"作茧自缚"了。

李斯被捕期间，他的长子李由被刘季军队杀死的消息传到了咸阳。按照秦朝法律，儿子为国殉职之举本来可以减轻李斯的罪行，但是赵高却把这件事遮掩下来，反说李由听说父亲被捕干脆投降了叛军，随后被秦军击杀了。赵高这样胡乱编排了一番，秦二世居然全部相信了。

就在章邯在定陶大破楚军、击杀项梁的捷报传到咸阳的同时，判决书也下来了，叛国者李斯被处以"具五刑，灭三族"的极刑。

所谓"五刑"，指的是墨、劓、刖、宫、大辟五种严酷刑罚，"具五刑"就意味着李斯要先在脸上刻字，然后切掉鼻子，砍掉双脚（一说挖掉膝盖骨），割掉生殖器，最后斩首暴尸。所谓"三族"，指的是父亲的家族、母亲的家族和妻子的家族，"灭三族"就是指与李斯有关的这三家不管男女老幼全部都要被处决。

获得判决结果，李斯反而变得很平静，狱吏怕他自杀给自己惹来麻烦，也开始善待他，早晨还给他打来洗脸的水。他用凉水浸面，迟钝的大脑忽地清明了。公元前208 年深秋，料峭的晨风吹拂着，李斯及其家族数百口人裹着赭色的囚衣排成一队，冒着零星小雨，从监狱向咸阳的市场走去。李斯走在队伍最前头，身上的锁链哗哗作响。因为伤痛，他行动很慢，整个队伍的速度都被他压低了。

李斯抬头，见万鸟齐飞，掠过天边，极目纵观，使人心驰神往。李斯不由得回过头来，对身旁戴着刑具的二儿子说："儿啊，我想和你牵着黄狗，一起到上蔡老家的东门外去捉野兔，还可能吗？"

李斯的这一声临终愁叹穿过 2000 多年，至今还令人震动。中国古代第一个皇朝的一代名相，就这样在遭受了极度的精神羞辱和肉体痛苦后结束了他的一生。李斯的死，在于他脱不开利益的羁绊。可见，古人贵急流勇退，大约都是有原因的吧。

不管怎么样，李斯也算是名留青史了，他为秦始皇书写并刻在泰山上的碑文，至今依旧保留在峰顶。至于那些在咸阳市场上为他一家的惨死叫好的看热闹的秦朝官民们，用不了一年也大多会落得同样悲惨的下场。

# 项羽上位记

在李斯全家被处斩的同时，章邯击杀了项梁，之后在定陶附近略作休整。他认为，消灭了项梁的主力部队后，东南地区的各股余散叛军已不值得作为重点打击对象了，于是接受了刚从邯郸跑来的李良的建议，准备下一步率领主力军队北上渡过黄河，去攻打赵国。他的这一决定，让彭城地区的楚怀王熊心及其部下有了难得的喘息之机。

楚怀王熊心虽然在秦始皇生前多年隐姓埋名，在民间牧羊，却是个很有雄心和能力的人。章邯北上以后，他立即抓住这难得的机会，利用自己的政治地位，把各路楚军整合到自己手下。

楚怀王首先向兵力最强的项羽、吕臣开刀，夺了他们的军权，使部队由自己直接指挥。随后，他仿效秦朝最有名的武安君白起和长安君赵成蟜的封号，封刘季为武安侯，项羽为长安侯，又在承认刘季原有沛公①官职的基础上，封项羽为鲁公，以使让这两位军中声望最高的悍将相互制衡。从这样的头衔可以看出，很明显，楚怀王熊心是想趁秦军主力聚到河北之际乘虚西征，直捣咸阳。为此，他还打出了一个志向极大的新口号："先破秦入咸阳者王之。"也就是承诺将会封第一位打进咸阳的将军为关中王。在当时，这是一个非常超前的政治目标，因为从表面上看，秦军依然居于战略主动地位，起义军想打下咸阳，似乎还困难重重。

---

① 楚国的"公"不是"公爵"的意思，而是"县公"的意思，相当于秦国的"县令"。

为了协调还惊魂未定的各路兵马共同西征，楚怀王需要提拔一个对自己忠诚的人来做"领头羊"，而宋义就是在此时出现在他的视野里的。

宋义早年曾经当过楚国的令尹，也就是相国，名气不小。当初，项梁在定陶城下久围的时候，宋义曾经提醒项梁要加强戒备或者趁早转移，只是项梁不以为然，但又觉得自己确实兵力不足，便派宋义去齐国，再次催齐相国田荣发兵来帮自己。宋义知道，只要项梁不交出田假，田荣就不可能发兵，所以索性磨磨蹭蹭，还在路上向齐国使者高陵君预言项梁即将败亡。项梁果然死了，高陵君也不能出访项梁军了，于是转到东南方的彭城，拜见刚刚从薛城撤到这里的楚怀王熊心。高陵君觐见时，把宋义大大赞扬了一番，楚怀王听后特别振奋，赶忙叫人把宋义找来。

几日之后，宋义从齐国回到了彭城，与楚怀王畅谈了一番。宋义文采飞扬，说起兵法时滔滔不绝，这令楚怀王深感相见恨晚。

其实，齐国的高陵君推荐宋义，在战国时代是一种常见的利益交换行为。齐、楚两国各自在对方阵营中选择一位与自己友好的大臣，努力宣传他，让他的地位更牢靠、更显赫，这样有利于齐、楚邦交，从而获得更多的后期收益。楚怀王想任用宋义，除了看重他的军事才干，也正是因为他与齐国人关系好，可以借此修复齐、楚关系，加强两国合作。不过，尽管如此，楚怀王依然不愿意把重要流亡者田假交给田荣，所以想要实现齐、楚联盟抗秦，宋义还要面临许多困难。

不久，就像公元前207年诡异多变的天气一样，时局又出现了新的变化。

章邯的大军在击杀项梁以后士气高涨，选择北渡黄河去进攻赵国。在叛徒李良的指引下，他们很快就攻下了赵国首都邯郸，赵王歇和相国张耳从邯郸逃到巨鹿（今河北省邢台市平乡县）。正在井陉口附近阻击王离大军的陈馀和田间闻讯，连忙撤兵回援，但是王离手下骑兵众多，机动能力强，竟在他们之前赶到了巨鹿城下与章邯军会师。就这样，赵王歇、张耳、田角君臣在巨鹿被秦军重重包围，陈馀和田间虽率领数万赵齐联军，却依然无法解巨鹿之围，于是只得先撤到巨鹿西北方的常山郡（今河北省石家庄市南）一带，自保的同时派出使者，向其他诸侯求救。

很不幸，齐国执政者田荣因为赵国仍然不愿意交出田角和田间，拒绝出兵救赵，而楚怀王君臣经过商量，虽然决定派兵北上救赵，但是不愿意为此出动全部主力。

楚怀王有自己的盘算，他想趁着此时秦军主力全在河北，派一支军队北上牵制包围巨鹿的秦军，再派另一支部队长驱西进空虚的关中，直捣咸阳。这样的话，要么章邯和王离解巨鹿之围回救咸阳，取得"围魏救赵"的效果；要么楚军直接攻下咸阳，推翻秦朝。应该说，这其实是一个很高明的战略，楚国不用损失太多的实力，就可以对秦朝造成沉重的打击。

计划想定，楚怀王一方面以宋义为上将军，项羽为次将，范增为末将，北上解救赵国；另一方面派刘季从黄河以南西行，直攻关中；同时让吕青代替宋义担任令尹，与吕臣、陈婴等人留镇彭城。

这样的安排令项羽很不满意，他强烈要求和刘季一起西征，但是遭到了拒绝。据司马迁解释说，这是因为项羽生性残暴，喜欢屠城，而楚怀王身边的大臣、老将都觉得刘季对老百姓宽厚，更适合入关灭秦。其实，选项羽还是刘季，在这方面的区别并不大，因为不久前城阳等地的屠城事件就是这二人联手干的。

之后一个多月，宋义、项羽的军队和刘季大军的活动路线多有重叠，都是在今山东西南和河南东部地区缓慢推进，其间不断遭到章邯、王离等率领秦军渡河南下阻击。这期间，刘季表现得更突出一些，几次击败王离的部队，但是占领的地盘很有限。宋义、项羽率领的楚军规模比刘季的更大，也打了一些小仗，按说本可以取得更多战绩，但是他们行进到彭城西北150公里左右的安阳城（今山东省曹县）就按兵不动了。

项羽等得着急，来找宋义，建议说："上将军，秦军大举围困赵王，巨鹿是个小城，且夕不保。我们现在应该急速引兵过河，直奔巨鹿，与赵军内外夹击，一定可以大破秦军。"

宋义略带轻蔑地回答道："现在这个时候，赵人听说楚军出动，必然士气旺盛，与章邯据城相斗，这样一来，秦军精锐会大量死于城下。最终，赵国虽然会破，可秦军也会疲敝。到那时，我们以逸待劳，大举进攻，必然可以歼灭章邯。所以，不如使秦、赵先斗，我们观望而不攻。若说冲锋陷阵，披坚执锐，宋义不如您；若说坐而运策，决胜千里，您就不如宋义了。"

项羽听完，默默而退。

不久，宋义又下发了一条军令："猛如虎、狠如羊、贪如狼，顽固不听命令者，一律按军法斩首！"这话显然是说给项羽听的，好让他闭嘴。

又过了十几天，宋义带着自己的儿子宋襄去了齐、鲁交界处的无盐（今山东省济宁市东平县）。据说他已经与齐国谈妥，让宋襄出任齐国的相国（不知道这样的人事安排会置田荣于何地）。这时候，天上下起了寒雨，宋义和齐王使者举办了一场豪华宴会，席上摆的全都是驰名天下的胶东海鲜。

100多公里外，安阳也下了大雨。因为已经在此停留了近40天了，积存的军粮在一天天减少，士兵们先是减为每日两餐，继而由两餐干饭逐渐减为一天一餐稀饭，加之营房简陋，他们纷纷抱着兵器哀号。项羽见士兵们吃不饱、穿不暖，感同身受，与此同时赵国大将军陈馀的求救书信又如同催命一般发到了楚军大营，更令项羽坐立不安。

六七天后，宋义总算喜气洋洋地从无盐回来了，项羽当即找到他，进谏道：

"将军，我们本应该竭力攻秦，可是您却久留不行。今年的农业收成极差，老百姓穷困，我们的士兵也因此没有吃的，军中已经没有现粮了，再不出动恐怕就要溃散。可是您最近却忙着喝大酒、吃海鲜，不但不赶紧引兵渡河去与赵国合力攻秦，还说要趁秦兵疲敝的时机。可是，以强悍的秦军攻打新建的赵国，势必会很快灭赵，赵被灭了，只会让秦更强大，哪里有什么时机可供我们趁的？我们刚刚在定陶打了败仗，楚王为此坐不安席，把境内的兵都交给上将军，要与秦兵决一死战。可以说，国家安危在此一举。如今上将军不体恤士兵，只为自家利益与齐人亲密来往，这能算是社稷之臣吗？当务之急，楚、赵必须联手，否则迟早要被秦人各个击破！"

宋义对此全然不听，项羽忍无可忍，决定按自己的计划行动。

第二天一早，楚军的军官们突然听到中军帐前鼓声大作，连忙跑出帐来查看，只见项羽拎着宋义血淋淋的人头，当众高呼：

"宋义与齐国串通谋反，楚王已洞烛其奸，秘密命令我项羽诛杀他！"

由于宋义在军中早已不得人心，再加上楚军主力部队本就是项梁、项羽叔侄组建起来的，所以诸将纷纷表示折服，共同推举项羽为"假上将军"（代理上将军）。随后，项羽派人跑到齐国首都临淄，杀了宋义的儿子宋襄，同时又派遣老朋友桓楚回到彭城向楚怀王报告此事。

几天后，桓楚带着楚怀王的"圣旨"回到安阳：任命项羽为最高统帅上将军，英布、蒲将军等几支劲旅也归属项羽指挥。

项羽杀宋义，很明显是违背楚怀王意志的，但是和项羽比起来，宋义在楚军和反秦联盟中的根基确实不那么深，他更多地代表楚国的亲齐势力。所以，作为一个颇有想法但是自身实力有限的政治家，楚怀王不论对项羽有多大的不满，都不能在这件事上给项羽难堪，反而要确立项羽已然具备的地位，甚至专门强调英布、蒲将军这两位悍将手下的部队也由项羽领导。既然用项羽，就让项羽做成大事，不惜小的芥蒂，这算是用人上的王者气度了。

不过，齐国的统治者田荣可就不这么想了。之前他没有在定陶救项梁，与包括项羽在内的整个项氏家族都决裂了，现在他大力培植的楚国亲齐官员宋义被项羽杀掉，不能不说是报复。后来楚怀王没有惩罚项羽，说明整个楚国都走上了反齐的路线，这也让田荣很是恼火。可是，田荣因为田假、田角、田间等政敌的存在拒绝援助楚、赵两国，这一政策让一些齐国官员心存不满，所以田荣一时间也无力去找项羽的麻烦。

有理由相信，项羽杀宋义绝不是他的个人冲动行为，而是包括项氏家族在内的大批楚国官兵的集体决策，范增、项伯、桓楚等人肯定积极参与了此事，英布、蒲将军等立场相对独立的军官对此也不反对。

从《史记·项羽本纪》来看，此事的导火索貌似是宋义派儿子宋襄去齐国当官，但是从《史记·田儋列传》和未经过文学加工的《史记·秦楚之际月表》来看，此事的导火索还有另外的说法。

在项羽杀宋义前的一个月（甚至可能只有半个月），齐国将领田都擅自脱离田荣的指挥，率部西进投靠了项羽，表示要与项羽联手救赵。田荣本来想讨伐田都叛军，但是战国时期末代齐王田建的一个孙子田安（不清楚是田假的儿子还是侄子，总之是另一位秦始皇从未囚禁过的六国王室成员）突然又起兵造反，占领了济北地区的几座城，以此响应项羽，于是他只好先去镇压田安，但是在短时间内还打不下来。

齐国发生了严重内乱，宋义为此十分惊慌，紧急派儿子宋襄去齐国斡旋，可是花费了十几天也没能获得满意的结果。他的部下原本还幻想他能带来齐国援军，可现在几乎都对他失去了信心，而一直坚持对田荣采取强硬手段的项羽在得到田都、田安的支持以后，根本无须再担心齐国在背后给自己插刀子，可以放手大干了。

就这样，项羽干掉了失去政治价值的亲齐派领导宋义，迫使楚怀王接受自己取代宋义，成为新的上将军。

# 破釜沉舟

当项羽率领楚国和齐国联军离开安阳，冒着瑟瑟秋风向黄河边进发的时候，黄河北岸的巨鹿城已经危在旦夕。

章邯的军队在短短两三个月内经历了东阿、濮阳、定陶、邯郸等战役，其实已经相当疲惫，所以攻取巨鹿的任务就交给了王离的生力军。王离的军队从"新秦中"即河套平原一带越过太行山赶来会师以后，就屯驻在邯郸附近，负责把南方的后勤物资从河内运输到巨鹿前线去。为此，章邯帮他们建造了上百里长的甬道，也就是在运输后勤物资的道路两侧修建了高墙，可能还带瓦顶，以防被反秦势力破坏。

另一边，困守巨鹿的赵王歇、张耳无力突围，只能指望外援。此时此刻，赵国大将军陈馀在西北的常山郡征调了数万民兵，到巨鹿以北扎营。战国时期燕国不援助赵国，反而联合秦国攻赵，等到赵国被灭之后才想到派荆轲刺秦王，然而为时已晚，燕王韩广吸取了这个沉痛的历史教训，很积极地派相国臧荼率军来救赵。魏王魏咎被章邯击败自杀以后，魏咎的弟弟魏豹在楚怀王的支持下成为新的魏王，这时候他也从魏地派援军奔赴邯郸地区。但是，这几支诸侯援军的战斗力都非常有限，而秦军屡战屡胜，在兵力上占据明显优势，物资供应也充足，所以他们谁也不敢先动手。

然而，王离的北方长城军团之前在井陉口与陈馀、田间指挥的数万赵齐联军对峙7个月之久，却没能取得进展，实际上已经暴露了战斗力不足的弱点。

王离军队表现出的战斗力之所以这么差，可能有四个方面的原因：第一，陈胜、吴广起兵以后，秦二世一直在从王离军中抽调精锐增援章邯等部，所以等王离亲自南下时，看似声势浩大，带领的部队中却多数是之前挑剩下的老弱残兵；第二，王离军中都是蒙恬的旧部，而蒙恬在两三年前才自杀，其党羽肯定也随之被清理，这样就意味着，北方长城军团的核心军官其实遭受了很大损失，后来补上的军官和士兵互不熟悉，也就直接影响了战斗力；第三，蒙恬打匈奴已经是此前七八年的事情了，而秦简显示，秦朝士兵最长服役期只有 6 年，所以当年的精锐老兵此时早已全部退伍，北方长城军团的成员基本上都是近几年从内地抽调的更卒、正卒等，服役期间只负责防守长城，没有和匈奴打过恶仗，也就很难指望他们表现出多高的军事素质和多么旺盛的士气，他们很可能就和内地的县兵处在同等战力罢了；第四，秦朝官兵在秦始皇死后都要报"三年之丧"，特别是三年不许喝酒吃肉，这样一来，战斗力必然会逐渐下降。

这次，王离包揽了围攻巨鹿城的任务，可是几次猛攻都被张耳抵挡住了，而且损失不小，于是他转而采取死困的办法，想等赵军迫于饥饿主动投降，这一围就围了 3 个月。在这 3 个月内，田都和田安起兵反抗田荣，协助项羽杀了宋义父子，而王离派到河南用于牵制楚军的偏师也被刘季击败，魏豹更是在黄河边重新站稳了脚跟。此时的秦军看似依然掌握着战略主动权，但是如果他们不能干脆利落地拿下巨鹿城摧毁赵国，就会重新面对巨大的危机。

日子一天天过去，巨鹿城内的物资逐渐消耗殆尽。张耳深知自己不能坐以待毙，屡屡派使者向齐、楚两国求救，但是都没有回音。绝望中，张耳命自己手下的两个将军张黡、陈泽乔装出城，秘密跑到陈馀那里传话。

张黡、陈泽说："相国说，他当年与您号称刎颈之交，如今赵王和相国被围已经长达数月，大将军您拥兵数万之众，居然未曾发一兵一卒相救。相国每日在城中怒火灼灼，不怨秦军，只恨大将军不肯来！"

陈馀让他们先吃饭，但是两位将军愤怒地喊道："城中已经吃不上饭了，屠弱的老百姓在饿死之前都被士兵们偷着杀了当肉吃。我们两个不愿意无功在此享受用饭食。您快给个痛快话吧！如果大将军不给个明确答复，我们现在就死在您的面前！大将军与相国以前情同父子，为什么现在却推诿起来？"

陈馀实在没法推搪了，于是说："我从常山郡只带来了几万兵，虽然愿赴汤蹈火去救赵王和相国，但是现在去了根本救不了他们，是白白送死，如同拿生肉去喂饿虎。既然两位将军极力请求，我就算觉得不可行，也还是答应你们吧！"

于是陈馀交给张黡、陈泽5000士兵为先锋，自己带领数万士兵在后面接应。第二天一早，张黡、陈泽就整装出兵了，结果在半路被王离的军队迎面拦住，并且被全部包围。陈馀见势不妙，没有按照原计划去支援战友，反而带领部下逃回了军营，任秦军歼灭被围的张黡、陈泽所部。其他诸侯联军看到赵军一触即溃，更加丧气，干脆坐等巨鹿城陷落，之后便一哄而散。

正在这个关键时刻，项羽和田都指挥楚齐联军抵达了今山东省聊城市附近的黄河岸边，这里距离巨鹿战场只有几十里路，急行军一天就可以到达。

按照《史记·项羽本纪》中的说法，项羽在渡河前夕，下令让全军砸掉做饭的炊具，只带上3天的粮食渡河，之后又把渡船全部凿沉，以此告诉士兵们没有回路了。不成功则成仁，这样的项羽在彰显英雄气概之余，似乎更像一个赌徒。

不过，从《史记·高祖本纪》和《史记·张耳陈馀列传》等篇来看，我们有理由相信，项羽在渡河去救巨鹿之前是做了非常充足的准备的。毕竟，"置之死地而后生"只适用于敌人貌似强大但完全有机会与之抗衡的情况，如果敌人过于强大而无法迅速战胜，自己却贸然抛弃辎重补给去与之拼命，士卒们反倒很容易因为丧失士气而溃败投降。

战前，从刘季军与王离军的对战结果来看，项羽完全可以判断出王离军的战斗力不过尔尔；巨鹿城外的赵国大将军陈馀经常给项羽写信，向他汇报前线的军事情况，特别是不久前陈馀助张黡、陈泽试探性地攻击秦军，虽然损失了几千人，但是可以帮助判断秦军的部署情况。正是有了这些非常可信的信息，项羽才做出破釜沉舟、快速渡河与王离军交战的决定。事实上，这并不是什么孤注一掷的赌博，反而可以增加己方在章邯部赶来增援之前就取得胜利的概率，是完全理性的决定。这一战的战术着实精妙，启发了项羽身边的军官韩信，日后他将在距此不远的井陉口依样画葫芦，上演一场"背水一战"的好戏。

项羽、田都能够迅速渡过黄河与巨鹿城南的漳河，证明秦军的确实力不济。在这种情况下，秦军最好的应对策略是留一部分军队继续围住巨鹿，主力军开赴黄河北岸，等着对楚齐联军实施半渡之击。在之前的春秋战国时代，这类战术屡试不爽。但实际情况是，王离在巨鹿城下坐视楚齐联军的到来。这样应对，如果不是他毫无军事素质的话，就是他分兵乏术。

不过，在这场决定秦朝生死存亡的巨鹿之战中，秦军统帅王离坐以待毙恐怕还有另一个重要原因。

项梁、项羽叔侄起兵于江东，其嫡系部队以步兵为主，因为江淮地区自古就不适合养马。但是，在巨鹿之战以后，楚军的结构发生了根本性的变化，最典型的是项羽在两年后的彭城之战中投入了3万人，全部是骑兵，以至于刘季在战后立即组建了自己的郎卫骑兵，以抗衡楚军。后来项羽在最终败亡时，身边剩下的28人也都是精锐骑兵，且他们并不是江东子弟——这么说是因为项羽当时对试图载他渡江的乌江亭长说："且籍（项羽又名项籍）与江东子弟八千人渡江而西，今无一人还。"

那么，项羽是从哪里弄来这么多骑兵的呢？

项羽在自杀前，还对乌江亭长说了一句话，透露了非常重要的信息："吾骑此马五岁，所当无敌，尝一日行千里……"也就是说，项羽的坐骑乌骓马是在他自杀前5年获得的。项羽死于公元前202年1月，他获得宝马的日子应该在公元前207年1月前后。

公元前207年1月，也就是秦二世三年十二月，正是巨鹿之战爆发的时间！

也就是说，项羽的乌骓马是他在巨鹿之战的前后获得的。所以，乌骓马的来历无非有两种：一、乌骓马是项羽在巨鹿之战中缴获的秦军战马；二、乌骓马是友军赠送给项羽的战马。

从日后汉军与楚军交战时楚军骑兵的身份之中，我们多少能窥见乌骓马的真实来历。

司马迁在《史记·高祖本纪》和《史记·樊郦滕灌列传》等许多处都提到，楚汉相争时，项羽军中有许多精于骑射的"楼烦将"，其中一些人后来改为为刘季效力，以至于楚、汉双方后来都有少数骑射水平高的楚人或汉人被任命为"楼烦将"。但是，在项梁率领 8000 江东子弟兵北上的时候，他的身边一直都没有"楼烦将"的身影，可见"楼烦将"是由项羽亲自设立的一支新式骑兵。

"楼烦"本是春秋时代的北狄部落，擅长狩猎，战国初年发展出骑射技术，势力扩展到今内蒙古南部至山西省北部一带，随后一度被赵国吞并。赵武灵王的"胡服骑射"改革，学习的对象就是楼烦人。战国末年，楼烦人与邻近的林胡等北狄部落被南下扩张的匈奴人兼并，从此成为匈奴部落联盟的重要成员。秦始皇派蒙恬北伐匈奴，主要目的就是把重占河套平原的楼烦等匈奴部落赶到漠北，因此他们对秦朝的厌恶可想而知。当王离奉秦二世之命放弃长城防线南撤时，以楼烦为首的匈奴部落肯定不会放过此次报复的机会，他们不仅立即占领了河套平原和大同盆地等土地，而且很可能在背后继续追击南下的秦军，袭击掉队的士兵，直至来到赵国腹地。

还有人提出过另一种可能：楼烦人是王离奉秦二世之命从北方草原雇来帮秦朝打仗的，在王离战败后投降了项羽。不过，作为当时世界上战力一流的骑兵，楼烦人在发现秦军即将战败时，完全可以轻易地逃回北方草原，缺乏优秀骑兵的楚军根本追不上他们。这种情况在雇佣兵的历史上司空见惯，也是雇佣兵为了保存己方势力应该做出的最佳选择。

这样看来，乌骓马的来历就很清楚了：

秦始皇建立的大秦不断扩张，不仅令原东方各国的民众不满，还激起了北方草原上牧民和猎户的愤怒。为了对抗秦朝的压迫，他们建立起了比以往组织更加严密的匈奴部落联盟。当赵、燕等反秦政权在今河北一带建立起来以后，匈奴的楼烦部落就与之建立了联系。很快，王离的长城边防军奉旨南下攻打赵国，楼烦部落立即随之南下。当他们得知反秦军主力由项羽率领，正在去解救巨鹿之围时，便主动联系了项羽，表示希望加入这场大会战。为了表明诚意，他们给手下一向缺乏骑兵的项羽献上了草原上最好的骏马——乌骓马。项羽立即爱上了乌骓马，和楼烦人建立了合作，后来双方一起度过了辉煌的 5 年。

依照以上分析，在巨鹿战场上，王离率领的秦军不仅要面对项羽和田都指挥的楚齐联军，还要面对许许多多优秀的草原骑士，他们的战斗力不容小觑。而王离的秦军在围攻巨鹿城3个月以后，已经在河北的寒冬中被消磨得师老兵疲，并且他们绝望地发现，老对手匈奴骑兵也正在趁着秋高马肥迅速朝自己逼近。尽管赵、燕、魏等国盟军因为力量孱弱，难以第一时间加入战斗，但是军事实力的对比已经明显对秦军不利。项羽甚至不需要用太高明的战术，他现在要做的，只是在章邯的援军赶到之前大开杀戒。

项羽可不会错过这个机会。正如司马迁描写的那样，项羽在渡河的第二天就围住了王离军，然后开始拼命地发起一轮又一轮冲锋，城内的赵军发现援军到来，也积极出战以为呼应。这下，王离的秦军明显居于劣势了，一直处于被动挨打的局面，以至于接连战败。章邯应该曾经试图通过甬道支援王离，但是不断受挫。

双方进行了9次战斗，前后持续了大约1个月之久，可见项羽军的后勤毫无问题，所谓破釜沉舟后只带3天的口粮，仅仅是抢渡黄河时的临时举措，成功渡河之后，他肯定就获得了陈馀等人提供的大量补给。

最终，秦军的甬道被突破，王离军与章邯军之间的联系被切断，巨鹿包围圈被摧毁，王离军的军营也被占领。王离的副将苏角阵亡，另一位副将涉间突围失败后自焚身亡。

这是《史记·项羽本纪》中的记载，不过司马迁偏向文学的描写与史实还是有一定出入的，真实的战争要持续得更长一些。按照未经文学加工的《史记·秦楚之际月表》记载，直到巨鹿之战的第二个月，王离军的司令部才最终被项羽指挥的诸侯联军攻克，随后王离被俘，但是显然没有活很久。这期间，章邯几度试图从邯郸方面来援救王离军，但是都被项羽击退了。

就这样，秦二世寄予厚望的最后一支主力军，在巨鹿城下全军覆没。

直到王离军败局已定，陈馀、臧荼等人指挥的诸侯联军才加入到扫荡战场的队伍中来。战后，他们战战兢兢地去朝见项羽，一致同意立项羽为诸侯上将军，各路反秦军队从此都归项羽统一调度。赵王歇和相国张耳率领饿得面黄肌瘦、风吹打晃的赵国士卒，打开巨鹿城百孔千疮的城门，调动起最欢乐的情绪，迎接楚、齐、赵、燕等国联军入城。

从前，东方六国曾经五次合纵攻秦，中间多因为楚军懦弱而遭遇惨败，这次反而以楚军立功最大。

巨鹿城内举办了庆功宴会，会上大家相互吹捧，而那个唯一不快乐的人，是赵国大将军陈馀。

自从巨鹿被围以后，张耳、陈馀这对原本以父子相待的名流大贤关系就变得越来越尴尬。张耳一看见陈馀，立即质问他："赵王与我被困数月，你带着数万兵马在北边坐视不救，符合当初我们号称刎颈之交的本意吗？另外，我派张黡、陈泽出城找你求救，这两位将军如今又在哪里？"

陈馀向张耳反复解释事情原委，但是张耳总是怀疑张黡、陈泽不是在攻击秦军时战死的，而是被陈馀杀害了，以至于后来他一找机会就盘问陈馀：张黡、陈泽到底是怎么死的，真是秦军杀的吗？我问了秦军战俘，怎么他们都说没有这个情况啊？

后来一次宴饮的时候，张耳又当着宾客这样问。陈馀终于恼怒了，说："想不到足下对我的怨恨如此之深！"

陈馀认为张耳是诚心为难自己，于是掏出挂在腰带上的黄金大将军印，连着系印的紫色绶带一起推到张耳面前："相国以为我是舍不得大将军这个职位吗？"

张耳看到陈馀要辞职，很惊愕，当着宾客的面本能地表示不接受。正在气头上的陈馀便把印绶放在张耳的案上，借口去厕所，出帐冷静一下。

古人经常在宴会期间去上厕所，有时候似乎不需要上厕所时也要去，就好像现代人在活动期间说要去走廊外抽烟一样，都起到冷静休整的作用。可是，等陈馀从厕所回来，准备去与张耳讲和的时候，发现张耳居然已经把黄金将军印塞进自己的腰里了。

原来，在陈馀出去的时候，张耳的宾客劝张耳说："天与不取，反受其咎。现在陈馀将军主动把将印送给您，是上天要给您兵权，您不拿着，不是白白浪费了一个好机会？见祥而不为祥，反为祸。事后上天会责怨你的。"于是张耳就把大印收了起来。

陈馀傻眼了，他原以为自己表示一下激愤的情绪，张耳就能够从此收敛，哪知道张耳竟真把他的将印夺了！陈馀说不出话，看了张耳一眼，低着头急趋而出。这对刎颈之交就此分道扬镳，乃至转为仇敌了。

这是公元前 207 年的春天，轰轰烈烈的反秦大决战在赵国领土上逐渐落幕，而原本的赵国大将军陈馀却没能享受胜利者的荣耀，反倒失落地带着自己的少数随从，前往项羽的军营，在那里等待命运的安排。

此时，同样在等待命运安排的，还有秦二世、赵高、章邯以及整个秦朝的官吏及其家属们。

第十七章
**轰然倒塌的秦朝**

# 楚汉初相争

公元前 207 年，项羽在擒灭王离之后，从巨鹿城率领诸侯联军浩浩荡荡地南下，突破章邯军的漳水防线。随后，在秦二世四年二月，项羽渡过漳水发起进攻，将退守棘原（今河南省安阳市西北）的章邯击败。

在聚齐了齐、魏、赵、燕各路诸侯大军特别是楼烦骑兵之后，项羽军的战斗力暴增，而章邯率领的秦军在士气、体能和机动能力等各方面都要差上许多。章邯对此心知肚明，所以在巨鹿之战后，他一直采取非常保守的战术——在保证部队不溃散的前提下逐渐向西南撤退，甚至都要退到太行山里去了。

其实，退到太原、上党一带，居高临下对项羽作战，对此时的章邯军来说不失为一个自保的好策略。可是就在此时，秦二世传来了诏书，命令章邯立即离开军营出战。

原来，与巨鹿之战同时，刘季沿黄河南岸一路西进，率领着若干老部下和沿途收编的陈胜、项梁旧部，渐渐杀回了之前项梁战死时他与项羽、吕臣围攻的陈留地区，只是由于有心理阴影，他一时还不敢攻城。这时候，陈留县高阳乡的大盗郦商带领 4000 名部下投靠了刘季，使刘季声势大振。在郦商的哥哥郦食其的劝说下，陈留县令投降了刘季。陈留县令这么做，可能也是因为他已经听说了巨鹿大战中秦军惨败的消息，所以才临时决定投靠反秦武装。不管怎样，陈留是交通和贸易要冲，有很多粮食物资储备，这令长期担心粮食问题的刘季登时感到柳暗花明。

在项羽打响棘原之战的时候，刘季已经在陈留休整 1 个月了，于是他也发兵，开始进攻大梁（今河南省开封市）——这里从前是魏国都城，也是刘季祖先曾经生活过的地方。

大梁有很宽的护城河，刘季又没有攻城器械，因此只能暂时对大梁围而不攻，但秦二世还是坐不住了，严令中原军的统帅杨熊出战，给大梁解围。杨熊也是秦朝将门之后，但是巧妇难为无米之炊，实在是实力有限，只能临时在黄河边收编一些王离、章邯的残部。刘季听说这情况，主动弃了大梁之围来寻杨熊，最终在白马（今河南省安阳市滑县东）大破杨熊军队——400 年后关羽斩颜良也是在此地。

杨熊向西南方撤退，刘季尾追不舍，双方发生 3 次大战，杨熊全部失利，最后被迫逃入易守难攻的荥阳城。秦二世闻讯大怒，派使者去把杨熊斩首，想要以此来震慑处于关东的秦军将领们，但是这并不能起到什么作用。

刘季与南下的魏豹和西进的韩王成合作，很快就一起拿下了包括大梁、荥阳在内的十几座城。随后，刘季留魏豹守大梁，韩王成守其他城市，他自己则和老熟人韩国司徒张良率军经荥阳开进豫西走廊去了。豫西走廊的两边都是黄土山陵，中间是崎岖的低谷，中原通往关中只有这一条路，这意味着秦人出函谷关直取六国一定要走这条走廊，反之，六国之人攻入秦本土也是这样。走廊西边的终点是函谷关，而走廊东边的起点正是荥阳。

得知刘季的反秦武装已经拿下荥阳，直逼洛阳，秦二世彻底坐不住了。现在他的手里只剩下章邯这支军队还有一点战斗力，所以他只能严令章邯立即出战，要求他要么击败项羽，要么南下阻击刘季救援洛阳，否则关中就没有屏障了。

章邯收到命令后举棋不定，因为以他现在的实力确实没办法击败项羽，而如果放弃棘原附近的防御工事，南下渡河前往洛阳，就算打败刘季，也等于把易守难攻的太行山全都拱手让给项羽了，留下的祸患同样不小。

项羽很快就替章邯做出了选择。

陈馀离职后，赵王歇和相国张耳就把赵国大将军印转交给了另一位将领司马卬。作为诸侯上将军，项羽在棘原之战期间命令司马卬率赵军绕道南下，攻取章邯军南边的河内郡。这下，章邯渡河往洛阳的路就被切断了，主要的后勤线路也随之瓦解。

得知河内郡陷落后，章邯非常惊慌。这时，他收到陈馀从项羽营中寄来的信，劝他投降反秦联军。章邯思来想去，还是决定先派手下的长史司马欣经太行山路前往咸阳，向秦二世请求援军。

然而，太行山的路七拐八弯，并不好走，等司马欣抵达咸阳的时候，东方战场的局势又发生了变化。

刘季军队占领荥阳、直逼洛阳的消息传到河北，守在河内的司马卬立即做出反应。本来，项羽给他的任务是守住河内，断绝章邯军的退路，但是现在章邯军士气低下，后勤补给不足，根本没有能力主动出击，司马卬感到毫无压力，于是突然在孟津渡过黄河，向刚刚抵达洛阳东郊的刘季军发动了袭击。就这样，在守备洛阳的秦军的关注之下，两支反秦武装反倒先大打出手，缺乏准备的刘季军被司马卬打得大败，匆忙向南逃跑。后来，司马卬一直把刘季追到了南阳郡，才收兵返回洛阳城外。

在败退到南阳的刘季看来，司马卬敢于袭击自己，多半来自诸侯上将军项羽的授意，目的是阻止自己首先攻入关中。刘季与项羽这对曾经亲如兄弟的战友从此开始相互猜忌、相互提防，为此后的楚汉相争埋下了伏笔。

在这个黯淡的冬日岁尾，咸阳城里充斥着低迷的气氛。由于丞相赵高的有意阻拦，司马欣在皇宫的外宫门外徘徊了 3 天都没见到秦二世。司马欣逐渐变得害怕，担心赵高逼自己指证章邯私通项羽，因为这样赵高前方战败的罪责就可以在皇帝面前推卸掉了。犹豫过后，司马欣干脆放弃使命，从小路跑掉了。赵高听说后赶紧派人去追，但是为时已晚。

司马欣跑回棘原大营，向章邯报告事情的经过和赵高的意图，建议章邯向楚军求和。章邯没有说话，他的思绪如乱云飞渡。咸阳是回不去了，可是如果投降的话，他曾经杀死了项羽的叔叔项梁，项羽能饶了他吗？

这时候，陈馀受项羽的委托再次给章邯来了一封信：

"从前，白起为秦人做事，南破楚国都城鄢郢，北坑马服君之子（赵括），攻城略地不可胜计，最后竟被赐死在杜邮。蒙恬也为秦王北逐匈奴，开地数千里，竟被斩杀于阳周监狱。怎么会有这么不可思议的事呢？因为他们功劳太大了，秦王吝啬，不能尽数封赏他们，于是借助法令把他们诛杀。如今将军为秦人打仗已经到了第三年，战死的秦卒以 10 万计，可是诸侯并起，您的敌人越打越多。赵高一贯阿谀上意，之前一直说关外诸侯不足为惧，如今形势紧急，他也怕秦王醒悟过来而杀了他，所以他一定会嫁祸给您，为自己推脱责任。总之，天要亡秦，无论聪明人还是笨蛋，都能看出来这个形势。现在将军有两条出路，一是继续与诸侯为敌，可是不论有功无功，妻儿老小终将被赵高斩杀；二是倒戈与诸侯合纵，共同伐秦，最后割地称王，南面称孤。您自己考虑吧！"

章邯也是有私心的人，是自己称王称孤，还是像李斯那样被当成替罪羊呢？他在天堂和地狱的门口稍微徘徊了一下，很容易地做出了决定，派使者去找项羽求和了。

项羽见章邯请求投降，心中暗喜，打算立刻接受，可是范增劝他说："先不要接受。现在秦军还有 20 万之众，但是我估计想投降的只有章邯，因为秦军士兵的家小都在关中，如果投降了，家属会被连坐。现在章邯求和，必然疏于防备，我们不如趁机攻打他们。"范增的这种做法很是高明，后来张良、韩信乃至曹操都做过类似的事情。

项羽听从范增的建议，派出蒲将军在漳河上的三户津突袭秦军，完成了对秦军的分割包围，又在漳河的支流汙水岸边把章邯军击败，章邯失去了许多精兵，而且大多是反对与项羽讲和的死硬分子。当年楚国灭亡时，民间流行过"楚虽三户，亡秦必楚"的流言，没想到这时在三户津应验了。

内无粮草，外无救兵，章邯看到局势对自己越来越不利，就再次派人去见项羽，请求投降。项羽发现自己的兵粮也已经不多了，彻底击败章邯确实比较难，而且看起来章邯已经服气，就接受了他的投降请求。

这时是盛夏七月，离项羽消灭王离已经过去半年了。

章邯在与项羽的交战过程中一直陷于被动，屡战屡败，不过他能够审时度势，积极调整，保存住自己的主力，也因此为自己争取到了不错的投降条件。在漳河以南，项羽举办了一个受降仪式。仪式上，章邯发表了自己的投降感言，深深检讨了自己助纣为虐的行为，然后说了相国赵高迫害前线将士的丑恶罪行，最后说到自己的家属恐怕已经全部被赵高灭族了，不禁泫然流泪。看着章邯老泪纵横的样子，年轻的项羽不禁动了英雄相惜之意，按照投降协议，他封章邯为雍王，又封首先劝章邯投降的长史司马欣为雍国上将军。所谓"雍"，就是秦人老祖宗发家的雍城，位于今天的陕西省宝鸡市一带，这地方目前还在秦朝手里，章邯势必要帮着诸侯西征，攻破关中，之后才能得到自己的这块封地。

章邯曾经杀害了包括项羽的叔父项梁在内的众多反秦武装领袖，项羽没有替叔叔项梁报私仇，反而饶恕章邯，这是不符合自先秦时代传下来的传统道德的。但是，项羽封降将章邯为王，却是对六国攻秦事业有利的选择，同时也展现了项羽的度量和在政治上的考量。

此时，从南方也传来了对项羽有利的好消息：洛阳的秦军在得知章邯一再战败之后，也向刚刚赶跑刘季的赵国大将军司马卬的部将申阳投降了。申阳是个楚国人，很可能是项羽派去援助司马卬的。之后项羽、张耳、章邯等诸侯王调集联军，浩浩荡荡地向孟津开去，随即渡过黄河，在司马卬和申阳的迎接下进入洛阳，准备庆祝他们的辉煌战果。

在项羽接受章邯投降的同时，刘季也没有闲着。

从洛阳败逃到南阳郡以后，刘季就与秦朝的南阳郡守吕齮展开交战。尽管刘季是司马卬的手下败将，但是在吕齮面前却很有优势，吕齮被他一再击败。这时，正赶上东南方的戚鰓、王陵、梅鋗等各部反秦武装云集到了南阳，刘季因祸得福，实力又迅速得到了壮大。吕齮见大事不妙，也表示投降，刘季得以轻松地逼近武关。

值得注意的是，刘季兵临关中时，用的身份并不是什么"沛公"（沛县县公），而是楚怀王刚封的"武安侯"，这很容易让秦人联想到含冤自尽的秦国名将武安侯白起。同样，在巨鹿之战中大破秦军的项羽当时的主要头衔是"长安侯"，也很容易让秦人联想到同样是自尽的秦始皇弟弟长安君赵成蟜。这样的情绪，其实有利于他们向关中进军。

至此，函谷关、武关以东的秦军基本都被消灭了，河套平原上的"新秦中"则被匈奴拿走。此时，关中地区的人口结构已与战国时代大不相同，被秦始皇强行迁入的 12 万户东方豪强对维护秦朝统治毫无兴趣，听说反秦力量攻来，竟争先恐后地投奔入关的"武安侯"刘季。关中根本无力抵御东方的入侵者，败亡的局面已经十分明显。

# 赵高杀二世

公元前 207 年，颛顼历八月，章邯投降项羽、洛阳和南阳郡接连陷落的灾难性消息相继抵达了咸阳，恐慌的情绪迅速在朝廷上蔓延开来。

而这时，丞相赵高正忙着"发明"秦朝历史上最著名的那个成语。

一天，赵高给秦二世献上一头鹿，说："陛下，我给您献匹好马。"

秦二世笑说："丞相错了，这是鹿啊。"

赵高坚持，硬说是马。秦二世问左右的侍臣和宦官这到底是什么，这些人也都说是马。

就此，"指鹿为马"的成语诞生了，它后来还随《史记》传播到了朝鲜和日本，被简称为"马鹿"，指稀里糊涂的情况和人物。

事实上，熟悉先秦时期西北文化的人都知道，给马匹戴上鹿角、披上鹿皮，是传统的游牧民族塞种的文化。所以，赵高这时可能是在劝秦二世赶紧向塞种人聚居的月氏国借救兵，但是不知为什么没能实现。究其原因，或许是此时匈奴人中出现了一代雄主冒顿单于，他杀父自立后相继打败东胡和月氏，使得月氏无力再支援自己的老盟友秦国。

无论如何，年轻的秦二世发现大事不妙：全国多数领土都已经落入反秦武装之手，随着章邯的投降，自己已经没有多少部队可以调遣。他开始变得疑神疑鬼，惶惶不可终日，再也没有了半年前催促章邯出战时的意气。

为了缓解焦虑，秦二世召来高级占卜家，占卜家算完卦，解释卦辞说："陛下春秋两季到郊外祭祀天地，按理说这期间不能亲近女色，可是您祭祀都不忘女色，结果把上天惹怒了，所以天才给您降下灾祸来了。现在，您只能去上林苑去补办斋戒，好让上天回心转意。"于是，秦二世听话地去了长安西南的上林苑。这次他确实没带嫔妃，但是身处这座皇家野生动植物园，他忍不住又想打猎。在古代，打猎就是军事演习，所以秦二世在最后的大决战之前去打猎倒也无可厚非。

这一天，秦二世正在上林苑追逐猎物，突然看见一个陌生人。在秦朝，上林苑严禁普通人进入，违者会被处死，因此它又叫"禁苑"。不过因为上林苑里物产丰饶，老百姓偷偷进去盗猎鸟兽、捡拾菜果的情况一直都存在，而官吏很少能发现。秦二世发现居然有人胆敢私闯上林苑，于是勃然大怒，当场一箭发去，把这人的脖子射穿了。

上林苑出现尸体的消息很快传到了赵高的女婿、咸阳县令阎乐那里，他立即上表朝廷："不知何人杀人后把受害者的尸体拖到了上林苑，需要严格查办。"秦二世一看自己居然被弹劾了，又气又恼，不知道怎么批示。正在这时，丞相赵高来找他，语重心长地说：

"陛下，上林苑那人是不是您杀的啊？请不要怪罪咸阳令，他不了解情况。可是您也要注意啊，天子无故杀人，这是上天不允许的。上天讲究清洁，您作为祭祀上天的人，如果手上不干净，上天就不肯吃您献上的祭品，这样一来，陛下在上林苑就白斋戒了！"

在赵高的建议下，秦二世又找人来占卜，得出的结论是泾河之神在捣乱。于是秦二世又从上林苑出发，去了咸阳东北泾河边的望夷宫，在那里祭祀泾河。

赵高这么装神弄鬼地折腾秦二世，目的就是想让秦二世离开咸阳城。此时的咸阳城内还有很多禁军，而且因为当初秦始皇多次遭遇过刺杀，所以秦二世向来对咸阳的宿卫军都很重视，给他们最好的装备和优厚的待遇，在城内对秦二世下手难度颇大。而到了城郊的行宫，秦二世周围只有很少的宫门屯卫兵，这时赵高就可以任意宰割他了。

可是，赵高为什么要对自己拥立的秦二世下手呢？

如今章邯已经投降，秦本土眼看就要守不住了，到时候如果秦二世追究下来，全是赵高的责任，这是赵高不能承受的。而杀了秦二世、把责任都推到秦二世的头上，以此讨好义军，赵高或许还有活下去的机会。

果然，秦二世在望夷宫里得知项羽和刘季分别占领了洛阳和南阳，函谷关和武关也岌岌可危，便勃然大怒，派使者回咸阳责问赵高。赵高被吓得浑身哆嗦，认为不能再等了，就一面策划弑君，一面偷偷派出使者，分头去找项羽和刘季谈投降条件。

项羽给赵高的答复史无明文（不知道是不是后来被刘季销毁了），估计条件不高，而刘季给赵高的答复史书记载就很清楚了：他让赵高处理掉秦二世，迎自己进咸阳，之后与赵高平分关中的土地。

赵高一看，刘季给出的条件比项羽宽厚得多，就决定按照刘季的要求去做。他立即发出假诏书和虎符，声称咸阳郊区有贼人活动，命咸阳令阎乐带兵讨伐。

阎乐从岳父赵高手里接过假圣旨，带上1000余士兵就往望夷宫杀去。当时，望夷宫里只有几百人，并且毫无准备，负责安保工作的卫令仆射第一时间就被阎乐捕杀了。面对叛军，宫里的郎中、宦官有几十人战死，其余的都逃跑了。随后，阎乐直冲秦二世的宫殿，两箭射中了秦二世座位上的帐子。秦二世大为震惊，下令让左右诛杀反贼，但没有人敢动手，甚至有的人直接逃跑了。秦二世这才恍然大悟，原来是赵高、阎乐在反叛他。秦二世只好转身往卧室里跑，只有一个宦官在后面跟着他。他问那个宦官为什么没有报告，宦官回答说，我如果说实话，不是早被您处死了吗？

秦二世还来不及细想，阎乐就追了进来。他无路可逃，便说自己想与赵高谈一谈，又说自己愿意退位，只做个郡王，甚至当平民都可以，只要留得一命。阎乐回答颇为冷酷："您骄恣无道，导致天下人都背叛了秦朝。臣受丞相之命，为天下人诛灭您，您再说什么，臣也不敢汇报给丞相。"秦二世无奈，接过阎乐递过来的匕首自杀而亡。

秦二世胡亥的死，对于大秦这样一个高度中央集权的政权来说，是最致命的。

秦二世胡亥作为完成大一统之后中国历史上的第一位亡国之君，通常被认为是一个沉迷淫乐的糊涂虫，甚至被视为被赵高操控的傀儡。不过，自战国时代以来，秦人就十分重视君权，历代秦王成年以后都很难完全大权旁落，至多是被太后分掉一部分。偏偏秦始皇死时并没有皇后（他甚至从未建过皇后陵，而这是之前的秦国和之后的汉朝都不常见的事），于是秦二世胡亥登基以后，就成了一个既没有皇太后掣肘、也没有皇后帮衬的年轻皇帝，换句话说，秦二世一朝罕见地没有外戚，他的权力无人可以真正染指，即便是赵高。赵高铤而走险地要谋杀秦二世，原因就在于秦二世想治他罪，这说明秦二世死前其实还是掌握着最高权力的，可以对赵高形成威胁。

皇权越大，对皇帝个人的素质要求就越高。从具体言行来看，秦二世频繁过问军国大事，积极向前线调兵遣将，说明对国家大事还是很上心的。只不过他过于依赖秦始皇的治国方略，对既有政策亦步亦趋，缺乏针对问题实行改革的魄力。也就是说，他活在秦始皇的阴影里。从后来的历史来看，作为第二代皇帝，针对社会的转型进行政策调整其实是必要的历史责任，对开国皇帝的政策亦步亦趋的人都失败了。秦朝二世而亡的教训主要在这里。

秦二世的错误并不在于他杀掉了自己的兄弟姐妹、杀掉了蒙恬兄弟和李斯，在当时的背景下，这是他为了巩固皇权要做的"必要之恶"。秦二世的错是完全照搬秦始皇的政策方针，特别是要求全国上下和自己一起守"三年之丧"，削弱了国力，同时又把军政大权完全交给赵高和章邯这两个他当时最信赖的人。在大泽乡起义爆发之前，秦二世其实曾经积极外出巡游，加强自己与大秦各地区的联系，但此后两年他却不再出巡，说明他判断东方地区已经变得很危险了，而胆怯是"二代皇帝"们最大的忌讳。

纵观中国古代各朝历史，能够决定一个皇朝寿命长短和盛衰程度的，其实并不是开国皇帝（他们通常都是用兵如神的狡诈军阀），而是第二代执政者。第二代执政者的行政、军事才能及其制定的政策方向，直接决定了这个朝代日后能够达到的高度和执政风格。汉、唐、宋、元、明、清，莫不如此。

与国祚长久的朝代的第二代执政者相比，秦二世几乎对秦始皇亦步亦趋，根本没有形成自己的特色。秦二世出生在荆轲刺秦王之前不久，在他断奶的时候，父亲秦始皇已经统一了六国，北方匈奴战线又长期由长兄扶苏负责，他本人其实没有经历过真正的战争，缺乏军事经验。所以，秦二世本人的智商应该并不像后来汉朝人所说的那么低，反倒很可能在平均水平之上，但是由于缺乏实际经验，在行政和军事方面没有形成自己的特色和影响力，在面对四处起火的大秦的时候，他的失败几乎就是必然的了。

秦二世胡亥的遗体被赵高按照黔首的葬礼规格在宜春苑里埋了。《史记》中这句不经意的话，其实大有玄机。我们知道，秦二世是在咸阳东北郊的望夷宫里被逼自杀的，而宜春苑位于咸阳东南方，在杜县（今西安市曲江区的曲江池南）的南部。从望夷宫到宜春苑，直线距离 40 公里，而且隔着渭河，实际要走将近 100 公里才能到达。在秦代，这么长的距离，对于装着棺材的马车或牛车来说，起码需要走上一整天。另外，宜春苑距离秦始皇陵也有 50 公里之遥。在兵荒马乱的时候，赵高专门把秦二世胡亥的遗体拉到那么远的地方去安葬，显然不是一时的心血来潮。

对于这件怪事，有一种可能的解释：宜春苑位于咸阳的东南，而当时刘季率大军已经攻破了武关，兵临蓝田，距离宜春苑的直线距离只有 30 多公里，急行军最多半天就可以赶到。也许，赵高是想把秦二世的遗体献给刘季！

然而，刘季并没有领情。他与赵高和谈，答应与赵高平分关中，并督促赵高杀死秦二世，都是为了以最快速度摧毁秦朝的中枢。借此机会，他轻松突破了武关天险，收编了沿途的秦军。

占领武关以后，刘季军进抵蓝田附近的峣关，这里仍有大量的秦军屯驻。

张良对刘季提建议："我听说在这里守关的秦军主将的父亲是个杀猪的，杀猪卖肉属于商人。根据我的理解，商人家庭长大的孩子一般贪财好利，我们不如让郦食其老先生拿着重宝过去贿赂他，必有奇效。"利诱不够，还得威逼。张良又建议刘季假装采办粮草，在山坡堆积一处处的假粮仓，再在周遭山上张插旗帜，制造出兵力充足的样子，恐吓秦军。

郦食其与刘季军中另一位能说会道的宾客陆贾拉着几车金银财宝，给峣关守将送去了。两人一番游说，这个大将果然见财起意，再加上又有山上的粮仓和疑兵，他当即承诺叛秦降楚。

谁料，得到秦军投降的承诺之后，张良却并不想遵守协议。他对刘季说："现在要降的只是这秦将一人，其他秦军士兵都是本土子弟，未必肯跟着他反叛。趁着秦将欲降，不设戒备，我们突然袭击，可以一举击败他们！"于是刘季发动突袭，占领了峣关，之后又在蓝田附近多次击败毫无抵抗之力的秦军。

其实，这都是几个月前项羽在棘原之战中用过的伎俩，当时的人对此无不知晓。武关至蓝田的秦军之所以没有坚决抵抗刘季，一是因为刘季当时已经与赵高达成了协议；二是因为刘季当时号称"武安侯"，打着秦国名将白起的旗号；三是此时秦军主力已经在章邯的率领下投降了项羽，作为曾经为秦朝服务的官吏，刘季很擅长把握秦军将领的心理，很快就将他们拉拢到了自己的身边。

就这样，秦二世的遗体本来要被赵高当作与刘季和谈的主要筹码，可是刚刚被拉到长安与蓝田之间的地区，就因为刘季突然撕毁和约而失去了政治价值，因此只能被抛弃在途中的宜春苑，随后草草就地埋葬了。

# 末代秦王

由于刘季撕毁和约进军蓝田，赵高只得赶紧给秦朝选一位新的领导人。因为秦始皇的所有子女都被秦二世杀死了，所以他的选择并不多。不过很快，人选就水落石出了，他就是子婴。

关于子婴的身份，历史上主要有两种说法，一是认为子婴是秦始皇和长安君赵成蟜的弟弟，二是认为子婴是赵成蟜的儿子。考虑到赵成蟜生于公元前 257 年或公元前 256 年，子婴被赵高选中当秦二世的接班人是在公元前 207 年初，而且这时子婴的儿子也已经长得足够大，可以和父亲讨论国事了，所以子婴应该比赵成蟜小不了多少，不可能是赵成蟜的儿子，他最有可能是秦始皇和赵成蟜同父异母的弟弟。

当着群臣的面，赵高宣布了秦二世的罪状和死讯。对此，群臣不敢应声，都在想怎么才能从这场政治灾难中脱身。随后，赵高宣布由子婴继位，又说："从前始皇帝功高盖世，才称了'皇帝'。现在六国都复立了，秦的地盘和始皇帝统一六国之前一样小，只能算是一个王国，所以不必再称'皇帝'这样的空名。我看，公子婴就称'秦王'好了。他也不能再使用皇帝玉玺，就用秦王金玺择日登基吧。"

于是，赵高收了秦始皇留下的传国玉玺，给子婴选了一个旧的秦王金玺。子婴没有反对，只是提出先斋戒五日，再到祖庙里接受秦王金玺。

斋戒期间，子婴对自己的儿子以及随侍的宦官韩谈说："丞相赵高杀了二世，怕群臣杀他，所以把我推了出来。等到楚人来了，我就是第一个没命的，赵高反而可以置身事外。我这就装病不去祖庙接受金玺，到时候丞相必然会亲自来催我，等他来了，你们就当场杀了他。"

到了那一天，赵高在祖庙里等了好一会儿，听说子婴突然生病不能来了，子婴的儿子请他去看看。于是，赵高拿着黄金大玺到子婴的宫里来催，结果遭遇刺杀，子婴随后以秦王的身份诛杀赵高余党，夷灭赵高的三族。

关于赵高这个秦朝最后的权臣，他的死在史料中也存在两种说法。上文采用的是《史记》中的说法，而最近出土的汉代初年竹简文献《赵正书》却说，"将军章邯入夷其国，杀高"。这一记载与《史记》中的各种有关信息都相互抵触，很难让人采信。最重要的是，赵高死时，章邯及其部下都在洛阳附近的项羽军中，根本不可能进函谷关。但是，《赵正书》关于章邯杀赵高的记载也并不完全是胡编乱造，而可能只是搞错了对象，此事我们将在后文说到。

子婴杀赵高的时候，刘季还在蓝田附近作战，之后便慢慢向长安推进。刘季一边走，一边安抚长安、蓝田一带的官民，同时与子婴展开谈判。子婴登基 46 天之后，看到长安周围的官民都已经归附了刘季，加之听闻从东方传来长安侯项羽从洛阳出动，即将兵临函谷关的消息，终于决定向武安侯刘季投降。

十月，刘季来到咸阳以东十几公里的灞水河边，看到秦王子婴把一根绳挂在脖子上，然后在一支出丧队伍的簇拥下坐着白车出了咸阳城，来向自己投降。子婴这样做实属无奈，因为咸阳城自古就没有城墙，几百年来全靠老秦人艰苦奋战，一次次把讨伐秦国的诸侯联军赶出函谷关和武关。经过秦始皇和秦二世的征调，关中的老秦人被派到了天下各地，而迁入的新秦人则不会那么忠于秦政权，这种自己给自己的基本盘"掺沙子"的行为，最终让秦朝首都咸阳不战而降，同时也宣告了秦朝的最终灭亡。

秦朝的最后时刻与商朝的最后时刻特别相似，都是在军队主力被歼灭以后首都直接投降。究其原因，秦人的祖先飞廉、恶来本来就是商朝末年的大臣，秦人就是他们被周军俘虏西迁后留下的后代，所以秦朝与商朝有着特别的文化联系。早期的秦国首都如雍城、栎阳，都按照周代诸侯首都的标准建造了方方正正的夯土城墙，但是等到秦国羽翼丰满以后，新都咸阳和筹划中的长安就都没有了城墙，与没有城墙的商朝首都"大邑商"（今河南省安阳市）一脉相承。对于一个进攻型的政权来说，这并不奇怪，但是当敌人兵临城下的时候，要组织起防御确实是非常困难的。

秦朝的灭亡实在过于迅速，因此一直以来都被后世激烈讨论。汉朝学者贾谊总结说：秦国花了几百年时间才统一天下，一个普通人带头闹事，没几年就把秦朝推翻了，使它成为天下人的笑柄，为什么呢？因为秦朝不施行仁政，也就是对民众不够好。贾谊这篇《过秦论》的文笔很好，但是说理不够彻底，逻辑性不强。

宋朝人李觏说，秦朝之所以垮得这么快，是因为秦朝不让老百姓读《诗经》《尚书》这些教人忠孝仁义的著作，因此全民都见利忘义，最后也就没有人为秦朝尽忠了。这种说法有一定的道理。秦国依仗法家学说调动赏罚之利，充分汲取民众的人力资源，获得了秦对六国战争的胜利，但是也导致本国民众一味唯利是图。秦末的仗打到最后，反秦势力的兵锋已经到了秦本土，本应遭到更顽强一些的抵抗，结果却轻而易举地向前推进，这是因为法家的手段需要强悍的国家机器做后盾，国家机器一旦式微，核心元器件再一罢工（例如秦二世被迫自杀），法家模式也就调动不了民众了。儒家强调"义"，比如忠君孝父就是"义"，这些东西作用在人的脑子里，总可以发挥些效力，所以学儒的人们会觉得应该替国君守城，应该为皇帝效死。秦朝统治者一味笃信法家，虽然嘴里也经常讲"孝道"，其主要推行的还是"以吏为师"，"官属教育体系"在打倒"私人教育体系"以后没能真正发挥引导作用，这也是秦朝短命的原因之一。

不过，根据上文的分析，秦二世政权坚持沿用秦始皇的那一套治国方略而不知变通，特别是在秦始皇死后顽固推行"三年之丧"制度，这才严重削弱了在秦始皇晚年就因为经济危机被严重削弱的秦朝官僚和军队的力量，让反秦武装有机可乘，最终如摧枯拉朽一般灭掉了秦朝。

刘季和平地率军进入咸阳，之后便立即跑进皇宫，与秦朝的嫔妃宫女们寻欢作乐去了。上有所好，下必甚焉，他麾下众将也都觉得这是发大财的好机会，于是争着带士兵去府库里抢金帛财物。在秦朝地方政府里干过档案工作的萧何却觉得这些美女珠宝都不重要，他跑到秦王朝的"存档室"，把里边的文书档案、地图户籍全都搬到了自己的住处——这些资料对于未来打天下意义重大，可以提供地理形势状况、军事要害设置、各地经济与民生情况等诸多信息。另外，宣曲（今陕西省西安市西南）人任氏看准天下不可能从此太平，因此也不要金银珠宝，而是收购了大量粮食，后来果然在粮价暴涨的楚汉相争时期赚得盆满钵满。

刘季在咸阳皇宫里待了几天，终于接受了樊哙和张良的劝诫，带着大军开离咸阳，回到灞上驻扎。他开始思考如何巩固自己在关中的统治，几天后召集附近各县官吏豪强开会。

"秦的法令苛刻，诽谤的人就要族灭，扎堆谈话都要被砍头，父老们忍受很久了。我之前就跟诸侯约好，先入关的人可以做这里的王，所以我应该当关中王。如今我跟你们约定三条章法：杀人者必须死，伤人者和偷东西的人也需要受到同等的惩罚。至于其余的秦法，全都废除。我来这里是为父老除暴安良的，不是要祸害大家的。我之所以回军驻在灞上，是在等着诸侯来一起制定其他规则。"

接着，刘季又派人到秦地各县乡邑去宣传政策。秦人听说以后都大喜，争着带牛羊酒食去犒赏刘季的军队，刘季辞让不收，说："现在咸阳内外仓库里的粮食多极了，不用麻烦百姓捐助。"

另一边，项羽率领的联军在接受了章邯军投降之后，来到司马卬和申阳早已先行占据的洛阳城，准备休整一阵再向函谷关进军。听说项羽等诸侯也要入关，有些秦人觉得害怕。一个叫鲰生的人就对刘季献计说："秦本土不仅富饶，而且地形特别险要。我听说章邯已经投降了项羽，项羽大军就快入关了，到时候恐怕你得不到这个地方。不如你赶紧派兵增守函谷关，堵住诸侯联军。"

刘季觉得这个主意好，当即增兵函谷关。不料，当刘季的军队抵达函谷关时，出现在他们面前的却是意料之外的对手。

第十八章
# 霸王与汉王

# 新安大屠杀的真相

直到子婴向刘季投降的消息传到了洛阳，项羽才指挥诸侯联军及章邯所部投降来的秦军，离开洛阳缓缓向西开进。

在章邯投降以后，项羽在河洛地区前后滞留了两三个月。为什么向来雷厉风行的项羽这次行动这么慢？因为他的军中出现了内部矛盾，而这个矛盾就出在他最为看重的盟友赵国那里。

前文说过，项羽在巨鹿之战中救了赵国，不过赵国的相国张耳和大将军陈馀产生了矛盾，陈馀辞职投靠项羽，张耳转而任命司马卬为赵国大将军。之后，项羽派司马卬占领河内，截断了章邯军回关中的退路，进而司马卬又渡河南下，击败企图攻占洛阳的刘季，并派部将申阳攻占了洛阳。项羽派陈馀劝降章邯以后，带着联军赶赴洛阳，但是此时出了一桩怪事：之前为项羽打赢巨鹿之战提供了大量重要信息，在辞职后为项羽效力好几个月的陈馀突然离开了项羽，去到赵国东部的南皮（今河北省沧州市一带）海滨打鱼，而张耳、司马卬和申阳等其他赵国大臣则齐聚洛阳，进而跟随项羽继续西征。

史书上没有记载项羽为什么在南下洛阳时抛弃为自己立过大功的陈馀，转而与张耳集团合作。不过从当时的实力对比来看，赵国乃至河洛地区的所有资源都在张耳手里，而陈馀几乎是个孤家寡人，所以在章邯军和洛阳守军都投降以后，为了大局着想，项羽选择支持张耳集团也在情理之中，不过陈馀对此安排肯定很难接受。从此，陈馀认为项羽欺骗了自己，并对项羽恨之入骨。

送走陈馀以后，项羽、张耳、田都、章邯等人指挥着诸侯联军，沿着黄河南岸的豫西走廊开向函谷关，很快就抵达了三川郡的新安城。按照《史记》的说法，诸侯联军在这里对投降过来的秦军进行了一场大屠杀。

《史记·项羽本纪》说，原六国地区的人被带到关中去服兵役和徭役，经常受到关中官吏士卒的盘剥讹诈，这令他们感到非常愤怒。现在，六国士卒终于有了报复的机会，他们把这些来自关中的秦军降卒当作奴隶一样折辱打骂，秦军降卒因此产生了很大的不满情绪：如果他们跟随项羽大军能够攻入函谷关破秦，那是好事；如果不能，就要被六国军队掳去东方，家里的亲人也会因为秦朝的连坐法被地方官处死。降卒们心中又惧又怨，于是开始密谋哗变。

项羽听说后，招来诸侯共同商议此事。为了防止投降的秦军发生暴乱，他们决定只把章邯、司马欣、董翳三人留下，而将其余士兵全部击杀，以绝后患。当夜，英布、蒲将军就带着部队在新安城南对秦降吏卒进行了大屠杀，总共有 20 万人遇害。

在新安大屠杀的问题上，历来学者都采信《史记·项羽本纪》中的记载，认为是项羽、英布、蒲将军所为，目的在于稳定军心，加强对部队的管理，同时减轻后勤负担。但是，无论是按照正常的情理，还是从《史记》中透露出的其他一些蛛丝马迹来看，都可以在这场针对投降秦军的屠杀中找到一些疑点。

首先，从事件的发生顺序来看，新安事件发生在子婴投降刘季一个月之后，而从关中到新安不过百里，所以在新安事件发生之前，无论是负责屠杀的诸侯联军，还是被屠杀的秦军降卒，肯定早就得知了秦朝已经灭亡的新闻。这样一来，《史记·项羽本纪》中秦军降卒担心家中亲人因自己被掳去东方而遭到连坐的说法就完全站不住脚了。以常理而论，这些秦军降卒在得知秦朝灭亡之后，第一时间不应该担心家属被连坐，而是想要尽快入关，回到家乡去保护自己的私有财产，顺便与诸侯联军一起瓜分秦朝的国库，大发一笔横财。于情于理，项羽及其部下都没有必要在入关之前，并且是在得知秦朝已经灭亡的情况下，对秦军降卒进行一场这样的大屠杀。

　　其次，在新安事件之后，投降的秦军显然不只剩下了章邯、司马欣、董翳三人。他们的许多部下后来都曾经与汉军在关中激战，其中不乏一些知名人物，例如章邯的弟弟章平①。如果章邯东征时把章平留在了关中后方，那么秦二世和赵高等人在得知章邯投降项羽之后，肯定会依照秦朝的连坐法令将章平处死。这样来看，基本可以肯定，章平当时应该也在章邯军中。即便考虑到《史记·项羽本纪》的文学色彩，认为项羽等人只屠杀了大部分投降的秦军，而留下了章邯及他的一小部分亲信，也很难解释章邯为什么能够在几个月后就组织起一支颇具战斗力的军队，并且与刘季集团在关中前后鏖战近一年。

　　所以，新安大屠杀事件从起因到结果看上去都不太站得住脚。不过，既然《史记·项羽本纪》有了这样的记载，那么秦军降卒在新安附近大量死亡并被埋葬的情况应该是确实存在的。

　　真相究竟是怎样的呢？

　　新安位于豫西走廊中部，处在洛阳和函谷关之间，项羽既然愿意把秦军降卒带到洛阳休整两三个月，而且按照《史记·项羽本纪》的说法，项羽在离开洛阳向西挺进的时候，是派章邯的秦军降卒当先锋的，所以在当时他肯定对他们没有恶意。如果项羽当时就有意坑杀秦军降卒，那么根本不应该做出这样的军事部署，而是应该设法把秦军降卒分开，夹在诸侯部队之间。很可能是因为章邯等投降的秦军将士强烈要求率先入关，项羽才做出了让他们当先锋的决定。但是，到了新安之后，情况却突然发生了变化。此时，已经占据关中的刘季接受鲰生的建议，突然派出军队去防守函谷关。

　　当章邯指挥的先锋部队穿过新安抵达函谷关外时，必然会遭到刘季驻军的强烈抵抗，这对于得知秦朝已经灭亡的他们来说，肯定是在意料之外的。由于想要尽快入关，他们很可能都没有穿戴日常行军作战时需要穿戴的盔甲，因此蒙受了惨重的损失，大量尸体此后被埋葬在了新安城外。这可能才是"新安大屠杀"的真相。后来，

---

①《史记索隐》称章平是章邯的儿子。

刘季在消灭了章邯和项羽之后，垄断了撰写历史的权力，为了解释自己这次背叛盟约的行为，就把章邯军在函谷关外受到突袭、损失惨重的责任甩到了项羽身上，说新安的秦军万人坑是项羽屠杀所为，本质上属于政治宣传。

# 西楚霸王项羽

在得知章邯的先锋部队在函谷关外惨败的消息之后，项羽十分意外，连忙带兵赶往函谷关。他看到函谷关坚固险峻，从正面难以突破，于是派英布带一部分兵走小道，绕到它的侧后方。项羽、英布两面夹击，一举攻破了函谷关。随后，项羽率领诸侯联军渡过咸阳东郊骊山脚下的戏水，分营陈列于戏水西岸的鸿门一带，准备与背叛自己的刘季决战。

函谷关的陷落意味着刘季独占关中、割据称王的计划破产了。刘季手下的左司马曹无伤是刘季起兵时最早的跟随者之一，也曾经与项羽并肩作战。他得知刘季背叛盟约，在函谷关袭击诸侯联军，结果又被击败，因此认为刘季这次必败无疑，就偷偷派人跑去对项羽说："沛公打算称王关中，让子婴当自己的相国，占据咸阳的全部珍宝。"这里所说的有可能正是刘季在与子婴谈投降条件时达成的协议。

有这样的高级官员作证，项羽认为刘季背叛自己的证据确凿，于是传令：明日向灞上的刘季军发动总攻。接下来，就发生了司马迁在《史记》里用浓重笔墨渲染的鸿门宴。

《史记·项羽本纪》和《史记·高祖本纪》中都记载，就在项羽声称要对刘季军发动总攻的前一天晚上，项羽的左尹（左丞相）项伯偷偷跑到刘季军中，与刘季的幕僚张良会谈，并与刘季结为亲家，然后又在当夜返回项羽军中，劝服项羽放弃进攻刘季的计划，转而在鸿门设宴款待刘季。

秦汉时期军队里的防守措施很严格，以项伯的身份，能够在两军中来去自如，并且在返回后并没有遭到项羽的责罚，只能说明一件事——他其实是项羽派去和刘季谈判的使者。也就是说，项羽虽然在公开场合摆出要一口吃掉刘季大军的愤怒姿态，但是他心底其实更愿意与刘季和平解决这场争端。

从刘季和项羽早年的交往来看，他们其实关系亲密，情同手足。两人都是楚人，文化背景相似，性格脾气也相投，当年项羽的叔叔项梁还曾赠给刘季 5000 士卒，所以他们之间应该有着很好的感情基础。在项梁死前，刘季和项羽同领一支部队，在南部策应项梁作战，其间还共同攻杀了三川郡守李由。随着项梁败死，两人相继向彭城地区收缩驻扎，在长达数月的并肩战斗、屡进屡退中建立起了深厚的友情。特别是在定陶之战前后，刘季的表现让他在项羽心目中获得了极高的地位，甚至不在范增等人之下。所以，就私人感情而言，此时的项羽肯定是不愿意杀死刘季的。

更何况，相比刘季，还有两个令项羽更加忌惮的人，一个是从定陶之战那时候开始就一直拒绝援助楚军的齐国执政者田荣，另一个是在定陶之战中杀死项梁、双手沾满了东方各国军民鲜血的章邯。所以，这次的函谷关之战虽然从表面上看大大激怒了项羽，但是在内心深处，他很可能因刘季军严重挫伤了章邯军的实力而窃喜。与此相应，刘季在之后的鸿门宴上对发生函谷关之战给出的理由也有了两个：一、给项羽打头阵的是章邯的秦军，容易被刘季的部下误认而错杀；二、最早破坏项羽和刘季协同进攻关中盟约的人并不是刘季，而是司马卬，是他突然渡过黄河，在洛阳东郊袭击刘季的。所以怎么算，主要责任都不能怪到刘季头上。有了这两个理由，本来就无意严惩刘季的项羽自然就乐得给刘季一个台阶下，所以在鸿门宴的最后也就放他跑掉了。

无论刘季在鸿门宴上是否真的借口上厕所而逃走，他肯定都会在此后的几天内多次与项羽见面，通过一连串会议，确定对秦朝的最终处置方案。

诸侯联军中与刘季矛盾最大的并不是项羽，而是章邯。刘季曾经与他多次交战，特别是在最新的函谷关之战中还让章邯吃了大亏，章邯肯定想报复他。再加上按照楚怀王事先公布的约定，刘季作为首先占领咸阳的诸侯应当为关中王，而章邯此前已经被项羽立为秦王，于是他们之间便不可避免地产生了严重的利益冲突。

既然章邯和刘季都认为自己有资格当关中王，可想而知，这两人在项羽主持的会议上会发生多么激烈的争论。此外，如何处置已经投降刘季的原秦王子婴及其部下，也是一个高难度的问题。

甚至会上要解决的矛盾还不止于此，因为项羽本人对关中地区也不是完全没有私心。《史记·项羽本纪》讲了这么一个故事：

当时有人给项羽提建议，说："关中平原土地肥沃，四周都是天险，是天然的霸王基业，您应该扎根在这里。"项羽却思念东方，表示："富贵了以后却不回故乡，就像穿着华丽的丝绸衣服在深更半夜出门，有谁能看得见呢？"提建议者被拒绝后，就回去对别人讲："听说楚人是戴着帽子的野猴，果然如此。"项羽听说这话很生气，便把这人活活煮了。

尽管这个故事流传甚广，但是从项羽一贯的表现来看，他不会如此愚蠢。项羽当时的身份是楚怀王封的长安侯，有继承秦始皇弟弟长安君赵成蟜地位的含义，因此赵成蟜的长安领地自然也就应该是项羽的领地。项羽在入关之后，把长安地区保护得非常好，以至于后来刘季及其助手萧何只花了一两年的时间，对长安的秦朝旧宫殿略做修缮就搬进去了，并从此定都于此——汉朝的未央宫其实就是秦朝的章台宫，而汉朝的长乐宫其实就是秦朝的兴乐宫。所以有理由相信，项羽很可能也做了长远的政治规划，并且定都长安就是其规划之一，不过因为某些原因，他必须先返回东方：第一，项羽当时在名义上还有领导，就是彭城的楚怀王，项羽杀宋义后的所作所为多次违背了楚怀王的政策，他如果不回彭城解决楚怀王，就有可能被他人钻了空子；第二，项羽此时的头号敌人是统治齐国的田荣，如果不讨灭田荣，他的江山就没法坐稳；第三，秦朝灭亡时，末代秦王子婴把包括秦始皇传国玉玺在内的许多宝物都交给了刘季，但是对于项羽这个标准的楚人来说，这些东西的政治价值可能并不大，因为传统上天下最高权力的象征物是大禹造的九鼎，但是相传九鼎在秦始皇出生前不久就沉没到彭城附近的泗水中了，所以要想获得无可争议的天下共主地位，他有必要亲自返回彭城去打捞九鼎。

基于这些考虑，身为长安侯的项羽在返回东方之前，对关中地区做出了额外的安排。

首先，入关灭秦的刘季没做成关中王，而是获得了巴蜀一带作为封地，因为"巴蜀也算是关中"。后来，刘季派人向项羽说情，又增加了汉中盆地做封地，改称汉王。

其次，狭义的关中平原被项羽一分为三，分别划给了章邯、司马欣和董翳。其中，章邯为雍王，统治咸阳以西的区域，建都于废丘（今陕西省咸阳市兴平市东南）；司马欣为塞王，统治咸阳以东至黄河的区域，建都于栎阳（今陕西省西安市阎良区）；董翳为翟王，统治咸阳以北的上郡，建都于高奴（今陕西省延安市延长县）。

章邯是项羽在当初受降时就得到封王允诺的，司马欣和董翳都是章邯的副将，之所以立他们为王，显然是为了分化章邯的势力，但是这两人的影响力都很小，后来并没能发挥多大作用。实际上，项羽把刘季封在汉中和巴蜀，也是为了让他能在南方牵制可怕的章邯，好让项羽能放心地回东方处理包括楚怀王在内的各种遗留问题。为此，项羽还特意拨给当时兵力不足的刘邦3万军队。

章邯、司马欣和董翳统治的雍、塞、翟三国，从此被称为"三秦"，后来这个名字成了关中地区的别称。至于夹在三秦之间的长安，则不属于任何人，看来是被项羽划成了他的直辖领地。

至于关外的东方土地分配问题，项羽是这么说的：

"天下豪杰初向暴秦发难时，立了许多诸侯王的后人为王，以便于推动讨伐秦朝的运动。但是，真正披坚执锐、暴露于野苦战3年，最终灭掉秦国以定天下的，是诸君和我。不过楚怀王虽然没有战功，但是我们应该尊他为义帝，并且分他直辖的土地。"

就这样，项羽开始动手瓜分天下。公元前206年，他一口气封了18个王，除了关中的三秦王和汉王，在东方又封了14个，他本人则号称西楚霸王，建都于彭城，领土最为广阔。项羽名号中的"霸"字，是春秋时代的霸主的意思，可以将其理解成诸侯中的领袖，管理天下所有诸侯；至于"西楚"，指的其核心地区彭城在淮水以西——淮水向东北方流动入海，所以以淮河下游为楚地的话，就有东楚（淮东）、西楚（淮西）的称谓，彭城则算是在西楚。楚怀王被尊为义帝，同时被赶出彭城，迁到当时还不发达的今湖南地区，后来就被项羽指派的诸侯杀死了。

项羽分封的原则，是让随自己打仗并立有战功的将军们获得较好的位置，而把之前册立的各诸侯王驱逐到较为偏远的土地上去。比如说，帮项羽攻下洛阳的申阳就获得了洛阳周边的肥沃地盘，而旁边的韩王韩成不仅被削减了地盘，甚至在不久后被项羽捏造罪名处死了。更重要的分封举措出现在赵国，随项羽入关的赵国相国张耳被封为常山王，统治原赵国的核心领土；而原赵王赵歇则被封为代王，统治燕山脚下的代郡；没有随项羽入关的大功臣陈馀则获得了南皮周围的 3 个县，没能成为王。得到这一消息之后，陈馀和赵歇都十分不满，两人很快就勾结起来，共同驱逐刚刚从关中返回的张耳，从而拉开了诸侯内战的序幕。

项羽把联军诸将们都封为王这一举措看似十分随意，其实会带来两个立竿见影的好处：第一，联军诸将都封为王了，而功劳最大的项羽自然更应该为王，楚怀王如果惩罚项羽及其部下，诸侯必定联手作乱，这就导致楚怀王即使心有不满也无法惩罚项羽及其部下；第二，联军诸将封王，顶替掉了从前陈胜、项梁时期的六国诸侯旧王，那么联军诸将必定对项羽感恩戴德，最终有助于加强项羽的霸权。

有人说，项羽这是搞大分封，是历史的倒退。不过，把王的数量从陈胜、项梁时期的 6 个增加到 18 个，到底是加重了分封割据，还是在和分封割据做斗争呢？恐怕要算后者，后来汉景帝和汉武帝父子搞的"众建诸侯而少其力"就是这个意思。

而且，这种分裂的局面并不是由项羽分封而产生的。当秦朝的专制高压系统开始崩溃，各地势必会出现自己的反秦势力，从而形成割据。天下那么大，于是就出来了 6 个王，他们大多是战国时代六国王室的后人。项羽到处安插自己的部将，驱逐 6 个旧王，形成 18 个新王，并不是加剧了割据，反而是削弱了各个王的势力，是在朝着消灭割据，向加强中央集权统治力度的方向努力。可以说，这是在控制和整合已经分立为王的 6 个诸侯，是项羽走向称帝的第一步努力。

项羽虽然分封了 18 个王，但是他并没有废除秦朝的郡县制。其实，包括项羽的故乡楚国在内，战国时代的大部分诸侯国内早就出现郡县了。在项羽直辖的西楚王国内部实行的就是郡县制，共分为 9 个郡，至于天下则有分封，所以准确说来，现在是诸侯国与郡县兼容的状态——在未来的汉朝，前几十年也是这样的社会架构。

封赏了功臣，项羽还有一个疑难问题要处理，那就是投降来的秦王子婴及其手下的大臣们。项羽的决策干净利索，为了不让这些遗老遗少日后再给自己添乱，他下令把他们都杀了，也好给反秦联军的将士们出最后一口恶气。至此，秦始皇的家族成员全部去世，没有留下任何后代。

处死子婴君臣以后，项羽引着诸侯联军，把咸阳宫室中的好东西抢劫一空，最后放了一把大火烧掉了咸阳，据说熊熊烈火烧了 3 个月还没熄灭。

在后世文人的想象中，项羽这一遭似乎把关中的秦朝宫殿全部焚毁了。但是，无论是从《三秦记》《三辅黄图》等古代方志来看，还是通过现代考古发掘研究，都可以证实，项羽他们在关中还是比较克制的，所焚毁的咸阳城只是狭义上的咸阳城，也就是渭河北岸的老咸阳城。渭河南岸的长安、废丘、栎阳等城市，也包括雍城等距离咸阳更加遥远的秦地古城及其附近的行宫，都没有遭到项羽及诸侯联军的破坏。这是有道理的，因为项羽将长安视为自己的私人领地，章邯定都在废丘，司马欣定都在栎阳，就算下面人要大肆破坏，他们也不会答应。至于咸阳西南方的阿房宫和上林苑等秦始皇晚年规划的宫殿和园林，因为在子婴投降的时候尚未建成，也就更谈不上遭到项羽及其指挥的反秦联军的严重破坏了。

四月，项羽和接受大分封的各诸侯王领着自属的部队出了函谷关，向东而去，前往属于自己的国土。已经被划分成 4 块的关中土地呢，在项羽的精心规划下，即将成为章邯三人和刘季激烈争夺的战场。对于项羽来说，这不是坏事，因为他们之间的争斗持续得越久，就越有利于他巩固自己的统治。

可是这一次，项羽失算了。

第十九章

**还定三秦**

# 楚汉争霸

据《史记·高祖本纪》记载，在项羽同诸侯东撤的同时，汉王刘季也带着部下诸将和军队向南往汉中自己的王国而去了。

即便在今天，从陕西到汉中这段翻越秦岭的路也不算好走，何况刘季一行人是要在几千年前的荒山道路上前行。他们只能沿着山谷中河流穿行的路线行走，在河流与绝壁相接的地段，河旁的野路也没有了，只能在绝壁处每隔一定间距就凿石为洞，然后将大块的方木嵌入洞中，上面铺木板，形成悬空的木板路，即所谓的"栈道"。为了避免受到项羽的猜忌和诸侯的袭击，刘季下令部队边走边烧掉身后的栈道，以示自己没留后路，从此就在汉中和巴蜀踏踏实实过日子了。然而，刘季的很多部下并不愿意就此在汉中、巴蜀过一辈子，他们纷纷逃亡，接下来便发生了"萧何月下追韩信"的故事。

韩信本来在项羽军中任职，不受重用，找机会投靠了刘季。在刘季营中，他虽然被萧何赏识，却还是受到刘季的忽视，于是打算在这个时候趁机脱离部队。萧何听说韩信跑走，赶紧骑马去追，终于又把韩信带回了军营。归来之后，韩信受到萧何的大力推举，被刘季拜为大将军，后来正是他劝刘季"明修栈道，暗度陈仓"，一举击败了毫无准备的章邯军队，很快夺回了关中。与此同时，由于项羽突然杀害了韩王韩成，担任韩国司徒的张良和韩国太尉韩信（另一位）逃奔汉国，刘季封这一位韩信为新任韩王，史称韩王信。

被后世称为"汉初三杰"的萧何、张良、韩信就此汇聚一堂。

不过，从《史记》的其他篇章来看，刘季"还定三秦"的故事比上述情况还要复杂得多。

在项羽率领的诸侯联军撤离关中之后，首先向刘季发难的人是章邯。

据《史记·高祖功臣侯者年表》记载，刘季到了汉中以后，章邯居然任命了一位蜀郡太守来和他交战。本来，巴蜀和汉中都是项羽封给刘季的固有土地，但是项羽前脚刚走，章邯后脚就把自己的部将派到汉中以南的蜀郡，目的不言而喻——他要把刘季的领地全部兼并，据为己有。要知道，章邯既然任命了镇守成都的蜀郡太守，一定也准备好了负责镇守巴郡和汉中的太守。

章邯为什么这么急着攻灭刘季？其实有两方面的原因。一方面，他之前多次与刘季作战，胜少败多，深知刘季的厉害，假以时日，恐怕刘季对自己构成的威胁不会亚于项羽，不如趁早消灭。另一方面，按照项羽分割关中地区的方案，章邯处在最西方的位置，除了向西进入河西走廊、向南进攻汉中和巴蜀，没有其他的发展方向。作为秦朝最后的名将，章邯肯定不甘心困守于此，而是筹谋着想要拿下整个关中地区，稳固并扩张自己的实力。另外，由于定陶之战和函谷关之战等历史遗留问题，章邯在内心深处，肯定对项羽和刘季都怀有猜忌。他用一时的忍让换取了项羽及其主力部队从关中撤退，但是他与刘季言归于好、建立互信的可能性几乎为零。既然雍、汉两国迟早必有一战，对于章邯来说，趁刘季在汉中、巴蜀领地上立足未稳之际立即发起攻击，才是最有胜利把握的策略。

有理由相信，章邯军的早期攻势对正在南下的刘季军造成了严重的损失和巨大的恐慌。刘季命令部下烧毁栈道，实际上是他在与章邯首战失利，入侵的雍军深入汉中、直逼巴蜀的情况下做出的紧急决策，是为了避免让章邯的军队追上自己。也正是因为刘季军初战不利，他的大批部下才会丧失信心纷纷逃亡，从而产生了"萧何月下追韩信"的故事。

在此危急存亡之际，刘季任命的大将军"韩信"，究竟是哪一位韩信，其实也颇值得商榷。因为在项羽杀了韩成之后，韩成的太尉韩信就投靠了刘季，并被任命为下一任韩王。当时，这位韩信在军中的声望肯定要高于此前侍奉过项梁和项羽叔侄但是一事无成的那位韩信。在《史记·韩王信列转》和《史记·淮阴侯列传》中，我们看到这两位韩信都向刘季提出了"还定三秦"的战略构想，并得到了采纳。可见，利用了《楚汉春秋》等原始材料写作《史记》的司马迁，似乎也没搞明白两位韩信之间的区别。鉴于这二人当时的地位，刘季最早采纳的更可能是韩王韩信的意见，而且这位韩信当时还有张良担任参谋。

不过，无论"还定三秦"的战略思想是由谁先提出来的，将章邯的追兵赶出汉中，继而北上占领关中的战斗还是要一步一步地打。《史记·高祖功臣侯者年表》告诉我们，章邯任命的那位蜀郡太守后来被刘季军中一位不大知名的部将林挚斩杀了。之后，汉军很快夺回战场主动权，将章邯的军队逐步赶出了汉中盆地，并最终通过"明修栈道，暗度陈仓"的计策攻入关中，在陈仓击败了章邯军主力。尽管如此，章邯此后又派其弟弟章平发动过几次成功的反击，战事一度变得非常胶着。据《史记·樊郦滕灌列传》记载，章邯的一位将军名叫"焉氏"，从名字上判断，他很可能是个匈奴人或月氏人，可见章邯为了提高自己这边的战斗力，还曾经向西北游牧民族招募雇佣兵。

经过多次交战，雍军败退到好畤县（今陕西省咸阳市乾县），章平驻在好畤城南，迟滞敌人的攻势。与此同时，另一支汉军在曹参、樊哙、周勃等人的指挥下从西路绕出秦岭，攻下了秦国旧都雍城，而后大举东进，与刘季军主力在好畤会师。章平遭到夹击，不得不放弃城南壁垒，退入好畤县城。汉军围攻县城，樊哙挥剑先登，章平被迫从好畤城突围，带兵撤往陇西，章邯则退入废丘城死守。

经过十几场战役，汉军肃清了咸阳附近的雍军，只有废丘城迟迟攻不下来。章邯之所以作战失利，主要原因是他原先的助手塞王司马欣、翟王董翳在这场战争中都拥兵自守，不肯前来援助，这可能也与项羽对他们的特别部署有关。

刘季可不会给他们反应过来相互串联的机会。到了公元前 205 年底，刘季决定留樊哙等人继续围攻废丘，自己则率主力部队大举东征。到这时，司马欣和董翳才感到了危机，于是联合起来抵抗，但是在长安附近的两次作战都遭遇失败，最后干脆投降了汉军。

刘季这时还不敢触动项羽的私人领地长安，他看上的是相对完整的原塞国首都栎阳，于是迁都于此，同时留郦商等将领去占领塞、翟两国的各个城镇。

在刘季忙着迁都栎阳的这一个月，从西方传来了好消息：在陇山附近打了两个月游击战的章平终于被汉军找到机会击灭了。至此，关中地区除了章邯还在据守的废丘以及项羽的直辖领地长安这两座城市之外，其他地方全都被刘季纳入了汉国版图。正好又赶上刘季的老熟人张耳被赵歇、陈馀赶出了河北，入关前来投靠，刘季的野心开始膨胀，最终不顾章邯尚未停止的抵抗就全力东征，向项羽发起攻击，由此开始了长达 5 年的楚汉相争。

楚汉相争的第一年，以轻敌的刘季在彭城被项羽打得惨败而告终，塞王司马欣、翟王董翳随即又都投降了项羽。刘季败退回关中之后，重整旗鼓，做的第一件事就是加强对废丘的围攻，派韩信、季必等将领去增援樊哙。

公元前 205 年，这一年颛顼历六月，汉军引渭河水灌废丘，城墙倒塌，废丘城破，章邯自尽。获得章邯尸体的军官是谁，在《史记》中有两种说法，一种说法是在此战中立下头功的樊哙，另一种说法则是不那么知名的骑兵队长朱轸。

章邯死后不久，楚汉相争以汉朝的胜利而结束，刘季改名为"刘邦"，在项梁战死的古战场定陶称帝，从而正式开始了汉朝的统治。

# 三秦遗声

想当初章邯在项羽撤兵以后率先动手攻击刘邦，结果面对刘邦的反扑却一再失利，这其中既有实力的原因，也有具备第一个入关的先发优势的刘邦本身非常善于在关中收买人心的原因。

刘邦占领咸阳，之后立即约法三章，提出"杀人者死，伤人及盗抵罪"。显而易见，如此简单的法律根本不足以长期维护社会秩序，所以刘邦又声称要等其他诸侯来共同制定新的法律，摆出了合作姿态。后来，刘邦被赶出关中，封为汉王，设立新法的事就甩到了章邯、司马欣、董翳这三秦王的头上，可是因为他们秦将的身份，无论出台什么样的法律规章，都很容易被当地百姓指责为严刑峻法，因此在同刘邦的较量中，章邯他们才会迅速地失掉关中地区的人心，直至败亡。

作为秦朝最后的名将，章邯的死及雍国的灭亡，在历史上并非没有留下印记。

汉军占领雍国的首都废丘以后，将这座城市改名为"槐里"。由于曾经被洪水淹没，这座县城在汉朝初年默默无闻，但是在不久之后就变得人烟阜盛，甚至发展成了西汉人口最多的一座县城。

刘邦称帝之后，逐渐削平异姓诸侯王，其中之一就是曾经随项羽入关的燕王臧荼。臧荼战死之后，他的孙女臧儿被带到槐里（原废丘），嫁给了当地人王仲（或许王仲就是以汉军士兵身份俘虏臧儿的人）。两人生了 1 男 2 女，其中大女儿王娡先嫁给了槐里本地人金王孙，离异后改嫁太子刘启，生下一个儿子名叫刘彻，也就是未来的汉武帝刘彻。得知大女儿受宠，臧儿又把小女儿王儿姁也送进宫，给已经登上皇位的刘启作妃嫔。王儿姁生了 4 个儿子，他们后来都被封为亲王。臧儿本人在王仲病逝以后改嫁到长陵的田家，又生了 2 个儿子——田蚡和田胜，这两人在汉武帝初年相继成为执政大臣。

刘启驾崩以后，汉武帝刘彻即位，在他的母亲太后王娡的庇护下，槐里的老乡们在汉朝宫廷中盛极一时。对于槐里这片土地，汉武帝刘彻也没有忘记，很快就选定槐里城郊的一块土地作为自己的皇陵，即未来的茂陵。在各种优惠政策的扶持下，茂陵附近的人口迅速增长，其人口总数甚至一度超过了长安，于是渐渐从槐里县独立出来。

虽然汉朝初年的槐里是人口迅速涌入的移民城市，但是也有许多人从这里离开，例如汉武帝时期的名将李广一家。

据司马迁在《史记·李将军列传》中介绍，李广的祖先、秦始皇时期的名将李信就来自废丘，即槐里的前身，而他的家族在汉朝初年移居陇西的成纪（今甘肃省天水市秦安县）。李氏家族从槐里到成纪的这场迁徙，极有可能与秦朝灭亡后刘邦、章邯之间的战争有关，因为槐里就是章邯的雍国首都兼最后的据点，而成纪距离雍国的另一座主要城市雍城不远，这里是秦国旧都，章邯的弟弟（或儿子）章平最后就是在这一带兵败身死的。也许，李广的祖先曾经跟随章平从槐里出发，到成纪附近抵抗北上的汉军，最后兵败被俘，从此身份就从槐里人变成了成纪人。

章邯等三秦王败亡之后，带着秦朝印记的统治便在关中一去不返了，多数原秦国人都迅速臣服于胜利者刘邦；少数人则沿着河西走廊逃往西北，投靠月氏人，并且不久后随大月氏西迁，成为中亚的所谓"秦人"；还有一些人逃往河套平原，投靠了正如日中天的匈奴。

# 附篇
# 最后一群秦人和他们的命运

# "秦朝余孽"

世界上还有一个地方，在秦朝灭亡多年之后依然顽强地坚持着秦朝的政治文化制度。

刘邦建立的汉朝虽然继承了秦朝的许多制度，号称"汉随秦制"，但是在最关键的一些政治建构方面却与秦始皇的政治设计背道而驰。举例来说，最开始刘邦直接统治的其实是一个内陆国家，所有沿海平原都被他分封给了在战争中立功的军阀们。尔后，刘邦又花费余生精力把这些沿海的诸侯王一一铲除，用自己的亲族代替，最终形成新的政治规矩，也就是"非刘氏者不得王"的"白马之盟"。刘邦的本意是想让刘家人互帮互助，让刘氏诸王拱卫皇帝，然而这些刘家的亲戚一抵达封地，就变得我行我素了。他们的实力在逐渐坐大，很少严格遵守汉朝的法律，给汉朝初年连绵不绝的内乱埋下了隐患。

不过，虽然刘邦与群臣和诸侯王约定"非刘氏者不得王"，但这一政治规矩的应用范围仅限于刘氏家族统治下的东部沿海平原，而华南地区则是刘氏家族从未涉足、也没有多少兴趣的地盘。于是在汉初，镇守长江中游的长沙王吴芮就成了"非刘氏者不得王"这一政治规矩的唯一例外。

吴芮曾经派军队在南阳与刚刚被司马卬打败的刘邦会师，共同杀进武关，帮刘邦推翻了秦朝的统治，其功绩得到项羽和刘邦的一致认可，因此才在鸿门宴后被封王。今湖南和江西一带在当时是少数民族占据数量优势的地区，经济也不怎么发达，因此不受汉朝中央的重视，只要吴芮不主动闹事，刘邦及其继承人就可以对他在长沙国的统治听之任之。

长沙国已然如此，在长沙国的东方和南方，情况就变得更加复杂。

长沙国的东方，也就是今江西省东部和南部、浙江省南部和福建全省，自古以来就是百越聚居的地盘。在秦始皇末年，秦朝军队一度深入这些地区，并且在这里建立了两个郡，但是似乎没有建立起有效的统治，秦始皇一死，这两个郡就被历史的狂风吹得无影无踪了。汉朝初年，百越人在今福建地区建立了闽越王国，在今浙江南部建立了瓯越王国，此外，江西等地还出现了赣越和畲人等部族联盟。

另一个重要的政权，则出现在长沙国的南方。

一般认为，秦朝在公元前 207 年就随着子婴的投降而灭亡了。但是，在遥远的岭南，秦朝的一部分子民依然生存了下来，并且建立了一个相当持久的政权。

公元前 209 年，随着秦始皇的去世，爆发了陈胜、吴广起义，并由此引发了全国性的反秦大暴动，秦朝陷入了分崩离析的局面。刚刚被秦朝征服的岭南地区失去了来自中原的人力、物力支持，局势随之动荡起来。

岭南地区在秦朝被划分为南海郡、桂林郡、象郡三个部分。其中，南海郡大致相当于今天的广东省，下辖番禺、龙川、四会、博罗四个县，首府番禺即今广东省广州市，龙川县管辖今广东省的河源市、梅州市和潮汕地区，地盘最大，实力也最强。桂林郡大约相当于今广西壮族自治区的大部和贵州省的东部。象郡则大致相当于今广西壮族自治区南部、贵州省南部、云南省东南部和越南北部的一部分地区。

公元前 208 年，负责南海郡防务的郡尉任嚣病重，他把自己的好友、龙川县令赵佗召来，给他颁布任命文书，让他代行南海郡尉的职务。任嚣去世后，赵佗就向南海郡的各关隘传布檄文，说："强盗将要到来，你们要立即断绝道路，集合军队，以便保卫自己。"就这样，赵佗迅速封锁了五岭上所有的交通要道，切断了与岭北地区的一切联系。按照赵佗的说法，是任嚣在临终前和他说，南海郡依山傍海、有险可据，足以建国，于是他们利用秦末的乱局自作主张，处死了许多秦朝安置的官吏，代之以自己的亲信。

此时，由于中原大乱，桂林郡、象郡的一些越人部族也纷纷独立，不再受秦朝官吏的节制，转而依附今广西、云南和越南北部一带的瓯雒国。赵佗便在公元前 207 年与瓯雒国开战。

瓯雒国王本名蜀泮或开明泮，号称安阳王，其祖先原是古蜀国王子，秦灭蜀之后就带领部众逃到了西南山区，自立为王，素来与秦朝交恶。秦朝发生内乱后，安阳王就占据了象郡。《交州外域记》《南越志》《唐书·地理志》《日南传》《太平御览》等古籍都记载，安阳王能够长期与秦朝抗衡，是因为他拥有一种神奇的武器："王有神弩，一发杀越军万人。"面对如此神兵，赵佗也无可奈何，最终战败，同安阳王讲和，条件是让他的儿子赵仲入赘安阳王家，娶安阳王的女儿媚珠为妻。借此机会，赵仲窃取（或破坏）了灵弩，逃回了南海郡。赵佗闻讯大喜，立即再次进攻瓯雒国。安阳王发现神弩已坏，明白是赵仲所为，于是杀了媚珠，逃往海外。历史上对于媚珠公主是否投敌众说纷纭，《大越史记全书》中记载了更多版本的当地民间传说。不过，这场战争的结局可以肯定：赵佗成了无可争议的最后胜利者。

赵佗灭了连秦始皇都没能征服的瓯雒国，占据了红河流域，实力大增。正好在这个时候，从北方传来了秦王子婴投降、秦朝灭亡的消息，于是赵佗也不再与其他秦朝官吏保持友好关系，而是直接发动了对桂林郡等地的战争，最终在公元前 205 年基本控制了岭南三郡，随后在南岭上大举修筑城池，统一加强岭南地区的防御力量。

公元前 204 年，赵佗正式建国，国号定为"南越"（又称南粤），自称南越王（又称南粤王）。

南越国是在秦朝南海郡、桂林郡、象郡基础上建立起来的国家，立国之后，赵佗沿袭了秦朝的郡县制。因为他不断向南扩张，领土直达今越南中部，为了便于统治，他便把变得越来越大的象郡拆分为交趾郡和九真郡，秦朝设置的南海郡和桂林郡则得以保留。

赵佗称王后，考虑到一旦中原归于一统，很可能就会派人前来征伐自己，于是再一次加强了边防力量，主要做法是在南越国北部边界的地形险要之处不停建关筑城。

赵佗建立的南越王国是秦文化与百越文化结合的一个政权，在经济、生活等方面更多地因地制宜，采用百越的传统惯例——岭南气候湿热，固守秦朝或中原传统的衣着和饮食习惯，只会给他们自己带来麻烦。尽管如此，作为秦朝移民建立的政权，南越王国依然顽固地坚持着秦朝的一些制度，尤其是在政治和军事制度上，多采用秦朝的方法。

除了郡县制保持不变以外，南越的法律制度也与秦朝法律一脉相承。2004 年，广州出土了赵佗统治前期的一批木简，其上记录的内容包括宫署管理出入簿、财务分类簿、军事文档、法律文书等，合称"南越木简"。从南越木简看，此地的法律和秦朝一样严苛，例如命令管理粮仓的小吏去抓老鼠，有个小吏笨手笨脚，没能抓够 10只，就要被捆起来抽 50 鞭子。要知道，在现代以鞭刑著称的新加坡，顶格刑罚也就是抽 24 鞭，因为有实践证明，如果抽更多的鞭数，犯人就可能送命。

虽然赵佗对部下苛刻严格，但是不得不承认，他是一个能干的管理者，在岭南的统治非常成功。只不过随着汉朝的建立，南越这个政权作为"秦朝余孽"，其合法性就成了一个大问题。

# 一封诏书招降一国

一开始，刘邦认为南越是秦朝官吏自主建立的政权，他们没有参加过反秦战争，也没有给自己立过功劳，因此不具备合法性。于是，在公元前 202 年年初，刘邦宣布不承认赵佗政权，反而将南海、桂林、象郡三郡封给长沙王吴芮，意在指使吴芮去攻取岭南。

不过，赵佗和南越国很幸运，因为就在刘邦把岭南划给长沙国的第二年，也就是公元前 201 年，吴芮就在率兵攻打闽越的途中病死了。吴芮之子吴臣无能，不受刘邦的欣赏，于是刘邦对南越国的态度也就慢慢发生了变化。

当时的刘邦正致力于处理异姓诸侯王的问题，吴芮父子虽然一直对刘邦忠心耿耿，但是他们有一个危险的姻亲，即项羽的副将英布。

英布在鄱阳湖当盗贼的时候，就与时任番阳县令的吴芮相识，吴芮参加反秦武装以后，便把女儿嫁给了英布。就这样，英布成了吴芮的女婿，也就是吴臣的妹夫。楚汉相争结束以后，英布被封为淮南王。公元前 196 年，与英布齐名的名将韩信和彭越相继被杀，刘邦还把彭越的尸体剁成肉酱，派人送给英布吃。英布十分害怕，本来他当时就被手下的一名官员指控谋反，看到韩信、彭越都惨遭毒手之后，觉得不如先下手为强，干脆真的起兵造反了。起初英布不断取胜，一直打到了大泽乡附近。面对这种局面，刘邦被迫亲征，同时考虑到时任长沙王的吴臣是英布的大舅子，也有可能参加这次叛乱，于是决定扶持南越王赵佗，让他从南方牵制吴臣。

公元前 196 年夏季，汉高祖刘邦派遣曾经劝秦国武关守军投降的大夫陆贾出使南越，劝赵佗归化，成为汉朝的藩属国。在此之前，汉朝与南越的关系非常紧张，所以陆贾抵达之后，赵佗接见他时态度非常不礼貌。陆贾看到赵佗穿着南越人的衣装，便细数赵佗的出身（赵佗的籍贯在巨鹿郡东垣县，也就是今河北省石家庄市），斥责他忘本而不讲礼仪，随后结合楚汉之争的历史，指出南越和汉朝在实力上相差悬殊。一番晓之以情、动之以理，赵佗被说动了，于是改颜谢罪，让人给陆贾送上美味的南方水果，热情地款待他。

席间，赵佗问陆贾，自己与萧何、曹参、韩信相比谁更高明。陆贾回答说，赵佗似乎更高明。赵佗很高兴，又问陆贾，自己和刘邦比谁更高明，陆贾当即变了脸色，斥责赵佗说，刘邦以平民身份推翻秦朝、平定天下，自然远胜过仅仅平定岭南一隅的赵佗。赵佗不以为恼，反而哈哈大笑，对陆贾表示愿意遵从汉朝的约束，接受刘邦赏赐的南越王印绶，臣服于汉朝。

从此，南越国就在形式上成为汉朝的藩属国。陆贾出使归来，刘邦非常满意，为此专门把赵佗的家乡东垣改名为"真定"，也就是真正平定了岭南的意思。不过，虽然这次陆贾的出使让南越国在政治上成为与长沙国平起平坐的汉朝藩属国，但是在长沙国君臣看来，南越作为秦朝余孽，依然是一个缺乏合法性的伪政权。

刘邦为了消灭英布叛乱，故意承认赵佗政权的合法性，显然就是为了在南方给可能支持姻亲英布的长沙国添乱。到了第二年，刘邦彻底打败了英布，英布带着残兵败将渡过长江，逃入长沙国境内。吴臣见英布大势已去，就派人刺杀了自己的这位妹夫，将其首级送给刘邦。其实，当时刘邦也在战场上被英布射成了重伤，时日无多，所以就没有再进一步追究吴臣的责任，匆匆返回长安给自己安排后事去了。否则，刘邦当时很可能会以勾结英布乱党为借口灭掉长沙国，甚至将其部分领土交给此前他一直不肯承认的南越政权。

刘邦的突然死亡，不仅改变了汉朝中央政权的历史走向，也改变了南方各政权的命运。长沙王吴臣及其继承者吴回战战兢兢地度过了这场英布危机，一时不敢再像以前那样大肆扩张，与赵佗的南越王国相安无事了几年。

公元前 183 年，当政的吕后突然禁止南越在与长沙国的边境市场上购买铁器。赵佗认为，汉高祖刘邦立自己为南越王后，双方一直都在正常互通使者和物资，如今吕后突然断绝与南越国的正常贸易，一定是长沙王吴右（吴臣的孙子）的主张。他和吴芮等祖先一样，想依靠中原的汉王朝，消灭南越，占领岭南地区！

公元前 181 年，赵佗擅加尊号，自称"南越武帝"，以示不再臣服于吕后领导的汉朝，而是与其平起平坐。既然已经称帝，就无须再顾忌和汉朝的外交关系，赵佗主动出兵攻打长沙国的边境城邑，攻占了几个县城。

吕后收到吴右的求救信，派遣曾经与刘邦一起进芒砀山当土匪的老将军隆虑侯周灶率军南下，配合吴右讨伐赵佗。不料，南方气候酷热潮湿，周灶的士卒大多无法适应，纷纷得了重病，大军无法越过南岭。次年，吕后又派博阳侯陈濞去增援周灶，但是他们刚走到途中，吕后就去世了，长安宫廷中爆发政变，吕氏一族被屠杀殆尽。闻讯后的周灶和陈濞都不敢再轻举妄动，只能眼看着南越军队继续深入长沙国领土，甚至一度迫近汉朝中央直属地南郡（今湖北省南部），饮马长江。

赵佗轻易地击退了南下讨伐的汉朝中央军队，从此威名大振，周边的闽越、西瓯和骆越等国都宣布归属南越，他的领地从东到西广达 1 万余里。赵佗甚至乘坐由 6 匹马拉着的大型御车，车上建造皇帝专用的黄屋左纛等设施，出入时的派头与当年的秦始皇不相上下。

赵佗虽然因为吕后与汉朝交恶，但是此后，南越国内却有一个吕家占据了非常重要的位置，他们世代担任南越相国，达六七十年，担任其他官职的还有 70 多人。

有关南越吕氏的出身存在多种说法，一是认为他们是当地的越人，因此在岭南有较为雄厚的群众基础，需要赵佗家族拉拢，但是这并不能解释他们怎么会拥有"吕"这么一个典型的中原姓氏；二是认为他们是秦朝相国吕不韦的后代。吕不韦自杀以后，其亲属大多被强制迁徙到巴蜀地区，随后不断有成员跑到与秦敌对的瓯雒国投靠安阳王，赵佗攻灭瓯雒国之后，这些吕氏成员就成了他的部下。还有一种说法认为，吕后在南方的家族成员得知长安的亲戚们被灭门后，就南下投靠了赵佗。

在汉朝的中央朝廷，吕氏家族的统治被推翻以后，汉文帝刘恒即位。他刚登基就对南越国表示了善意，派人去真定重修了赵佗祖先的坟墓，还设置了守墓人负责按时祭祀，并赐予赵佗留在中原的堂兄弟们官职和财物。此外，汉文帝还派陆贾再次出使南越，与赵佗讲和。

汉文帝在诏书这样说：

皇帝恭谨地向南越王问好，近来您一定非常忧心劳苦。朕是高皇帝（刘邦）侧室小妾的儿子，原本奉命到北方长城下看护代国这个藩邦，距离您的道路实在太过遥远，加之信息闭塞，从来没有和您通过信件。高皇帝离开群臣驾鹤西去，孝惠皇帝（刘盈）继位，高太后（吕后）亲自执政了一段时间，后来不幸生了重病，治疗总是不见起色，因此做出了一些混乱、错误的决定。高太后去世以后，她的亲戚们胡乱变更法制，为了控制朝廷，找来其他家族的男孩冒充孝惠皇帝的儿子。依赖大汉宗庙的神灵，功臣们奋力将这些坏人都诛灭了。因为王侯和官吏们多次恳请，朕不得不答应他们的请求继承皇位。

朕最近听说，之前大王曾经给将军隆虑侯写信，请求朝廷释放大王的堂弟，并且召还驻扎在长沙国的两位将军。朕看了大王的书信，就立即罢免了隆虑侯周灶和博阳侯陈濞的将军职务，朕已经派人去探望大王在真定的堂弟们了，大王祖先的坟墓也都已经修治完毕。朕之前还听说，大王派了很多士兵到边疆，不停地与长沙国的人相互争抢，闹得长沙地方十分困苦，南郡的损失尤其巨大（指南越军队一度迫近到长江南岸）。这样继续折腾下去，大王的国家能够独自获利吗？可以预见到，接下来还会有更多的士兵阵亡，更多的将官受伤，更多的妻子成为寡妇，更多的孩子成为孤儿，更多的父母无人照料，损失比收益恐怕会大出10倍。朕不忍心坐视不管，打算为你们两国重新划定边境，但是官吏告诉朕，长沙的边境是高皇帝划定的，不能随意改变。官吏又说，获得大王的土地并不会让大汉的疆土显得更加辽阔，获得大王的资产并不会让大汉的国库变得更加充实，所以建议朕让大王继续在岭南自治。虽然是这样，但大王最近又加号称帝，等于现在是两帝并立，如果我们之间没有使者来往交流的话，那就是要争夺天下了。在现在这种情况下，不谦让而争夺天下，不是仁者会做的事情。所以，朕决定忘记之前历代当权者产生的纠纷，从今以后依旧像高皇帝那时一样，与大王通使交好。现在，朕派老使者陆贾带着诏书前去，把朕的心意告知大王，大王如果接受，就不要让您的部下继续在边境闹事了。

在陆贾的劝说下，赵佗上书答复汉文帝说：

蛮夷大长、老夫、臣赵佗冒着死罪，多次鞠躬，上书致皇帝陛下：

老夫本是过去秦朝派到南越的官吏，幸运地被高皇帝赐予金玺，封为南越王，作为大汉的外臣，担负按时纳贡的职责。孝惠皇帝即位以后，不忍心断绝从前的恩义，所以又赐给老夫很多礼物。但是，高太后执政时期听信谗言，下令说："不许卖给南越蛮夷金属兵器和农用品；马、牛、羊等牲畜只许卖给他们公的，不许卖给他们母的。"老夫听说以后，自以为年老糊涂，可能搞错了祭祀或进贡的日期，犯下死罪，于是派遣内史藩、中尉高、御史平等三批使者进京谢罪，都遭到扣押，没有返回。老夫又听说，我父母的坟墓都被汉朝官吏破坏，兄弟亲属都已被灭门。手下官吏于是对老夫说："现在和汉朝的关系已经破裂，如果继续以前的政策就无法再号令蛮夷了。"确实，南方气候潮湿，当地蛮夷本来就缺乏纪律，老夫西面的西瓯部落都是一些半裸体的野人，其首领就敢于南面称王；老夫东面的闽越，不过有几千文身的壮丁，其首领也称王；西北的长沙风俗与蛮夷相似之处过半，其首领同样称王。老夫和他们相比总是略有所长，不称帝难以号令这些土王，所以老夫才同意了官吏们的请求，给自己加上了帝号，也算是自娱自乐吧，并不是敢于争夺或祸害天下。高太后听说以后大怒，禁止接待南越的使者，老夫私下怀疑这些都是长沙王炮制的谗言所致，所以才发兵去讨伐他。

老夫亲自平定了上百座城池，向东、西、南、北开辟了数千里的疆土，号称万里江山，手下的带甲士兵百万有余，然而一直向大汉臣服，都是因为祖先的原因啊。老夫在南越生活了 49 年，现在都抱上孙子了。可是近年来老夫吃不好、睡不好，看到美女毫无兴致，听到音乐也调动不起情绪，都是因为没能搞好和大汉的关系啊。幸好现在陛下哀怜老夫，派来使者，允许我恢复原先的头衔和与大汉的关系，这样一来，老夫就像死人复活了一样，能不感激涕零吗？

从今以后，老夫再也不敢滥用帝号了！现在恭谨地通过使者献上白璧一双，还有 1000 只翠鸟标本、10 支犀牛角、500 枚紫贝、1 盒桂蠹（生长在华南桂树上的一种可以食用的昆虫，有可能是紫胶虫或蚧壳虫）、40 对活翠鸟、2 对活孔雀。

汉文帝和赵佗之间的这两封书信是汉朝初年的重要外交文献，反映了非常独特的时代政治风貌：双方实际上有共同的敌人，即吕后家族，因此在其他历史遗留问题上都可以达成妥协。赵佗在书信中称臣，却表现得很有气势，自称疆土上万里，带甲兵士百余万，尽管都有夸张的成分，但也足以见他对自己的实力有十足的信心，完全不惧怕长沙国甚至汉朝中央政权的威胁。从这种意义上说，赵佗堪称是"对抗汉朝的最后一个秦朝人"。

陆贾返回时，赵佗下令说："我听说两雄不俱立，两贤不并世。现在的汉朝皇帝是一位贤能的天子。从今以后，我将取消帝制，拆掉御车上的黄屋左纛。"直到汉景帝时代，赵佗一直还以藩王的身份对汉朝称臣，春、秋两季都会派使者携带重礼到长安朝见天子。不过，在南越国内，赵佗一直使用着"南越武帝"的名号。

# 南越国亡

公元前 137 年是汉武帝刘彻继位初年，在位 67 年之久的赵佗驾崩，年逾百岁，史称"南越武王"。由于这位"最后一个秦朝人"实在过于长寿，他的儿子们甚至都已经在他之前去世了，南越王位只好由他的孙子赵胡（赵眜）继承。

赵胡继承南越王位后不久，闽越王骆郢在兴兵吞并了东瓯故地后版图大增，于公元前 135 年发兵入侵南越国。由于南越政局不稳，赵胡没有主动抵抗，而是派人向汉武帝报告此事。当时汉武帝刚刚亲政，非常赞赏赵胡的谨慎做法，当即派遣两位将军前去讨伐闽越。然而，汉军还没抵达前线，骆郢的弟弟余善就杀死了哥哥，投降了汉朝。

汉武帝听说闽越已经投降，就派使者庄助去南越通知赵胡。赵胡很感谢汉武帝，派太子赵婴齐到大汉去充当宿卫宫殿的郎官，并承诺自己随后就去京城朝见天子。但是，在庄助离开后，赵胡就反悔了，他担心自己北上后会被扣押，便以生病为借口，一直没去长安。

对于赵胡的小心思，雄才大略的汉武帝自然心知肚明。通过与赵婴齐的长期交往，汉武帝逐渐形成了一个和平统一南越国的计划。

一天，身为郎官的南越太子赵婴齐由于某种原因，结识了一位姓"樛"的女子。和秦始皇的母亲邯郸姬一样，这位樛姓女子也来自当时娱乐产业最为发达的邯郸，擅长多种表演艺术。赵婴齐对樛氏一见钟情，樛氏似乎也对赵婴齐颇有好感，两人的关系很快就发展到谈婚论嫁的地步。但是，赵婴齐并不知道他的女友樛氏原本有一位男友，名叫安国少季。在汉武帝的精心安排之下，安国少季主动暂时退出了这段恋爱关系，为的就是钓上赵婴齐这条大鱼。

几年后，郎官赵婴齐与樛氏完婚，相继生下2个儿子，取名"赵兴"和"赵次公"。又过了几年，南越王赵胡病入膏肓，经汉武帝批准，赵婴齐辞去了郎官工作，带上妻子樛氏和儿子赵兴、赵次公返回南越。

公元前122年，赵胡去世，史称"南越文王"，太子赵婴齐顺利继位。

赵胡的坟墓位于今广东省广州市越秀区象岗山，即今西汉南越王博物馆，出土有"文帝行玺金印"和"丝缕玉衣"等1000多件文物。同时，一些珍宝甚至来自遥远的西亚，墓内结构还有一些希腊文化特色，证明南越王国已经通过海路与中东地区乃至于地中海世界建立了贸易和文化往来。

赵婴齐登基以后，立他在长安娶的妻子樛氏为王后，赵兴为太子。不过，赵婴齐在去长安当质子之前就娶过一位南越妻子，并与她生了长子赵建德，所以此时他立次子赵兴为太子，改封长子赵建德为术阳侯，在南越国内肯定是不得人心的。不过，鉴于南越国与汉朝的综合国力存在明显差距，为了搞好同汉朝的关系，赵建德及其背后的南越本地势力只好暂时忍气吞声了。

和父亲赵胡一样，赵婴齐在当上南越王之后，也更乐意在番禺享受帝王的奢华生活，不愿意亲自去长安朝拜汉武帝，于是只派遣小儿子赵次公入京，和自己当年一样担任宿卫宫廷的郎官。

公元前113年，赵婴齐去世，史称"南越明王"。其子赵兴继位，樛氏为太后。

同年，已经对和平统一南越国做好充分准备的汉武帝开始出牌了。他派出了一支由上百人组成的庞大使团出访南越国，为首的正使不是别人，正是樛太后的前男友安国少季。辅佐安国少季的副使，是中国历史上最早的一位太学生，以能言善辩闻名的天才青年官员终军。终军在争取这次出使机会时，向汉武帝豪迈地声称："请陛下赐予我一条长绳子，我这就用它把南越王捆好带回宫来交给您。"《滕王阁序》里的"无路请缨，等终军之弱冠"，指的就是这个典故。汉武帝给安国少季和终军的任务是，让樛太后和赵兴立即进京朝拜自己。与此同时，汉武帝又派霍去病的副将路博德率兵驻守桂阳，这里毗邻南岭，可以随时支援出使的大汉使团。

不出汉武帝所料，刚刚守寡的樛太后在见到前男友安国少季之后，就与他旧情复燃。这一消息很快传出宫外，令她在南越国内本来就不大稳固的统治基础越发动摇。与此同时，在边境汉军的支持下，汉朝使团不断得寸进尺，诱使樛太后和赵兴签署了更为苛刻的条约，规定南越王每3年就要去长安朝见汉朝皇帝一次，并撤除边境的所有关塞，废除南越国原有的各项法律制度（如沿袭秦朝传统的黥刑和劓刑等），改用汉朝的法律。

如果约定得到执行，南越国显然会失去大部分主权，而与汉朝内地的郡县没有本质区别了。因此，这在南越国内引起巨大反弹。

时任南越丞相的吕嘉年龄已经很大了，他从赵佗晚年就开始当官，辅佐过前后3位国王，在南越国内的地位非常显要，备受南越人的信任，亲信耳目遍布各地。一旦汉朝使者与樛太后母子达成的约定得到了执行，吕氏家族就会失去在南越的各种政治特权，因此吕嘉产生了叛乱的念头，屡次托病不去会见汉朝使者。

樛太后和赵兴担心吕嘉发难，就安排了一次类似"鸿门宴"的酒宴，想在宴席上先杀死吕嘉。这次，吕嘉总算来了，但是樛太后多次使眼色，她的男友安国少季等汉朝使者却表现得犹豫不决，一直不敢动手。樛太后眼看吕嘉不肯在原则问题上让步，汉朝使者又不敢动手，而宴席马上就要结束了，就着了急，从卫兵手里夺过一柄长矛刺向吕嘉，但是她的举动被向来温文尔雅的儿子赵兴拦住了，吕嘉及其亲信得以逃走。

汉武帝听说吕嘉试图叛乱，樛太后与赵兴无力制止，派去的汉朝使者又过于胆怯，在关键时刻显得缺乏决断力，便决定使用武力。正巧当时路博德家中出事，返回了长安，汉武帝就向百官询问谁敢代替路博德前往南越平乱。济南相韩千秋站出来，表示："一个小小的南越，国王和王太后又是我们的内应，不过是相国吕嘉从中破坏。我愿意带领200名勇士前往岭南，把吕嘉的人头给陛下带回来！"汉武帝很赞赏韩千秋的勇气，于是派他和樛太后的弟弟樛乐率领2000名士兵前往南越，支援汉朝使者。

这批人进入南越境内的时候，吕嘉也终于造反了，他攻陷番禺的王宫，杀害了南越王赵兴、樛太后和汉朝的使者，又派人告知南越国西部的大贵族苍梧秦王（可能是赵兴的叔叔）和各郡县官员，立术阳侯赵建德当南越王。韩千秋的军队进入南越境内，攻破了几个小县城，但是在距离番禺 40 里的地方被南越伏兵包围，导致全军覆没。

公元前 112 年秋天，汉武帝听说樛太后、赵兴、安国少季、终军、韩千秋和樛乐全部遇害，明白以吕嘉为代表的南越抵抗实力确实比较强大，于是直接打出了王牌。

汉武帝任命卫尉路博德为伏波将军，主爵都尉杨仆为楼船将军，原来归降汉朝而被封侯的两个南越贵族为戈船将军和下厉将军，另一位归降汉朝的南越贵族驰义侯何遗从巴蜀出兵，并调动夜郎等西南夷部落的盟军，五路大军水陆并进，直捣南越国都番禺。

公元前 111 年冬天，由于苍梧秦王等几位南越贵族不战而降，楼船将军杨仆轻松地击溃南越军主力，与伏波将军路博德在番禺城下会师。与秦朝人一样，南越人也不太擅长修筑城墙，番禺和咸阳都是只有木质的栅栏和壕沟，没有真正的砖石城墙。这样简陋的防御设施根本难不倒擅长攻坚的汉军，急于立功的杨仆连夜纵火，番禺城东的火势一发不可收，满城官民都被迫逃到城西，向路博德投降。吕嘉兄弟见势不妙，便护送赵建德坐船开进珠江，想要渡海前往交趾继续抵抗。但是路博德及时发现了他们的行踪，立即派出小船追赶，在伶仃洋上困住了吕嘉的船队。吕嘉的部下觉察到局势已经失控，便把赵建德捆了起来交给路博德的士兵，而吕嘉兄弟则在格斗中被杀。

至此，作为秦朝最后残留部分的南越国灭亡，传国 5 世，共 93 年。

汉武帝对吞并南越国做了精心的规划，发兵之初，他本来预计南越国能有更激烈的抵抗，没想到一切都进展得如此顺利。当番禺陷落的捷报传来时，汉武帝正在今山西省南部和河南省北部巡游，于是就把他所在的地方命名为"闻喜县"。不久，他又收到了斩杀吕嘉的捷报，这标志着南越的抵抗势力已经瓦解，因此汉武帝又把他这时所在的地方命名为"获嘉县"。后来，汉武帝下令把吕嘉家族成员流放到今云南省南部，因为听说他们是秦朝相国吕不韦的后代，所以又把他们居住的那座边境小镇命名为"不韦县"。

南越国瓦解的方式仿佛命中注定一般，与秦始皇君临天下的故事如出一辙，都是从邯郸籍女子与赵氏王子生下的孩子继承王位开始，并因邯郸籍太后与老相好旧情复燃而发生转变，最终把历史引向了另一个方向。

公元前 110 年春天，末代南越王赵建德被押解到长安，经过短暂的审讯便被处斩，他的人头在汉武帝办公的主要场所未央宫（原秦朝的章台宫）的北阙城楼上悬挂了很多天，用来警告包括匈奴、大宛在内的大汉周边各势力，让他们不要再妄想挑战大汉的地位和汉武帝本人的意志。

番禺城的陷落，标志着秦朝留在本地的残余势力烟消云散，但是在匈奴、大宛等国境内，依然生活着少数自称"秦人"的东亚移民，他们传授给当地人农业和工程技术，和汉武帝派遣的张骞等使团一样，促进了丝绸之路上的文化科技交流。因此，南亚和西亚各国称丝绸之路起点上的东亚大国为 Cina 或 Sina，也就是"秦国"的意思，现代欧洲语言中的 China 就是从中演变而来的。

秦朝短命，却创下不朽的伟业，而它的成就和教训都对后世中国社会产生了巨大的影响。

# 后　记

在吞并东周 49 年之后，秦的统治突然崩溃了，其崩溃的速度和方式肯定都超乎了赵政的预期。

赵政成为秦始皇后，虽然希望秦朝的统治能够延续千世乃至于万世，但是"亡秦者胡也"等不祥的预言也早已向他提示了未来的风险，所以他对此采取了一系列的防范措施：拆掉各地的城墙，将各地有社会影响力和经济实力的人集中到首都咸阳郊区，多次亲自巡视传统上与秦的制度差异较大的燕、齐地区，通过修建长城和讨伐匈奴等方式加强对北方胡人的军事防范……

按照秦始皇的想法，燕、齐居民最晚向秦朝投降，在统一战争中的实力损耗也最小，他们恐怕会在旧贵族的领导下勾结北方胡人一同造反，但是早有准备的秦军可以轻易地将其镇压下去，结果却大大出乎秦始皇的预料，更不在秦始皇的继承者秦二世胡亥的预料之内——就在秦始皇去世一周年之际，反秦起义居然在早已被秦军征服多年、从表面上看已经高度"秦化"的中原腹地大泽乡爆发了，并且得到了包括许多秦朝官吏在内的全社会各阶层民众的积极响应。最终，看似空前强大的秦朝在两年后轰然倒塌。

秦朝的迅速灭亡，首要原因在于当初的统一工作完成得不够彻底。楚国和齐国这两个大国，其实一直是战国时代与秦抗衡的真正敌手。秦对三晋的占领才是一步步进行的，是实打实的，对于相对远的楚和齐，其实只是依靠了王翦的一次出兵攻楚和齐王田建的不战而降。所以虽然在形式上是统一了，但因为后期征服速度太快，齐、楚、燕等很多地区与秦国存在明显差异，最终使这些地区与秦本土及三晋之间再次掀起战火。

第二个原因，在于秦始皇和秦二世过度强调督责，又一味沉迷于在各地推广秦人之前的经验，导致各地方官府纷纷破产。秦的统治基础被自己摧毁了，广大的秦朝官吏开始与反秦势力联合起来反抗秦朝。

另外，秦朝建立后，在齐、楚地区推行自己的管理模式，这种输出很快抹平了秦地与此两地间的差异，但原有的地域认同被压制，这在一定程度上助力了后来以楚人为主的反秦势力的反攻。实际上，秦朝建立后，对东方地区的政治、文化、技术输出以及拆毁各地城墙的举措，虽然从统一角度来讲是需要做的事，但是从后来的防御角度来讲，都是弊大于利的，这很矛盾。

秦朝的迅速灭亡，是否说明其统一后的作为是完全错误的呢？对于这个问题，秦朝的继任者，也就是汉朝的统治者们并没有给出完全肯定的回答。古籍记载和考古发现都证明，他们在很大程度上沿袭了秦朝的制度，也就是"汉承秦制"，并且取得了巨大的成功——西汉和东汉加起来，总共延续了400年之久。

那么，相比之下，汉朝做对了什么，而秦朝又做错了什么呢？

在很大程度上，秦朝及其所代表的政治、经济、文化、法律制度改革方向并没有错，秦朝早早灭亡应该只是战略选择出了问题。具体地说，赵政由于过于顺利地扩张而不断重复以往的成功经验，最终导致需要防御的边界线和需要维护的后勤线越来越长，忠于他的核心群体人口密度越来越低，在新征服的领地上又越来越无利可图，结果到了秦始皇晚年，不仅天下百姓，就连他事业的参与者（各级地方官吏们）都面临亏损和破产，秦的统治走向崩溃也就是必然的了。到了汉朝初期，统治者调整了这几个方面的政策，然后沿用秦朝其他方面的制度，很快就取得了"文景之治"的辉煌成就。

在汉朝初年，有很多官方文献都自豪地声称，汉朝的政策比秦朝宽容，老百姓的生活有了很大改善。但考古研究表明，这大约并不是事实——从近年来发现的汉简看，在一些方面，汉朝的法律制度甚至比秦朝的更加严苛。

在西汉时期，老百姓面对的税收压力并不比秦朝少，徭役压力甚至比秦朝还大，各种刑罚的残酷性也不亚于秦始皇时代，例如前文提到，试图引用秦朝制度规避兵役的"蛮夷大男子"就被汉高祖刘邦亲自判处了腰斩的极刑。这么看来，西汉初年显示出比秦朝更强的社会资源汲取力度，无怪乎在史书中经常能找到西汉初年许多地区的人口远远不如秦朝时的记载。

归根结底，秦朝的错误不是这个政权对社会最底层的贫民太过于残暴，而是它在统一天下以后，没有建立起一个令广大中低层官吏满意的分配制度和管理方案，以至于让他们对秦政权彻底失望。至于底层贫民，虽然在秦始皇时代确实受到比较苛刻的压迫，而且也不乏为生活所迫铤而走险、逃入山野当"盗贼"的犯罪记录，但是大多数人最多也就被判处 6 年劳役而已，而且没有发生过任何有组织攻打城镇的大中型武装暴动。最终，随着秦始皇驾崩，陈胜、吴广这些早已对上司心怀不满的基层官吏才利用皇位更迭时期的政治流言带头造反，导致秦始皇精心构建的整座大厦在几年内轰然倒塌。

秦朝以自己的短暂历史证明，治大国若烹小鲜，根据国情的变化，适度地进行政策的微调才是成功的关键，过于快速的扩张和过于激烈的改革都只会增加政权的不稳定性。

在其他方面，秦制以其卓越的社会资源汲取性能受到历代统治者的欣赏，他们不断地从中汲取营养，使秦制几乎持续到了近代。从这个角度来看，秦朝看似短命，实则非常长寿。

除了经常被提及的政治制度以外，秦朝对中国历史更大的影响其实体现在经济和文化方面。

秦朝的短暂统一，让以秦半两为代表的圆形方孔铜钱成为中国货币经济的主要载体，"孔方兄"从此在东亚、东北亚、东南亚乃至于中亚的广大地区成为财富的象征，其影响至今尚存。以秦式毛笔和小篆、隶书等文字代表的秦文化更是经受住了秦末战争的残酷洗礼，被推翻秦朝的汉朝人进一步发扬光大，也没有人再要求恢复东周时期各国的那些文字了。说到底，经历过在秦朝的短暂生活，享受过"秦式一体化"生活便利之后，即便是反抗秦朝统治最激烈的人，也都要在这些方面认可秦朝的成就。

# 大事年表

| 公元年份 | 秦王年号 | 大事 |
|---|---|---|
| 公元前 260 年 | 秦昭襄王四十七年 | 秦将白起、司马靳在长平大破赵将赵括，坑杀被俘赵军。<br>苏代劝秦王与赵国议和，白起因异议被革职。<br>秦昭襄王的孙子赵异人作为人质，困居赵国都城邯郸。商人吕不韦百般周济，并将邯郸姬送给赵异人，不久邯郸姬怀孕。 |
| 公元前 259 年 | 秦昭襄王四十八年 | 秦王派兵进攻邯郸，魏国公子信陵君魏无忌窃符救赵，与楚国公子春申君黄歇击败秦军。<br>邯郸姬生下赵异人的儿子赵政，即后来的秦始皇。 |
| 公元前 258 年 | 秦昭襄王四十九年 | 赵相平原君赵胜出访楚国，与楚考烈王结盟抗秦。<br>邯郸姬再次怀孕。 |
| 公元前 257 年 | 秦昭襄王五十年 | 邯郸姬给赵异人生下第二个儿子赵成蟜。<br>秦王派兵进攻邯郸，秦军主力被击败。<br>赵异人、吕不韦逃离邯郸，邯郸姬母子在亲友家避难。<br>秦王赐白起、司马靳自杀。 |
| 公元前 256 年 | 秦昭襄王五十一年 | 秦王灭西周国。周赧王死，东周灭亡。<br>赵异人、吕不韦抵达咸阳。赵异人自愿成为秦太子安国君赵柱之正妻华阳夫人的养子，并改名为"赵楚"。<br>刘季（刘邦）生于楚国沛县。 |
| 公元前 255 年 | 秦昭襄王五十二年 | 燕孝王去世，燕王喜登基。<br>秦相范雎死，蔡泽继任秦相。<br>李斯、韩非在荀子门下读书。 |

| 公元年份 | 秦王年号 | 大事 |
|---|---|---|
| 公元前254年 | 秦昭襄王五十三年 | 韩、魏、赵三国向秦国表示臣服。<br>邯郸姬、赵政、赵成蟜母子恢复自由。 |
| 公元前253年 | 秦昭襄王五十四年 | 楚国迁都巨阳。 |
| 公元前252年 | 秦昭襄王五十五年 | 燕王喜认为赵国的成年人都战死了，软弱可欺，于是派栗腹、乐乘攻打赵国。 |
| 公元前251年 | 秦昭襄王五十六年 | 赵相平原君去世。<br>赵将廉颇大破燕军，杀死栗腹，乐乘投降赵国，反攻包围燕下都。燕王喜被迫求和，派太子丹到邯郸当人质。太子丹在邯郸认识了赵政。<br>秦昭襄王去世，太子赵柱立为秦王，即秦孝文王，赵异人立为太子。 |
| 公元前250年 | 秦孝文王元年 | 秦孝文王改元三日即去世，太子赵异人立为秦王，即秦庄襄王。<br>赵孝成王将邯郸姬、赵政、赵成蟜母子送回秦国。<br>李斯随荀子到赵国。<br>蜀郡太守李冰去世，其子在不久后完成了其生前设计建造的都江堰水利工程。 |
| 公元前249年 | 秦庄襄王元年 | 吕不韦任秦相国。<br>秦灭东周国。 |
| 公元前248年 | 秦庄襄王二年 | 吕不韦招收3000门客，开始编撰《吕氏春秋》。 |
| 公元前247年 | 秦庄襄王三年 | 秦庄襄王去世，太子赵政继位为秦王，时年12岁。邯郸姬成为赵太后。<br>李斯入秦，投入吕不韦门下任舍人。<br>信陵君统领五国联军击败秦将蒙骜，攻至函谷关，却被魏安釐王召回。 |
| 公元前246年 | 秦王政元年 | 骊山秦王政陵墓（秦始皇陵）和"象人百万"（兵马俑）等工程开始修建。<br>韩国水利专家郑国抵达秦国，说服吕不韦开建郑国渠工程。<br>信陵君收张耳为门客。 |
| 公元前245年 | 秦王政二年 | 秦攻魏。<br>赵太后邯郸姬与吕不韦的门客嫪毐发展为情人。 |

续表

| 公元年份 | 秦王年号 | 大事 |
|---|---|---|
| 公元前244 年 | 秦王政三年 | 燕王喜想让太子丹到秦国当人质，作为回报，吕不韦要派大臣张唐到燕国当相国。此行要经过赵国领地，张唐因为和赵国有仇而不敢前往。吕不韦的少庶子甘罗主动要求替代张唐出访赵国，替秦国要到十多座城池，因此被封为上卿。<br>秦将蒙骜攻韩。 |
| 公元前243 年 | 秦王政四年 | 信陵君去世。<br>张耳担任外黄县令，刘季追随于他。 |
| 公元前242 年 | 秦王政五年 | 蒙骜攻魏，建东郡。<br>赵政的弟弟赵成蟜奉命出使韩国，获得百里土地，归国后被封为长安君。 |
| 公元前241 年 | 秦王政六年 | 楚国迁都寿春。<br>赵将庞煖率领赵、楚、魏、燕、韩五国联军攻秦，无法攻克函谷关。 |
| 公元前240 年 | 秦王政七年 | 夏太后和蒙骜去世。<br>郑国渠完工。 |
| 公元前239 年 | 秦王政八年 | 长安君赵成蟜领军攻赵，中途在屯留造反，兵败自杀。<br>嫪毐被封为长信侯。<br>《吕氏春秋》编成。 |
| 公元前238 年 | 秦王政九年 | 赵政 22 岁，行冠礼，亲政。<br>李斯从吕不韦门下转投秦王政，担任宫廷郎官。<br>嫪毐发动叛乱，被镇压，赵太后邯郸姬被软禁在雍城，她和嫪毐的两个孩子被处死。<br>楚国春申君去世。 |
| 公元前237 年 | 秦王政十年 | 吕不韦被免除相国职务，离开咸阳前往封地洛阳。<br>赵政迎母亲赵太后邯郸姬回咸阳。<br>李斯上《谏逐客书》，升为长史。 |
| 公元前236 年 | 秦王政十一年 | 赵政派王翦、桓齮、杨端和攻赵国。 |
| 公元前235 年 | 秦王政十二年 | 赵政勒令吕不韦与家属离开洛阳迁往蜀地，吕不韦自杀。 |

续表

| 公元年份 | 秦王年号 | 大事 |
|---|---|---|
| 公元前234年 | 秦王政十三年 | 李斯向赵政推荐韩非。<br>赵高担任尚书卒史。<br>秦将桓齮攻赵。 |
| 公元前233年 | 秦王政十四年 | 韩非出使秦国，被任命为客卿，不久遭到李斯陷害，在狱中自杀。<br>李斯出使韩国。<br>赵将李牧击败秦将桓齮。<br>韩王安向秦国称臣。 |
| 公元前232年 | 秦王政十五年 | 在秦国当人质的燕太子丹逃归燕国。<br>李斯任秦国廷尉。<br>项羽生于楚国下相。 |
| 公元前231年 | 秦王政十六年 | 韩国南阳郡守腾投降秦国，被封为内史。 |
| 公元前230年 | 秦王政十七年 | 内史腾攻韩，俘获韩王安，韩国灭亡。<br>华阳太后去世。 |
| 公元前229年 | 秦王政十八年 | 胡亥出生。<br>秦将王翦、杨端和攻赵。 |
| 公元前228年 | 秦王政十九年 | 秦军攻破赵都邯郸，俘获赵王迁，赵国灭亡。赵公子嘉逃到代郡，自称代王。<br>赵政亲自巡视邯郸。<br>赵太后邯郸姬去世。 |
| 公元前227年 | 秦王政二十年 | 燕太子丹派荆轲出使秦国，试图刺杀赵政，失败。事后，赵政派王翦、辛胜攻打燕国。 |
| 公元前226年 | 秦王政二十一年 | 秦军攻取燕都蓟城，燕王喜逃往辽东，杀太子丹向秦国求和。<br>韩王安因参与新郑叛乱，在陈城被处死。<br>秦将王贲攻魏。 |
| 公元前225年 | 秦王政二十二年 | 秦将王贲水淹大梁，魏王假投降，魏国灭亡。<br>秦将李信、蒙武攻楚，因轻敌被楚将项燕击败。 |
| 公元前224年 | 秦王政二十三年 | 楚王熊负刍（原昌文君）在陈城造反，领导楚国军民抗秦。王翦、蒙武攻楚，占领陈城，俘虏楚王熊负刍后将其杀死。项燕于寿春立昌平君熊启为楚王，继续抵抗秦军。 |

| 公元年份 | 秦王年号 | 大事 |
|---|---|---|
| 公元前<br>223 年 | 秦王政<br>二十四年 | 刘季出任泗水亭长。<br>楚王熊启战死在寿春，项燕自杀，楚国灭亡。<br>赵政巡视陈城。 |
| 公元前<br>222 年 | 秦王政<br>二十五年 | 秦将王贲攻辽东，俘获燕王喜，燕国灭亡。之后又攻代，俘获代王嘉，代国灭亡。<br>秦将王翦攻取江南，设立会稽郡。 |
| 公元前<br>221 年 | 秦王政<br>二十六年 | 秦将王贲攻灭齐国，齐王建投降。<br>赵政统一天下，群臣上尊号"始皇帝"。诏令迁天下豪强 12 万户至咸阳，收天下青铜武器，改铸为 12 个金人，号称"翁仲"，分天下为 36 郡，统一文字、度量衡，修驰道。<br>李斯升为客卿。 |
| 公元前<br>220 年 | 秦始皇<br>二十七年 | 秦始皇赵政第一次巡游天下。 |
| 公元前<br>219 年 | 秦始皇<br>二十八年 | 秦始皇赵政第二次巡游天下。 |
| 公元前<br>218 年 | 秦始皇<br>二十九年 | 秦始皇赵政第三次巡游天下。<br>张良在博浪沙刺杀始皇帝失败。 |
| 公元前<br>217 年 | 秦始皇<br>三十年 | 秦始皇赵政派屠睢领 5 路秦军攻百越。 |
| 公元前<br>216 年 | 秦始皇<br>三十一年 | 秦始皇赵政在兰池遇刺。<br>屠睢战死，南征秦军大败。 |
| 公元前<br>215 年 | 秦始皇<br>三十二年 | 秦始皇赵政第四次巡游天下，下令拆毁内地各城墙，派蒙恬伐匈奴。 |
| 公元前<br>214 年 | 秦始皇<br>三十三年 | 秦始皇赵政再次调兵攻百越。<br>蒙恬大破匈奴，夺取河套平原，发民工将秦长城、赵长城和燕长城连接起来。 |
| 公元前<br>213 年 | 秦始皇<br>三十四年 | 李斯建议秦始皇赵政焚书。 |

续表

| 公元年份 | 秦王年号 | 大事 |
|---|---|---|
| 公元前212年 | 秦始皇三十五年 | 刘季在咸阳出差，见到秦始皇赵政。<br>秦始皇赵政下令修直道，建阿房宫，自称"真人"，又处死涉嫌诽谤自己的400余名方士。<br>皇长子扶苏失宠，被派到上郡监护蒙恬。 |
| 公元前211年 | 秦始皇三十六年 | 秦始皇赵政迁3万户至河套平原，号称"新秦中"。<br>刘季释放囚徒，逃到芒砀山。 |
| 公元前210年 | 秦始皇三十七年 | 秦始皇赵政第五次巡游天下，到渤海射猎巨鱼。李斯、蒙毅、赵高、胡亥随从。<br>项梁、项羽叔侄在吴县见到秦始皇。<br>六月，秦始皇巡游至平原津时发病，七月丙寅死于沙丘平台宫，享年49岁。<br>皇子胡亥与赵高、李斯策划沙丘之谋，命扶苏自杀，又杀蒙恬、蒙毅兄弟。胡亥一行返回咸阳，发丧，安葬秦始皇，以兵马俑殉葬。 |
| 公元前209年 | 秦二世元年 | 胡亥即位，称秦二世皇帝，封赵高为郎中令。<br>秦二世胡亥东巡，至辽东、会稽，途中诛杀各地郡守县令，返回咸阳后诛杀诸皇子、公主，征调材官、骑士5万人屯卫咸阳。<br>陈胜、吴广自称扶苏、项燕，在大泽乡起兵，不久后在陈城建立张楚政权。之后吴广攻荥阳，周文攻函谷关，宋留攻南阳，周市攻大梁，武臣攻邯郸，葛婴攻江淮。<br>武臣称赵王，派部将韩广攻燕地，之后韩广自称燕王。<br>田儋在狄县起兵，自称齐王。<br>周市在齐、赵的支持下，立魏咎为魏王。<br>葛婴立襄强为楚王，听说陈胜自立为楚王后杀死襄强，返回陈城，陈胜将葛婴处死。<br>秦二世胡亥派章邯迎战周文，将其赶出关中。<br>刘季在沛县起兵。 |

续表

| 公元年份 | 秦王年号 | 大事 |
|---|---|---|
| 公元前208年 | 秦二世二年 | 秦二世胡亥命令王离军放弃长城防线，东下攻打河北反秦武装。<br>章邯在曹阳亭歼灭周文军，三川郡守李由在荥阳狙击吴广军，吴广被部下田臧杀死，其部队不久后被章邯歼灭。<br>刘季杀死泗水郡守壮。项梁在会稽起兵，杀死会稽郡守殷通。<br>王离军抵达井陉口，赵将李良发动叛变，赵王武臣、丞相邵骚被杀，张耳、陈馀脱逃，不久在齐将田间的帮助下击败李良，收复邯郸，改立赵歇为赵王，并在井陉口狙击王离军达7个月之久。<br>章邯攻破陈城，陈胜在逃亡途中被部下杀死，宋留在南阳投降被杀。陈胜旧部吕臣在章邯离开后一度收复陈城，但是很快又被赶出，张楚政权灭亡。<br>雍齿受周市的蛊惑，在丰县起兵降魏，并击败刘季。<br>秦嘉立景驹为楚王，刘季向景驹借兵无果。<br>项梁渡江北上，整合陈婴、英布、吕臣各部。<br>章邯军在临济包围魏王魏咎、齐王田儋、魏相周市。<br>项梁杀景驹、秦嘉，刘季到薛向项梁求助，项梁借兵帮刘季击败雍齿，收复丰县。<br>章邯攻陷临济，田儋、周市战死，魏咎自杀。<br>项梁、项羽、范增、陈婴、吕臣、刘季等确认陈胜已死，共同拥立熊心为楚怀王，又立韩成为韩王，魏豹为魏王。<br>章邯攻齐，在东阿包围田儋的堂弟田荣。田假自立为齐王。项梁救东阿，击败章邯，追到濮阳，派刘季与项羽西攻魏地。齐相田荣赶走田假，立田儋的儿子田市为齐王。田假投奔项梁，田荣向项梁索要田假，项梁不肯交出。田荣又向赵国索要投赵的田角和田间，赵国也不肯交出二人。<br>秦二世胡亥逮捕丞相李斯，将其满门抄斩，封赵高为丞相。<br>刘季在雍丘斩杀李由。<br>章邯在定陶大破楚军，斩杀项梁，之后北上攻邯郸。赵王赵歇、相国张耳退守巨鹿，陈馀、田间被迫从井陉口撤退，王离追至巨鹿，与章邯军会师。<br>楚怀王封吕青为令尹，吕臣为上柱国，以宋义为上将军、项羽为次将、范增为末将，北上救赵，又派刘季西救韩、魏，约定最终先入关者封为关中王。项羽受封为长安侯，刘季受封为武安侯。诸侯纷纷派兵救赵，只有田荣怨恨赵国收留田间，不肯发兵。 |

续表

| 公元年份 | 秦王年号 | 大事 |
|---|---|---|
| 公元前207年 | 秦二世三年<br><br>秦王子婴元年 | 齐将田都、田安叛离田荣，项羽杀宋义，与田都渡河救赵，在巨鹿城下歼灭王离军，章邯军退到棘原。<br>陈馀受到张耳指责，辞去大将军职务，张耳任命司马卬为大将军。<br>项羽被拥立为诸侯上将军，派司马卬攻河内，断章邯军退路，又派陈馀向章邯劝降。<br>刘季整合彭越、郦商等部队，攻破陈留，击败秦将杨熊。秦二世胡亥杀杨熊。<br>章邯派司马欣到咸阳求救，秦二世胡亥和赵高因兵力不足，没有及时接见，司马欣逃回棘原，劝章邯投降楚军。<br>刘季与韩军会师，准备攻洛阳，司马卬此时渡河南下，击败刘季，派部将申阳攻取洛阳。<br>章邯屡次被项羽击败，得知洛阳陷落，干脆投降项羽，项羽承诺封章邯为秦王。<br>刘季整顿部队，攻占南阳、武关，派使者宁昌前往咸阳与赵高议和。<br>赵高得知章邯已经投降楚军，于是答应刘季的条件，发动望夷宫政变，逼迫秦二世胡亥自杀，立子婴为秦王。<br>刘季得知秦二世已死，撕毁约定，袭破蓝田等地秦军，逼近咸阳。子婴杀赵高，投降刘季，秦朝灭亡。 |
| 公元前206年 | 西楚霸王元年<br><br>汉元年 | 刘季在关中约法三章，收买人心。<br>项羽入洛阳，派章邯率投降秦军入关，刘季派军队到函谷关抵抗，章邯军大败，逃回新安，掩埋死者。<br>项羽派英布、蒲将军攻破函谷关，逼刘季参加"鸿门宴"，随即处死了包括子婴在内的秦朝宗室成员，焚烧咸阳城。<br>项羽分封了18个诸侯王，尊楚怀王为义帝，自己则自立为西楚霸王。<br>关中秦地被他分为4块：章邯为雍王，统治咸阳以西；司马欣为塞王，统治咸阳以东；董翳为翟王，统治咸阳以北——雍、塞、翟三国统称为"三秦"；此外，刘季被项羽封为汉王，统治汉中和巴蜀。 |